Youssef Said

Etude Avancée des Amplificateurs Optiques à Semi-conducteurs (SOAs)

Youssef Said

Etude Avancée des Amplificateurs Optiques à Semi-conducteurs (SOAs)

Application en communications optiques à très haut débit

Presses Académiques Francophones

Mentions légales / Imprint (applicable pour l'Allemagne seulement / only for Germany)
Information bibliographique publiée par la Deutsche Nationalbibliothek: La Deutsche Nationalbibliothek inscrit cette publication à la Deutsche Nationalbibliografie; des données bibliographiques détaillées sont disponibles sur internet à l'adresse http://dnb.d-nb.de.

Toutes marques et noms de produits mentionnés dans ce livre demeurent sous la protection des marques, des marques déposées et des brevets, et sont des marques ou des marques déposées de leurs détenteurs respectifs. L'utilisation des marques, noms de produits, noms communs, noms commerciaux, descriptions de produits, etc, même sans qu'ils soient mentionnés de façon particulière dans ce livre ne signifie en aucune façon que ces noms peuvent être utilisés sans restriction à l'égard de la législation pour la protection des marques et des marques déposées et pourraient donc être utilisés par quiconque.

Photo de la couverture: www.ingimage.com

Editeur: Presses Académiques Francophones est une marque déposée de Südwestdeutscher Verlag für Hochschulschriften GmbH & Co. KG
Heinrich-Böcking-Str. 6-8, 66121 Sarrebruck, Allemagne
Téléphone +49 681 37 20 271-1, Fax +49 681 37 20 271-0
Email: info@presses-academiques.com

Produit en Allemagne:
Schaltungsdienst Lange o.H.G., Berlin
Books on Demand GmbH, Norderstedt
Reha GmbH, Saarbrücken
Amazon Distribution GmbH, Leipzig
ISBN: 978-3-8381-8969-7

Imprint (only for USA, GB)
Bibliographic information published by the Deutsche Nationalbibliothek: The Deutsche Nationalbibliothek lists this publication in the Deutsche Nationalbibliografie; detailed bibliographic data are available in the Internet at http://dnb.d-nb.de.

Any brand names and product names mentioned in this book are subject to trademark, brand or patent protection and are trademarks or registered trademarks of their respective holders. The use of brand names, product names, common names, trade names, product descriptions etc. even without a particular marking in this works is in no way to be construed to mean that such names may be regarded as unrestricted in respect of trademark and brand protection legislation and could thus be used by anyone.

Cover image: www.ingimage.com

Publisher: Presses Académiques Francophones is an imprint of the publishing house Südwestdeutscher Verlag für Hochschulschriften GmbH & Co. KG
Heinrich-Böcking-Str. 6-8, 66121 Saarbrücken, Germany
Phone +49 681 37 20 271-1, Fax +49 681 37 20 271-0
Email: info@presses-academiques.com

Printed in the U.S.A.
Printed in the U.K. by (see last page)
ISBN: 978-3-8381-8969-7

Table des matières

Préface

Dans ces dernières années, les communications optiques à hauts débits et à très hauts débits, qui ont été possible grâce à la maturité technologique des composants d'optique intégrée, connaissent une véritable révolution suite à la demande accrue en terme de débit liée à l'augmentation du trafic. Cette évolution d'une façon dramatique du trafic est due à la croissance énorme du nombre d'utilisateurs, aux applications gourmandes en bande passante et à l'introduction de nouveaux services d'Internet telles que la diffusion rapide des services à haut débit pour la fourniture de contenus numériques de plus en plus volumineux. Cette révolution a entraîné une évolution considérable de la structure des réseaux de télécommunications au niveau local (LAN), métropolitain (MAN) ou étendu (WAN). En effet, l'augmentation de la demande de capacité a induit l'émergence de nouvelles techniques et a conduit notamment les équipementiers à s'intéresser encore plus aux systèmes de transmission multiplexés en longueur d'onde (WDM) fonctionnant à un débit de 40 Gbit/s par canal ou plus et à la transparence des noeuds du réseau optique de sorte à s'affranchir de la conversion optoélectronique.

Le traitement et le transport optique de l'information y tient une place importante tant dans son rôle dominant de support des liaisons point à point que dans celui, en développement, d'élément constitutif de l'intelligence du réseau. L'agrégation des débits sur des canaux à très haute densité constitue un élément charnière dans cette évolution vers des systèmes plus fiables, plus adaptatifs et dont le coût de fonctionnement est maîtrisé. Cependant, Il y avait un intérêt énorme et continu dans les réseaux tout-optiques grâce à leur capacité de fournir des moyens flexibles pour assurer le transport d'informations à haut débit avec fiabilité et efficience. Cet intérêt passe incontestablement à terme par une harmonisation des réseaux basée sur une transparence au format et au débit.

Il est en effet aujourd'hui bien établi que la part de l'optique dans les réseaux de télécommunications va continuer de croître et que son introduction dans le réseau d'accès est d'ores et déjà d'actualité. Récemment, plusieurs opérateurs dans le monde entier ont développé des solutions basées sur les techniques FTTx pour amener la fibre optique jusqu'à l'abonné afin de faire face à un nombre d'abonnés toujours en accroissement, à la croissance toujours spectaculaire du trafic de données de toutes natures et au développement de nouveaux services de communication demandeurs de très hauts débits. Le transport des données par fibre optique s'avère être, à ce jour, le seul moyen de choix le plus efficace capable de répondre à ces besoins croissants et plus particulièrement de fournir des réseaux à haut débit, grâce notamment à la maturité de sa technologie et à son formidable potentiel d'évolution. En effet, les opérateurs de télécommunications accélèrent actuellement le déploiement des technologies optiques depuis le coeur du réseau jusqu'à sa périphérie, au plus près des utilisateurs finaux (particuliers et entreprises), dans le but de soulager le goulot d'étranglement de la bande passante sur la boucle locale (les derniers kilomètres à destinations des utilisateurs finaux) et les segments métropolitains des réseaux actuels.

Parmi les points clés à résoudre pour répondre aux problématiques des réseaux d'accès, nous trouvons d'une part, une exigence constante pour augmenter la distance entre le central et les abonnés et d'autre part, la nécessité de raccorder un nombre toujours plus important d'utilisateurs. Cette problématique ne trouve sa solution que par l'augmentation du budget optique et, sur ce point, l'amplification tout-optique s'avère être une des solutions les plus intéressantes. Dans la famille des amplificateurs optiques, les amplificateurs à fibre dopée Erbium (EDFA) risquent de se trouver exclus des réseaux d'accès en raison à la fois de leur prix, qui reste relativement élevé, et de leurs limitations techniques – en particulier, l'inadéquation des EDFA à assurer un flux bidirectionnel de données du fait de leur architecture, et la difficulté à assurer des transmissions en rafale, ou "mode burst", du fait d'un temps de récupération de leur gain de l'ordre de la milliseconde.

Dans ce contexte, l'utilisation des amplificateurs optiques à semi-conducteurs (SOAs) est plus adaptée. En effet, le SOA a l'avantage d'être un composant multifonctionnel car, outre l'amplification, il permet la commutation, la régénération, la conversion et la transposition en longueur d'onde des signaux transportés, et peut même, dans certaines architectures de réseaux d'accès, jouer le rôle d'un module d'extrémité achromatique (SOA réflectif) chez l'abonné. Il présente par ailleurs des avantages non négligeables en termes de coût, de potentiel d'intégration à grande échelle, de performance dans les régimes linéaire et non linéaire et d'encombrement, grâce au faible volume des puces à SOA et à la possibilité de fabrication en parallèle de grands volumes de composants.

La technologie SOA est aujourd'hui accessible aux fonderies III-V spécialisées en optoélectronique. L'effort d'amélioration des performances des SOAs porte aujourd'hui sur l'élargissement de leur bande passante optique afin d'améliorer le nombre de canaux qui peuvent être multiplexés sur le même amplificateur en technologie Coarse WDM, ainsi que sur la réduction de la durée de vie des porteurs. De plus, en raison qu'ils ne nécessitent pas d'isolateurs optiques, les SOAs peuvent s'imposer comme une technologie particulièrement adaptée aux besoins de l'amplification bidirectionnelle, qui est également un sujet de pointe, que ce soit pour les systèmes radio sur fibre (RoF) ou les réseaux d'accès optique passif (PON-TDM et PON-WDM) actuels. En effet, une solution basée sur un SOA capable d'amplifier deux longueurs d'onde se propageant dans des directions opposées, au lieu de deux amplificateurs : un pour le sens montant et l'autre pour le sens descendant, s'avère très intéressante du fait de sa simplicité et de son bas coût.

Le SOA est naturellement sensible à l'état de polarisation du signal injecté, pour des raisons structurelles, ce qui est très gênant d'un point de vue système, en raison de l'impossibilité de contrôler l'état de polarisation de la lumière, qui évolue de manière aléatoire lors de la propagation dans les réseaux de communications optiques par fibre. C'est pourquoi les efforts technologiques des concepteurs ont essentiellement été consacrés à la minimisation de l'anisotropie polarimétrique résiduelle des SOAs, à travers le développement de structures quasiment insensibles à la polarisation de la lumière. Mais il est à noter que cette indépendance ne concerne que le gain car les propriétés géométriques du guide actif conduisent inévitablement à une dépendance (appelée biréfringence) de l'indice effectif du mode guidé vis-à-vis de la polarisation. Bien que cette dernière puisse s'avérer préjudiciable, notamment à des applications exploitant des configurations interférométriques ou le mélange à quatre ondes, elle a néanmoins connu un regain d'intérêt ces derniers temps en raison de la possibilité d'exploiter sa dépendance non-linéaire vis-à-vis des conditions d'injection – notamment la puissance du signal optique incident et son état de polarisation – pour optimiser certaines fonctions optiques, voire en développer de nouvelles. Dans la plupart d'entre elles, le degré de liberté supplémentaire qu'est la polarisation permet d'améliorer significativement les performances, par exemple le contraste dans le cas de la transposition de longueur d'onde grâce à la possibilité d'obtenir un signal converti non inversé (c.-à-d. avec un "chirp" négatif très intéressant pour améliorer la distance de transmission du signal en sortie du convertisseur). Cependant, la réalisation de ces fonctions requiert un contrôle strict de la polarisation des signaux.

L'objectif qui sous-tend le travail présenté dans cet ouvrage est à la fois fondamental, cherchant à améliorer et à détailler encore plus la description physique des processus étudiés relatifs aux non-linéarités du SOA, notamment la rotation non linéaire de polarisation, à travers un modèle développé et vise également à prospecter des nouvelles fonctions de traitement tout-optique des signaux en exploitant les effets non linéaires qui se manifestent dans cette structure ou pallier certaines insuffisances ou manifestations indésirables d'un point de vue système.

Dans le premier chapitre, nous introduisons le contexte de l'amplification optique et les avantages qu'elle procure dans les réseaux de communication optique. Notamment, nous exposons le concept de base des structures SOAs, leurs caractéristiques et leur principe de fonctionnement. Aussi, nous présentons leur intérêt pour les futures générations des réseaux optiques tout en caractérisant leur comportement en régime linéaire et de saturation à travers une étude approfondie qui se focalise sur l'impact de variation des paramètres clés intrinsèques et extrinsèques du SOA sur sa performance.

Le deuxième chapitre est consacré à la description des principaux effets non linéaires qui se manifestent dans la structure SOA et leurs origines. Cependant, nous présentons un état de l'art des fonctions de traitement optique du signal qui sont réalisables en exploitant les phénomènes non linéaires des SOAs, ayant la dynamique des porteurs comme origine et causés principalement par le changement de la densité des porteurs induit par les signaux d'entrée, tels que : la modulation croisée du gain (XGM), la modulation croisée de phase (XPM), le mélange à quatre ondes (FWM), la modulation croisée de polarisation (XPolM). Nous terminons ce chapitre par des simulations du convertisseur en longueur d'onde basé sur la XGM et le FWM.

Nous présentons, dans le troisième chapitre, un état de l'art des différents outils qui peuvent décrire et caractériser le changement de la polarisation. Nous nous intéressons plus particulièrement à la modélisation et la simulation de l'effet de rotation non linéaire de polarisation dans la structure SOA. Cependant, afin de mieux comprendre et caractériser ce phénomène non linéaire, identifier les facteurs intervenants à cet effet et étudier l'impact de variation des différents paramètres sur le comportement et la performance de la structure, nous avons développé un modèle basé sur la théorie des modes couplés et le formalisme de Stokes capable de mettre en œuvre une caractérisation plus profonde de ce phénomène. La validation des résultats obtenus par ce modèle est effectuée expérimentalement.

Une analyse expérimentale du comportement spectro-polarimétrique du SOA, essentiellement d'un point de vue statique, fait l'objet du chapitre 4, qui s'est basée sur le formalisme de Mueller-Stokes. Les principales motivations du choix de ce formalisme reposent sur sa pertinence pour le traitement des ondes partiellement ou totalement polarisées en exploitant des grandeurs réelles et directement mesurables ; de plus, avec ce formalisme, nous pouvons en retirer l'ensemble des propriétés polarimétriques du SOA qui nous permet de comprendre un certain nombre de phénomènes liés à la rotation de polarisation sur lesquels se basent des fonctions tout-optiques très intéressantes pour les futures générations des réseaux optiques. Les expérimentations ont été effectuées en utilisant un spectro-polarimètre de haute précision spécifiquement adapté aux échantillons de type SOA, réalisé conjointement par le laboratoire de recherche en électronique, signal et optique pour les télécommunications de l'école nationale d'ingénieurs de Brest et le laboratoire de spectrométrie et d'optique laser de l'université de Bretagne Occidentale, France. Nous montrons, en exploitant ce dispositif, la faisabilité de réalisation de quelques fonctions tout-optiques (la régénération 2R, la conversion en longueur d'onde inversée et non inversée, les portes logiques optiques).

Dans le cinquième chapitre, nous nous intéressons à l'étude de faisabilité et de mise en œuvre des systèmes à base des SOAs pour des applications à très haut débit dédiées aux réseaux d'accès, aux réseaux métropolitains et au cœur des réseaux. Ces applications émergentes couvrent l'amplification en ligne, la pré-amplification, la régénération, la conversion de longueur d'onde, le multiplexage en polarisation, la commutation de paquet optique etc..... outre l'application des SOAs aux réseaux optiques passifs utilisant le multiplexage en longueurs d'ondes (PON-WDM) et à la technologie radio sur fibre (RoF).

Le dernier chapitre qui clôt ce travail englobe une synthèse des résultats obtenus les plus significatifs, les propositions d'améliorations et les perspectives à apporter sur les fonctions optiques à base des effets non-linéaires dans les SOAs qui restent un domaine vaste et très pertinent pour des nouvelles recherches.

Je crois que ce livre aura de grande valeur non seulement aux chercheurs dans le domaine des communications optiques, mais aussi aux concepteurs et fournisseurs des composants, aux universitaires et à chaque personne cherchant à comprendre les tendances des amplificateurs SOAs et la prochaine génération des réseaux optiques.

Sans le support soutenu de tant de personnes, cela n'aurait pas été possible pour moi d'éditer ce livre. Alors, c'est un grand plaisir pour moi de saisir cette occasion pour exprimer ma gratitude à tous, plus particulièrement à Mme Houria Rezig, professeur universitaire à l'école nationale d'ingénieurs de Tunis (Tunisie), à M. Ammar Sharaiha, professeur des universités à l'école nationale d'ingénieurs de Brest (France) et à toute l'équipe de la maison d'édition : presses académiques francophones.

Je considère mon effort amplement récompensé si le livre remporte l'appréciation des usagers.

Youssef SAID, *Ph.D*

Chapitre 1

Contexte et Etat de l'art

1.1   Introduction

L'essor des systèmes de transmission actuels est tel que les attentes en terme de capacité, de débit, de qualité et de rapidité sont toujours croissantes. Pour satisfaire cette ambition avec fiabilité et efficience, les différents éléments constituants un tel système sont amenés à progresser perpétuellement avec un rythme très élevé. Les impératifs sont donc très forts en terme de performance. Cependant, avec la demande sans cesse accrue en terme de débit, nous commençons à voir apparaître des systèmes de transmission optique à haut débit tels que du 40 Gbit/s, de l'Ethernet 100 Gbit/s et des systèmes en multiplexage temporel optique (OTDM) à 160 Gbit/s.

Vu les avantages que l'amplification optique procure en association avec le multiplexage en longueurs d'onde (WDM), cette technologie est à l'origine d'une véritable révolution dans les systèmes de communication optique, en permettant à coût raisonnable l'accroissement de plusieurs ordres de grandeur de la capacité des réseaux de transport terrestres et sous-marins ; et ce depuis la mise en œuvre et le développement des amplificateurs optiques vers les années 1980.

Dans ce chapitre, un état de l'art de la notion d'amplification optique et son intérêt dans les réseaux de communications optiques sera tout d'abord donné. Une vulgarisation sur les différents types d'amplificateurs optiques existants sur le marché sera présentée. Cependant, nous allons nous focaliser particulièrement sur les concepts de base des amplificateurs optiques à semi-conducteurs (SOAs), leurs caractéristiques fondamentales et leurs propriétés non linéaires. Ensuite, nous allons caractériser leur comportement en régime linéaire et de saturation. Egalement, nous allons étudier profondément l'impact de variation de certains paramètres intrinsèques et extrinsèques (longueur de la zone active, facteur de confinement, courant d'alimentation, puissance injectée, longueur d'onde, etc....) sur la performance de ces amplificateurs.

1.2   Généralités sur l'amplification optique

1.2.1 Concept de l'amplification optique

L'amplification optique est un processus qui se repose sur le phénomène d'émission stimulée, qui s'explique par le fait qu'un électron, frappé par un photon, peut retomber dans l'état le moins énergétique (état lié) en émettant un photon stimulé dont le rayonnement correspond à la même longueur d'onde, la même phase, le même état de polarisation et la même directivité spatiale que le photon incident. Le signal est donc amplifié dans un guide (semi-conducteur ou fibre) grâce à un apport extérieur d'énergie (courant injecté ou source de lumière), appelé : pompage, qui vient créer une inversion de population. La recombinaison électron-trou peut ensuite être provoquée par un photon incident, ce qui donne naissance à un deuxième photon de même fréquence, de même phase et de même direction. En même temps, la recombinaison peut se faire à l'absence d'un photon incident. Donc, ces photons émis de façon spontanée, de manière non cohérente, constituent le bruit de l'amplification optique.

1.2.2 Intérêt d'usage d'un amplificateur optique

Le processus d'amplifications dans les réseaux de télécommunication s'est basé sur les systèmes électroniques dans lesquels le signal optique est transformé en signal électrique, amplifié, éventuellement remis en forme et synchronisé, puis converti de nouveau en un signal optique. Ce système présente donc des limitations ayant pour conséquence directe une lourde tâche du trafic. En plus, la gestion des données y afférentes serait un peu complexe et coûteuse due à la conversion optique/électrique et électrique/optique. Les défauts d'un tel système sont multiples, à savoir :

- Le coût d'installation et de maintenance est très cher.
- Un fonctionnement à une seule longueur d'onde. Donc, il faut autant de régénérateurs que de longueurs d'ondes pour un système WDM.
- Il n'y a pas une transparence au codage utilisé.

A cet effet, l'utilisation de l'amplificateur optique a beaucoup d'avantages. Il présente de nombreux intérêts qualitatifs par rapport au répéteur régénérateur qui est conçu pour un débit bien spécifique. En effet, la bande passante dans un amplificateur optique n'est plus limitée par l'électronique et peut atteindre plusieurs centaines de gigahertz. Il offre l'avantage d'amplifier les signaux, sans les transformer en électrique, dont les longueurs d'ondes correspondent à son plage de sensibilité sans tenir compte du débit de transmission et du format de modulation utilisé. Cependant, l'amplificateur optique ne régénère pas le signal et n'effectue pas non plus la mise en forme du signal à amplifier ; il amplifie le signal au même titre que son bruit associé.

1.2.3 Paramètres caractérisant un amplificateur optique

L'importance des caractéristiques d'un tel amplificateur optique varie selon la fonction de l'utilisation de celui-ci. Parmi les plus importants paramètres caractérisant un amplificateur optique, nous pouvons citer :

- la bande spectrale dans laquelle il y a du gain,
- le gain,
- l'efficacité du gain : c'est le rapport entre le gain et la puissance de pompe (en dB/mW),
- la puissance de saturation,
- le facteur de bruit,
- la sensibilité du gain à la polarisation du signal,
- la longueur d'onde de pompe : il faut que ce paramètre respecte deux critères : qu'il ait une grande efficacité de pompage et qu'il existe sur le marché un dispositif permettant d'obtenir une puissance suffisante.
- l'efficacité du couplage de la pompe et du signal,
- la sensibilité aux fluctuations du signal (modulation) et de la pompe,
- la diaphonie dans le cas de communications multiplexées en longueur d'onde.

1.2.4 Différents types d'amplificateurs optiques

Un amplificateur optique est un composant optoélectronique qui augmente l'intensité d'un signal lumineux incident sans pour autant modifier ses autres caractéristiques, tout en restant dans le domaine optique. Il se présente comme un laser sans contre réaction optique. Il en existe plusieurs types :

- L'amplificateur à fibre optique dopée aux terres rares,
- L'amplificateur à fibre optique utilisant l'effet Raman,
- L'amplificateur à fibre optique utilisant l'effet Brillouin,

- L'amplificateur optique à semi-conducteurs (SOA), objet de ce livre.

Dans les amplificateurs à fibre, le pompage se fait optiquement ; et ce en injectant le laser dans le même sens que le signal optique ou dans le sens inverse, selon la méthode d'amplification utilisée. Pour le cas de l'amplificateur à fibre optique dopée aux terres rares, comme son nom l'indique, des fibres optiques dopées avec des terres rares sont utilisées dans le milieu d'amplification. La terre rare la plus utilisée pour l'amplification est l'erbium. L'inversion de population est réalisée par une diode laser. Cependant, le gain de l'amplificateur sera proportionnel à la puissance de pompage (diode laser), comme il dépend du dopage d'erbium. Parallèlement au développement de l'amplificateur à fibre dopée Erbium (EDFA), un autre type d'amplificateur a vu le jour et ce en utilisant le même principe ; c'est l'amplificateur à fibre double gaine dopée Erbium-Ytterbium dont le pompage se fait optiquement avec une source multimode. Afin d'optimiser l'injection de la pompe, plusieurs techniques ont été développées pour ce type d'amplificateurs ; la meilleure est celle en utilisant le pompage par encoche (rendement 90%) [1].

Le processus d'amplification dans l'amplificateur à fibre optique utilisant l'effet Raman repose sur un effet non linéaire qui cause la diffusion, appelé : effet Raman. Il s'agit d'une interaction photon-photon, c'est-à-dire d'échange d'énergie entre l'onde optique et les vibrations du matériau. Cependant, quand un photon à très grande énergie entre dans la fibre optique, il peut avoir assez d'énergie pour exciter une porteuse et conduire à l'émission d'un photon. C'est évidemment un processus statistique. Le pompage optique, se réalise avec une diode laser de longueur d'onde plus petite que la longueur d'onde du signal à amplifier, et peut être dans le même sens du signal ou dans le sens inverse. L'amplificateur

Raman présente en fait des avantages par rapport à l'EDFA qui peuvent être résumés par le fait qu'il prend naissance dans une fibre non dopée et que son gain peut être rendu uniforme dans une bande passante très large, en plus qu'un rapport signal sur bruit plus supérieur à celui obtenu avec l'EDFA.

L'amplificateur à fibre optique utilisant l'effet Brillouin se repose sur un effet ayant la même nature que la diffusion de Raman, mais l'interaction se fait avec des photons acoustiques, c'est-à-dire avec les vibrations de l'ensemble du matériau, qui se propagent à la vitesse des ondes acoustiques.

Un SOA fonctionne sous le même principe physique : un faisceau lumineux incident qui est amplifié grâce à un pompage électrique. Nous allons traiter le processus d'amplification dans les SOAs avec plus de détails dans les sections qui suivent.

1.2.5 Différents usages d'un amplificateur optique

De nos jours, la bande à 1550 nm, qui correspond à la longueur d'onde de moindre absorption des fibres optiques en silice, est utilisée pour les réseaux interurbains vu qu'elle présente moins d'atténuation (voir la figure 1.1) et celle à 1310 nm, qui correspond à une dispersion nulle dans les dites fibres, est exploitée dans les réseaux de distribution et les réseaux locaux.

Le choix d'un amplificateur optique doit se faire principalement en fonction de son rôle, c.-à-d. la fonctionnalité qu'il doit assurer dans une chaîne de transmission optique. Il peut servir d'amplificateur de puissance en émission (Post-amplificateur ou booster), d'amplificateur en ligne ou de préamplificateur en réception. Ses paramètres diffèrent normalement selon son utilisation.

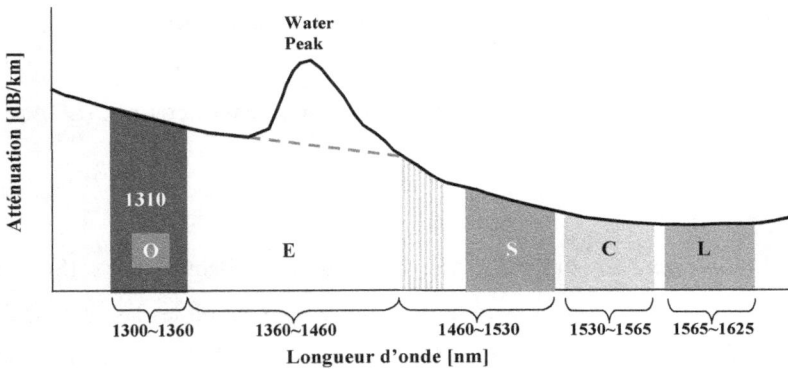

Figure 1.1: Atténuation de la fibre optique.

L'amplificateur de puissance (Post-amplificateur ou booster) est placé juste après le bloc d'émission. Son rôle est d'amplifier le signal de l'émetteur pour lui permettre d'être transmis sur une longue distance. Il reçoit un signal de puissance relativement élevée et ayant un grand rapport signal sur bruit. Il doit avoir en premier lieu une puissance de saturation élevée, le facteur de bruit ayant dans ce cas un rôle moins important.

L'amplificateur en ligne est un amplificateur qui est placé sur une ligne de transmission, ayant pour rôle d'amplifier le signal après une certaine distance de propagation pour lui permettre de parcourir une autre distance. Il doit donc avoir un faible facteur de bruit et un gain important. Pour une utilisation sous-marine, il doit aussi avoir une bonne efficacité de pompage pour minimiser la consommation électrique.

Le préamplificateur est placé juste avant le détecteur pour permettre au signal d'avoir une puissance suffisante pour être détectée dans des bonnes conditions. Comme il reçoit un signal de très faible puissance, il doit être capable de l'amplifier et d'avoir un très faible facteur de bruit. Les pertes lors du couplage en entrée de l'amplificateur doivent être réduites vu que le signal est faible en entrée et que nous voulons minimiser le bruit.

1.3 Les amplificateurs optiques à semi-conducteurs (SOAs) : Concept et Etat de l'art

1.3.1 Généralités

L'historique des amplificateurs optiques à semi-conducteurs (SOAs) revient au début des années 1980, à partir du moment où les lasers à semi-conducteur fonctionnaient en continu avec une fiabilité acceptable et où l'amplification en ligne dans les systèmes point à point a été très sollicitée. Avec l'arrivée de l'EDFA presque dix ans plus tard, l'utilisation du SOA comme un amplificateur en ligne a été fortement réduite pour la raison qu'il est mal adapté à ce type d'amplification en comparaison avec l'EDFA du fait qu'il se caractérise par un facteur de bruit élevé, une puissance de saturation plus faible et un comportement dynamique plus rapide.

La supériorité du gain et de la puissance de saturation, les faibles pertes d'insertion et la réduction du facteur de bruit conduisent à préférer l'EDFA au SOA pour les applications de post-amplification, d'amplification en ligne et de pré-amplification pour certaines bandes de fréquences. Cependant, l'EDFA est limité à l'amplification du signal autour de 1550 nm, ce qui constitue leur principale limitation intrinsèque. Le SOA présente quant à lui l'avantage d'amplifier des signaux sur une plus grande gamme de fréquences. Egalement, sa petite taille en fait un composant facile à intégrer monolithiquement dans une multitude de systèmes réalisant diverses fonctions, qui est difficilement réalisable avec l'EDFA. En plus, les effets non linéaires qui se manifestent dans la structure SOA avec un gain élevé font de ce composant un bon choix pour les fonctionnalités optiques non linéaires adaptées aux futurs réseaux optiques.

1.3.2 Structure de base d'un SOA

Un SOA est un composant optoélectronique à accès unidirectionnel ou bidirectionnel. Sa structure de base, représentée dans les figures 1.2 et 1.3, est fondamentalement peu différente de celle d'une diode laser.

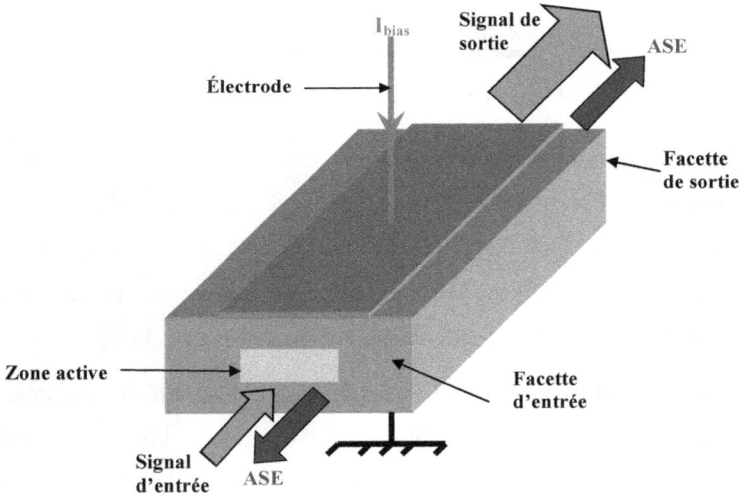

Figure 1.2: Structure de base d'un SOA.

En effet, nous pouvons retrouver les effets suivants : l'inversion de population, l'émission spontanée et stimulée, les recombinaisons non radiatives. Contrairement aux lasers à semi-conducteurs, il n'y a pas de miroirs aux extrémités mais un revêtement anti-reflets déposé sur les faces clivées afin de diminuer les réflexions de la lumière vers l'intérieur du circuit. La fabrication des SOAs se fait généralement avec les alliages III-V tels que l'arséniure de gallium, le phosphure d'indium, et les différentes combinaisons de ces éléments en fonction du gap souhaité et des caractéristiques du réseau cristallin. En l'occurrence, pour une utilisation autour de 1,55 μm, le couple InGaAsP/InP, respectivement pour la couche active et le substrat, est couramment rencontré [2].

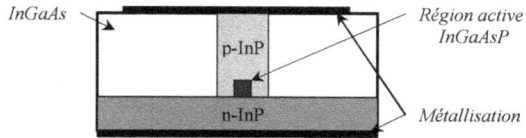

Figure 1.3 : Section d'une structure SOA.

Toutefois, parmi les techniques les plus utilisées afin d'éviter les réflexions multiples dans la cavité du SOA, nous distinguons la minimisation de la réflectivité des facettes. Pour ce faire, plusieurs méthodes ont été adoptées dans ce cadre et ceci en se basant sur des configurations ayant les vues de dessus schématisées dans la figure 1.4.

En adoptant ces techniques d'optimisation de la réflectivité des facettes, qui sont faites pour une gamme limitée de longueurs d'ondes, la valeur minimale atteinte de cette réflectivité est à l'ordre de 10^{-5}.

Un SOA comme tout guide d'ondes d'optique intégrée, est réalisé à l'aide d'un empilement des multicouches, qui sont constitués du quaternaire $In_{1-x}Ga_xAs_yP_{1-y}$ et du substrat InP, d'indices de réfraction différents sur un substrat plan. Les indices du matériau sont modifiés en jouant sur la composition de l'alliage (x,y) [2]. La région active d'un SOA peut être massive (*bulk*), massive avec contraintes, ou à puits quantiques (*quantum-well*).

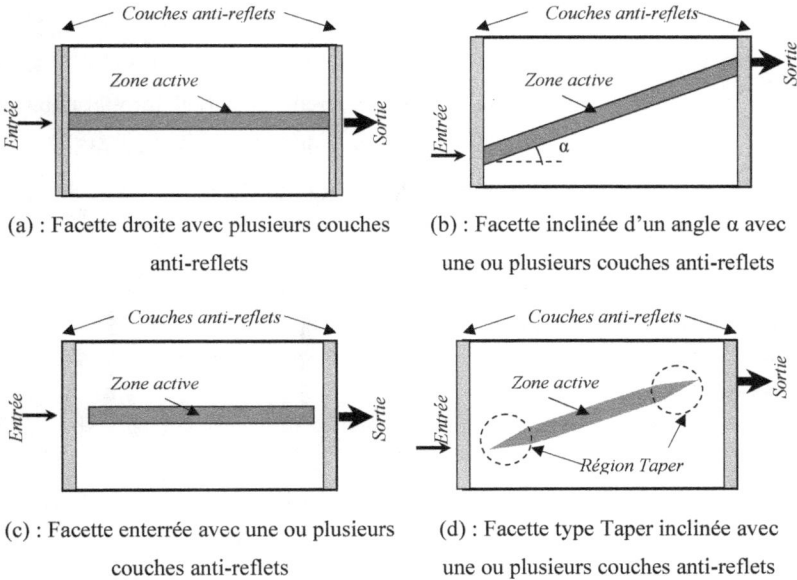

(a) : Facette droite avec plusieurs couches
anti-reflets

(b) : Facette inclinée d'un angle α avec
une ou plusieurs couches anti-reflets

(c) : Facette enterrée avec une ou plusieurs
couches anti-reflets

(d) : Facette type Taper inclinée avec
une ou plusieurs couches anti-reflets

Figure 1.4: Différents types de facette d'un SOA.

La conception structurelle d'un tel SOA a une grande relation avec sa performance. Nous distinguons trois types de classe de SOA :

- le SOA à cavité résonnante Fabry-Perot (FP-SOA) : ce type d'amplificateur, schématisé dans la figure 1.5a, est caractérisé par un spectre de gain ayant des ondulations, vu que le signal injecté subit plusieurs passages à cause de la réflectivité élevée des facettes.

- le SOA à simple passage, dit aussi à ondes progressives (TW-SOA) : ce type, schématisé dans la figure 1.5b, est caractérisé par des réflexions qui sont presque négligeables ; le signal injecté subit un simple passage à l'intérieur de la zone active du SOA.

- le SOA réflectif (RSOA) : ce type est en fait un SOA dont l'une des faces a été traitée à haute réflexion pour constituer un miroir et l'autre avec un traitement antireflet. La particularité de cet amplificateur optique est qu'il fonctionne en réflexions. Le RSOA permet donc de moduler le signal qui lui est injecté, de l'amplifier et de le réfléchir.

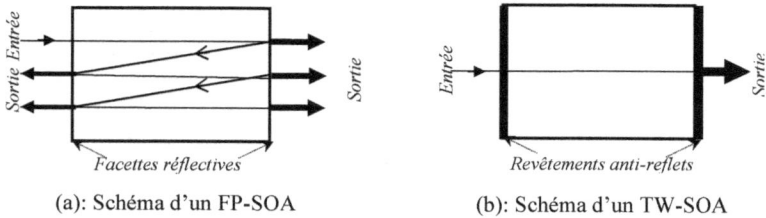

(a): Schéma d'un FP-SOA   (b): Schéma d'un TW-SOA

Figure 1.5: Différents types de SOA.

Le FP-SOA doit fonctionner au-dessous d'un certain seuil et permet d'amplifier considérablement les signaux même à faible courant d'injection. Mais, comparé au TW-SOA, il est plus sensible aux fluctuations du courant d'alimentation, à la température et à la polarisation des signaux. A cet effet, le FP-SOA a été remplacé par le TW-SOA, qui sera noté SOA tout simplement dans la suite.

Parmi les problèmes majeurs évoqués lors de la conception d'un SOA est la dépendance du gain en polarisation, qui est due à l'asymétrie dans la structure elle même du guide d'ondes. Cette asymétrie induit une différence au niveau des coefficients de confinement entre les modes transverse électrique (TE) et transverse magnétique (TM). Ceci a défavorisé la structure SOA quant à son utilisation comme un amplificateur en ligne ou préamplificateur dans les systèmes de communication optique, malgré les efforts déployés pour la conception des SOAs insensibles à la polarisation.

1.3.3 Principe de fonctionnement d'un SOA

Un SOA est une diode Laser de base dont le comportement oscillatoire est contrarié au moyen d'un traitement anti-reflet appliqué à ses facettes, ce qui détruit la cavité Laser. En fait, il est un composant à base des matériaux semi-conducteurs, qui reçoit des signaux sous forme lumineuse et qui les amplifie.

L'injection d'un courant va entraîner la génération des électrons dans la bande de conduction (BC) et de même nombre de trous dans la bande de valence (BV). En quasi-équilibre, qui peut survenir lorsque les temps de relaxation pour les transitions dans chaque bande sont plus courts que le temps de relaxation entre les deux bandes, il est approprié de décrire les distributions des porteurs dans chaque bande à travers les fonctions séparées de Fermi.

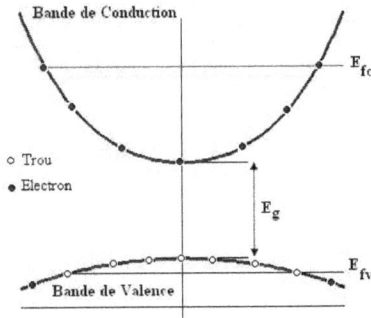

Figure 1.6 : Structure de bande simplifiée d'un semi-conducteur à gap direct en quasi-équilibre.

La position des niveaux de Fermi (notés : E_{fc}, E_{fv}) est déterminée par le taux de pompage ou courant d'injection. Si le taux de pompage est suffisamment large, alors la séparation entre les niveaux de Fermi dépasse

21

le gap d'énergie (E_{fc} - E_{fv} > E_g) ; le semi-conducteur peut agir comme un amplificateur pour les fréquences optiques "v" remplissant la condition suivante : E_g < h.v < (E_{fc} - E_{fv}), avec "h" est la constante de Planck. Cependant, pour E_g > h.v, le milieu est presque transparent et pour h.v > (E_{fc} - E_{fv}), il y a domination de l'absorption et le milieu va agir comme un atténuateur au lieu d'un amplificateur.

Lors d'injection d'un courant dans un SOA c.-à-d. des électrons seront injectés dans la région active du SOA à partir d'une source externe), les porteurs énergisés vont occuper des états d'énergie dans la BC de la région active du matériau en quittant les trous de la BV. Cependant, il va y avoir apparition de trois mécanismes radiatifs : l'émission spontanée, l'émission stimulée et l'absorption stimulée, qui sont représentés dans la figure 1.7.

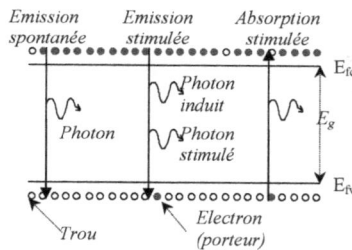

Figure 1.7 : Processus stimulé et spontané dans un système à deux niveaux.

L'absorption stimulée est un processus de perte. Il se repose sur le principe suivant : un photon incident ayant une énergie suffisante peut stimuler un porteur de la bande valence à la bande de conduction.

Si un photon de lumière ayant une énergie suffisante est incident, il peut causer une recombinaison stimulée d'un porteur de la BC avec un trou de la BV. Le porteur de recombinaison fait perdre son énergie sous la forme d'un photon de lumière. Ce nouveau photon stimulé va être identique au photon induit (même phase, même direction, et même fréquence). Le photon original et celui stimulé peuvent engendrer plus de transitions stimulées. Si le courant injecté est suffisamment élevé, alors une inversion de population va être créée lorsque la population des porteurs dans la BC dépasse celle dans la BV. Dans ce cas, la probabilité de l'émission stimulée est plus grande que celle de l'absorption stimulée ; cependant, le semi-conducteur va exhiber un gain optique.

Dans le processus d'émission spontanée, il y a une probabilité par unité de temps non nulle qu'un porteur de la BC va se recombiner spontanément avec un trou de la BV ; et de cette façon il va émettre un photon avec une phase et une direction aléatoires. Les photons émis spontanément ont une large gamme de fréquence. Ils représentent le bruit, en plus qu'ils contribuent à réduire la population des porteurs disponible pour le gain optique. L'émission spontanée est une conséquence directe du processus de l'amplification et elle ne peut pas être évitée. Les processus stimulés sont proportionnels à l'intensité de la radiation induite, tandis que le processus de l'émission spontanée est indépendant d'elle [2].

En résumé, le SOA est basé sur un type d'amplification qui se repose sur le phénomène d'émission stimulée. Le signal se propage dans sa zone active présentant un gain grâce à l'inversion de population obtenue par un pompage de type électrique. Ainsi, les photons dus à l'émission stimulée viennent s'ajouter au signal et l'amplifient. En même temps, d'autres photons sont émis de manière non cohérente avec le signal, constituant ainsi l'émission spontanée. Cette dernière peut être amplifiée à son tour par l'émission stimulée. Il s'agit alors de l'émission spontanée amplifiée (ASE), qui est à l'origine du bruit dans les amplificateurs optiques. La puissance de l'ASE, qui est liée à la puissance du signal injecté dans l'amplificateur, recouvre un domaine spectral large.

1.3.4 Propriétés non linéaires d'un SOA

La structure SOA expose un comportement non linéaire très fort grâce à la nature résonnante de la non-linéarité. A cet effet, l'équation d'ondes à laquelle est régit un SOA est de la forme suivante [3] :

$$\nabla^2 \vec{E}(\omega) + \frac{\omega^2}{c^2} \cdot \left[1 + \frac{j.\sigma}{\varepsilon_0.\omega} + \overline{\chi}(\omega, \vec{E})\right] \cdot \overline{E(\omega)} = 0 \tag{1.1}$$

Où : "$\vec{E}$" : représente le champ électrique,

"c": représente la vitesse de la lumière dans le vide ; c $=2{,}998 \ 10^8$ m/s.

"ω": est la fréquence angulaire,

"σ": représente la conductivité,

"ε_0" : désigne la permittivité électrique de l'espace libre,

"$\overline{\chi}$": symbolise la susceptibilité.

La susceptibilité, qui est traitée comme une quantité scalaire, peut être décomposée en deux parties comme suit:

$$\overline{\chi}(\omega, \vec{E}) = \overline{\chi_0} + \overline{\chi_p} \tag{1.2}$$

Avec :

"$\overline{\chi_0}$" : est la susceptibilité du milieu en absence de pompage externe par une injection du courant ;

"$\overline{\chi_p}$" : est une contribution additionnelle à la susceptibilité qui est reliée à la force de pompage.

L'indice de réfraction "n" et le coefficient d'absorption "α" sont reliés, respectivement, à la partie réelle et la partie imaginaire de la susceptibilité, conformément aux équations suivantes [3]:

$$n^2 \approx 1 + \Re\{\overline{\chi_0} + \overline{\chi_p}\} \tag{1.3}$$

$$\alpha \approx \frac{\omega}{c.n}\left[\Im\{\overline{\chi_0} + \overline{\chi_p}\} + \frac{\sigma}{\varepsilon_0.\omega}\right] \tag{1.4}$$

L'indice de réfraction "n" dépend du champ électrique, depuis que $\overline{\chi_0}$ et $\overline{\chi_p}$ sont fonction de $\vec{E}$. Ceci peut amener à des effets non linéaires, incluant les changements non linéaires d'indice de réfraction utilisés en commutation interférométrique.

Le coefficient d'absorption, donné par (1.4), est relié à trois sources :

- l'absorption du matériau, donnée par le terme $\Im\{\overline{\chi_0}\}$,

- le terme $\Im\{\overline{\chi_p}\}$ qui est responsable à la réduction de l'absorption du matériau avec le pompage externe.

- les autres pertes internes, données par l'expression suivante :

$$\alpha_{\text{int}} = \frac{\sigma}{c.n.\varepsilon_0}$$

L'effet combiné des deux premières sources est généralement décrit comme étant le gain optique net, donné par [3]:

$$\Gamma.g = \frac{-\omega}{c.\sqrt{1 + \Re\{\overline{\chi_0}\}}}.\Im\{\overline{\chi_0} + \overline{\chi_p}\} \tag{1.5}$$

Le gain optique net "g" dépend aussi du champ électrique, qui va entraîner des changements non linéaires du gain optique du SOA. Le facteur de confinement optique "Γ" est introduit du fait que le gain est présent dans la zone active du SOA et la distribution transverse s'étend en dehors de cette région. Il est défini comme étant le rapport de la puissance optique localisée dans la couche amplificatrice à la puissance optique totale du mode dans toute la section transverse.

Le coefficient d'absorption, donné par (1.4), peut être réécrit sous la forme suivante :

$$\alpha = -\Gamma.g + \alpha_{int} \tag{1.6}$$

Afin d'utiliser les équations (1.3) et (1.4) pour déterminer le changement de phase non linéaire, induit par des impulsions optiques de contrôle, il est nécessaire qu'une correction soit introduite à l'expression de la susceptibilité. Pour ce faire, une approche basée sur la description de la densité des porteurs dans le SOA va être utilisée dans la suite afin de déterminer l'expression du coefficient du gain.

Comme nous savons, le gain d'un SOA résulte à partir des transitions entre la bande de conduction et celle de valence. Ces transitions dépendent de la densité des porteurs et la distribution des porteurs dans les deux bandes. Afin de distinguer les différents processus physiques mis en jeu, il est utile de considérer les processus inter-bande et intra-bande séparément. Cependant, le coefficient du gain peut être écrit de la manière suivante [3]:

$$g = g_{cdp}(N) + g_{ch}(N,T) + g_{shb}(N,T) \tag{1.7}$$

Avec :

$g_{cdp}(N)$: c'est la contribution causée par le processus inter-bande. Elle représente la pulsation de la densité des porteurs (CDP), qui dépend de la densité des porteurs "N".

$g_{ch}(N,T)$: c'est la contribution causée par le processus intra-bande lié à l'échauffement des porteurs (CH), qui dépend de la distribution des porteurs et de la température "T".

$g_{shb}(N,T)$: c'est la contribution causée par le processus intra-bande lié au trou spectral (SHB), qui dépend de la distribution des porteurs et de la température "T".

26

Le processus inter-bande, qui n'affecte pas la distribution des porteurs, a pour effet de changer la densité des porteurs. Cependant, l'équation d'évolution de la densité des porteurs peut être utilisée pour extraire l'expression mathématique du coefficient du gain g_{cdp}. Il tient en compte de tous les mécanismes de génération des porteurs et de perte dans la zone active du SOA. Notant que la diffusion des porteurs a été négligée ; les électrons et les trous dans le SOA sont en corrélation, à cause de la neutralisation de la charge. Par conséquent, il est suffisant de considérer uniquement l'équation d'évolution des électrons. Donc, l'équation d'évolution de la densité des porteurs, qui fait référence à la concentration des électrons dans la bande de conduction, peut s'écrire sous la forme suivante [2]:

$$\frac{\partial N}{\partial t} = \frac{J}{e.d} - R(N) \tag{1.8}$$

Où : "J" : représente la densité du courant, "e" : symbolise la charge d'une électron et "d" : est l'épaisseur de la zone active.

Le terme $\frac{J}{e.d}$ représente le taux des porteurs injectés dans la zone active du SOA. Par contre, le terme $R(N)$ tient en compte de la perte des porteurs causée par les processus de recombinaison radiative et non-radiative. Donc, ce dernier terme peut être reformulé de la façon suivante :

$$R(N) = R_{spont} + R_{stim} + R_{ASE} \tag{1.9}$$

Où : R_{spont} : est le taux de recombinaison spontanée,

R_{stim} : est le taux de recombinaison stimulée,

R_{ASE} : est le taux de recombinaison des porteurs stimulés par les photons émis spontanément.

Le taux de recombinaison spontanée peut être reformulé comme suit [4]:

$$R_{spont} = A.N + B.N^2 + C.N^3 \qquad (1.10)$$

Avec :   "A" : coefficient de recombinaison non radiative,

"B" : coefficient de recombinaison spontanée,

"C" : coefficient de recombinaison d'Auger.

Le taux de recombinaison stimulée, qui décrit l'impact de l'émission stimulée et de l'absorption, peut être écrit sous la forme suivante :

$$R_{stim} = r_{stim}.S = v_g.g.S \qquad (1.11)$$

Où :   "S" : est la densité locale des photons du signal.

"r_{stim}" : est le taux net d'émission stimulée, qui représente la différence entre le taux d'émission stimulée et celui d'absorption ; il est donné par : $r_{stim} = v_g.g$.

"v_g": est la vitesse de groupe du signal.

"g" : est le coefficient local du gain.

En négligeant R_{ASE} qui est considéré comme un terme significatif que pour les longs SOAs, l'équation d'évolution de la densité des porteurs, donnée par (1.8), peut être réécrite comme suit :

$$\frac{\partial N}{\partial t} = \frac{J}{e.d} - R_{spont} - v_g.g.S \qquad (1.12)$$

Dans ce qui suit, nous allons introduire quelques simplifications afin de formuler l'équation différentielle du coefficient de gain $g_{cdp}(N)$ en tenant compte de l'équation (1.12). Comme première hypothèse, le terme R_{spont} sera exprimé en fonction de la constante de durée de vie des porteurs spontanés "τ_s", selon la forme suivante :

$$R_{spont} = \frac{N}{\tau_s} \qquad (1.13)$$

28

Comme deuxième hypothèse, le terme $g_{cdp}(N)$ est supposé à être dépendant linéairement de la densité des porteurs et indépendant de la longueur d'onde, selon l'équation suivante :

$$g_{cdp}(N) = a_N.(N - N_0) \tag{1.14}$$

Avec : a_N : est le coefficient du gain différentiel, donné par : $a_N = \dfrac{\partial g}{\partial N}$,

N_0 : est la densité des porteurs à la transparence (g = 0).

L'équation différentielle du coefficient de gain g_{cdp} peut s'écrire alors de la manière suivante:

$$\frac{\partial g_{cdp}}{\partial t} = a_N . \frac{\partial N}{\partial t} = a_N . \left(\frac{J}{e.d} - R_{spont} - v_g.g.S \right) = a_N . \left(\frac{J}{e.d} - \frac{N}{\tau_s} \right) - a_N . v_g . g.S$$

$$= a_N . \left(\frac{J.\tau_s/e.d - N}{\tau_s} \right) - \frac{a_N.v_g.\tau_s}{\tau_s} g.S$$

En posant : $N_{st} = \left(\dfrac{J.\tau_s}{e.d} \right)$ et $\dfrac{1}{S_{sat}} = a_N.v_g.\tau_s$;

N_{st} étant la densité des porteurs non saturés.

S_{sat} étant la densité de saturation des photons.

Nous aurons :

$$\frac{\partial g_{cdp}}{\partial t} = a_N . \left(\frac{N_{st} - N}{\tau_s} \right) - \frac{g.S}{S_{sat}.\tau_s} = \left(\frac{a_N.(N_{st} - N_0) + a_N.(N_0 - N)}{\tau_s} \right) - \frac{g.S}{S_{sat}.\tau_s}$$

Donc, en posant : $g_{st} = a_N.(N_{st} - N_0)$ qui représente le gain non saturé et en se référant à l'expression (1.14), l'équation différentielle du coefficient de gain "g_{cdp}", en tenant compte des simplifications décrites ci-dessus, sera sous la forme suivante :

$$\frac{\partial g_{cdp}}{\partial t} = \left(\frac{g_{st} - g_{cdp}}{\tau_s} \right) - \frac{g.S}{S_{sat}.\tau_s} \tag{1.15}$$

Le temps demandé par les porteurs pour atteindre la distribution initiale après saturation par une impulsion optique, est décrit par la durée de vie effective des porteurs "τ_{cdp}". Ce dernier paramètre dépend de la durée de vie des porteurs spontanés "τ_s" et le taux de recombinaison stimulée R_{stim}. La durée τ_{cdp} est typiquement à l'ordre de quelques centaines de picosecondes.

Les processus intra-bande font changer la distribution des porteurs dans la bande de conduction. Ces processus sont décrits dans la figure 1.8 [5]. Par conséquent, deux principaux phénomènes qui seraient présents : le trou spectral (SHB) et l'échauffement des porteurs (CH). Ces phénomènes, qui sont à l'origine de la dynamique rapide des SOAs, se produisent au même moment mais ont des constantes de temps différentes.

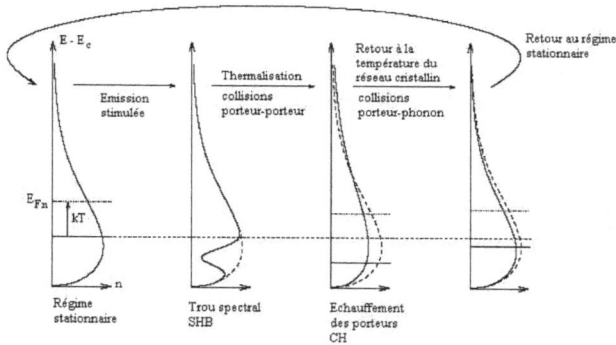

Figure 1.8 : Evolution temporelle de la répartition des porteurs dans la BC [5].

Le processus SHB est dû au fait qu'une courte impulsion optique va interagir uniquement avec une certaine partie de la distribution des porteurs, dépendant de l'énergie des photons et de la largeur spectrale de l'impulsion. En effet, l'impulsion va causer une réduction dans la distribution des porteurs à une énergie particulière de photon, résultant une déviation de la distribution de Fermi. Le temps "τ_{shb}", qui est le temps nécessaire pour restituer la distribution de Fermi par les processus de dispersion, est typiquement à l'ordre de quelques dizaines de femtosecondes. La dispersion porteur- porteur va engendrer aussi une augmentation de la température effective des porteurs, qui est appelée : échauffement des porteurs (CH). Le temps de recouvrement CH "τ_{ch}" varie de quelques centaines de femtosecondes jusqu'au quelques picosecondes.

Cependant, les équations différentielles des coefficients du gain $g_{shb}(N,T)$ et $g_{ch}(N,T)$ relatifs aux processus intra-bande sont données par [6]:

$$\frac{\partial g_{shb}}{\partial t} = -\left(\frac{g_{shb}}{\tau_{shb}} + \frac{\varepsilon_{shb}}{\tau_{shb}}.g.S \right) \qquad (1.16)$$

$$\frac{\partial g_{ch}}{\partial t} = -\left(\frac{g_{ch}}{\tau_{ch}} + \frac{\varepsilon_{ch}}{\tau_{ch}}.g.S \right) \qquad (1.17)$$

Où :"ε_{shb}" et "ε_{ch}": sont les facteurs non linéaires de suppression du gain, qui sont liés à la réduction du gain dû, respectivement, au processus SHB et au processus CH.

Donc, le coefficient du gain "g" du SOA, donné par l'expression (1.7), peut être calculé en utilisant les équations (1.15), (1.16) et (1.17).

Le gain total à simple passage "G" d'un SOA, ayant une zone active de longueur "L", est lié au coefficient du gain par la relation suivante :

$$G = \exp\left(\int_0^L (\Gamma.g(z) - \alpha_{int}).dz \right) \qquad (1.18)$$

Le coefficient de gain du SOA est appelé aussi : gain matériau, noté "g_m". C'est un paramètre qui traduit la base de l'effet d'amplification, donné par [2] :

$$g_m(\lambda) = a_N.(N - N_0) - \kappa.(\lambda - \lambda_{pic})^2 \qquad (1.19)$$

Où :

κ : la courbure du gain, donnée par :

$$\kappa \approx \frac{2.g_{m,pic}}{\Delta\lambda^2} \approx \frac{2.g_{m,pic}}{(\lambda_2 - \lambda_1)^2} \tag{1.20}$$

λ_1 et λ_2 désignent les longueurs d'ondes, respectivement minimale et maximale, à les quelles le gain matériau g_m atteint la moitié de sa valeur maximale.

λ_{pic} : symbolise la longueur d'onde qui correspond à un gain maximum, donnée par :

$$\lambda_{pic} = \lambda_0 - \frac{\partial\lambda_{pic}}{\partial N}(N - N_{th}) \tag{1.21}$$

λ_0 : la longueur d'onde du gain matériau maximum au seuil avant traitement antireflet.

N_{th} : la densité de porteurs au seuil avant traitement antireflet, donnée par :

$$N_{th} = N_0 + \frac{1}{\Gamma.\alpha_{int}}\left(\frac{2}{L}.Ln\left(\frac{n+1}{n-1}\right) + \alpha_{int}\right) \tag{1.22}$$

Donc, le gain optique peut être réécrit sous la forme suivante :

$$G = \exp\left(\int_0^L \left(\Gamma.\left(a_N.(N - N_0) - \kappa.(\lambda - \lambda_{pic})\right) - \alpha_{int}\right)dz\right) \tag{1.23}$$

Le changement non linéaire de phase dans un SOA est généralement déduit à partir du changement du gain. Il est formulé par la relation suivante [7]:

$$\frac{\partial\Delta\Phi}{\partial t} = -\frac{1}{2}\left(\alpha_{cdp}.g_{cdp} + \alpha_{ch}.g_{ch} + \alpha_{shb}.g_{shb}\right) \tag{1.24}$$

Où : "α_{cdp}", "α_{ch}" et "α_{shb}" désignent les coefficients de modulation de phase (*linewidth enhancement factors*), respectivement, pour les processus CDP, CH et SHB. Ces facteurs dépendent de la longueur d'onde et des paramètres de la structure SOA, comme ils sont fonction de "N", "T", "z" et "t".

1.3.5 Principales caractéristiques d'un SOA

Les matériaux à semi-conducteurs sont très intéressants dans le domaine de traitement optique des signaux. Pendant que la recherche dans le domaine des structures opérant dans la région d'absorption est en cours, les efforts sont actuellement déployés aux structures dont l'architecture se basant sur les SOAs. L'orientation vers cette structure est justifiée par les avantages qu'elle possède. En particulier, dû au gain du SOA et ses forts effets non linéaires, la puissance optique du signal d'entrée peut être très faible, menant à une haute efficience de la puissance à la sortie. En plus, elle se caractérise par une bande passante relativement large et un potentiel d'intégration à grande échelle avec d'autres structures photoniques vu que son volume est compact et petit en le comparant aux autres structures utilisant d'autres matériaux. L'inconvénient de cette structure est que la durée de vie des porteurs est relativement longue. Parmi les challenges du traitement optique des signaux basé sur les SOAs est de surmonter cette limitation afin d'augmenter les débits.

Les paramètres qui caractérisent un SOA sont les suivants: le gain, la puissance de saturation à la sortie, l'émission spontanée amplifiée, la bande passante du gain, le facteur de bruit et la sensibilité à la polarisation.

1.3.5.1   Gain

Le spectre du gain d'un SOA dépend de sa structure, le matériau et les paramètres opérationnels. Nous distinguons deux définitions pour le gain :

- Le gain intrinsèque du SOA, qui est défini comme étant le rapport entre la puissance du signal à la facette d'entrée et celle à la facette de sortie.
- Le gain fibre à fibre, qui inclut les pertes de couplage d'entrée et de sortie.

Le gain d'un SOA est influencé par la puissance du signal d'entrée et le bruit interne généré par la puissance d'amplification. En augmentant la puissance du signal d'entrée, les porteurs dans la région active deviennent épuisés conduisant à une diminution du gain du SOA. Cette saturation du gain peut causer une distorsion considérable du signal. Elle peut aussi limiter le gain lorsque les SOAs sont utilisés comme des amplificateurs multicanaux.

1.3.5.2   Puissance de Saturation

La puissance de saturation est un paramètre utile pour quantifier la saturation du gain. Elle est définie comme étant la puissance du signal de sortie du SOA à laquelle le gain de l'amplificateur est la moitié du gain petit signal (*small-signal gain*). En d'autre terme, c'est la puissance optique à la sortie du SOA pour une réduction de gain petit signal de 3 dB.

1.3.5.3   Emission Spontanée Amplifiée (ASE)

L'émission spontanée est une conséquence directe du processus d'amplification. L'ASE est considérée comme étant un phénomène principal qui pénalise les performances des SOAs. En fait, tous les photons guidés au sein du SOA sont amplifiés de la même façon qu'ils aient pour origine le signal ou l'émission spontanée. L'ASE va consommer des porteurs et donc concurrencer le signal optique. Par conséquent, le signal amplifié se superpose à l'ASE à la sortie de SOA. Cette dernière, ayant un spectre un peu large, peut être filtrée par un filtre optique calé sur la longueur d'onde du signal utile. Dans ce cas, seule la partie de l'ASE correspondante à la bande passante optique du filtre entache le signal par sa présence.

1.3.5.4   Bande passante du gain

La bande passante du gain est définie comme étant la largeur à mi-hauteur (FWHM) du spectre de gain. Elle est inversement proportionnelle à la longueur de la cavité du SOA et au confinement optique ; et elle s'élargit en augmentant le courant d'injection, Les amplificateurs ayant une bande passante relativement large sont attrayants pour les systèmes de communications optiques, depuis que le gain est pratiquement constant sur la bande passante entière. Pour un SOA de type contraint, une bande passante de 3dB est équivalente à 45 nm et elle dépasse 60 nm pour un SOA à puit quantique.

1.3.5.5   Facteur de bruit

Le rapport signal sur bruit optique (OSNR) du signal amplifié est dégradé à cause des émissions spontanées qui s'ajoutent au signal pendant son amplification dans le SOA. La dégradation de l'OSNR est évaluée quantitativement par le paramètre NF, appelé le facteur de bruit de l'amplificateur qui est défini comme étant le rapport entre l'OSNR en entrée et l'OSNR à la sortie. La limite inférieure théorique du NF est de 3 dB à cause des propriétés quantiques de la lumière. En plus des propriétés intrinsèques du matériau, le NF dépend aussi de la longueur d'onde opérationnelle, du courant injecté et de la puissance du signal d'entrée.

Les performances d'un SOA ou plus généralement d'un système optique sont souvent exprimées en termes de facteur de bruit, qui doit être le plus bas possible.

1.3.5.6   Sensibilité du gain à la polarisation

La sensibilité du gain à la polarisation du signal d'entrée est une caractéristique indésirable pour les SOAs. Le gain de l'amplificateur SOA se diffère selon les polarisations TE et TM, parce que le facteur de confinement et l'indice effectif sont différents pour chacune d'entre elles. Cette caractéristique fait que le gain de l'amplificateur soit dépendant de l'état de polarisation du signal d'entrée ; une propriété indésirable pour leurs applications dans les réseaux optiques où l'état de la polarisation change avec la propagation du signal le long de la fibre.

La sensibilité du gain du SOA vis-à-vis de la polarisation est donnée par :

$$\Delta G_{TE/TM}\big|_{dB} = G_{TE} - G_{TM} = \left(1 - \frac{\Gamma_{TM}\cdot g_{TM}}{\Gamma_{TE}\cdot g_{TE}}\right).G_{TE} \tag{1.25}$$

Pour un SOA réalisé d'un matériau semi-conducteur massif, cette sensibilité est essentiellement due à la géométrie de la zone active. Cette dernière peut être modifiée afin de minimiser la sensibilité du gain vis-à-vis de la polarisation.

Le terme ΔG peut être nul si la condition suivante est satisfaite : $\Gamma_{TE}\cdot g_{TE} = \Gamma_{TM}\cdot g_{TM}$. Puisque nous avons : $\Gamma_{TE} > \Gamma_{TM}$, alors nous pouvons intervenir sur le coefficient intrinsèque d'amplification "g" pour compenser cette différence entre les coefficients de confinement optique, en l'occurrence en favorisant le gain du mode TM afin d'obtenir : $g_{TM} > g_{TE}$.

Plusieurs études qui ont été réalisées afin de rendre le SOA insensible à la polarisation. Elles ont été basées sur l'utilisation, dans le milieu amplificateur du SOA, de structures à puits quantiques contraints ou des structures massives contraintes, qui ont rendu ce composant encore plus compétitif.

1.3.5.7 Sensibilité de l'indice effectif à la polarisation

Les propriétés géométriques de la zone active du SOA conduisent aussi à une dépendance de l'indice effectif du mode guidé vis-à-vis de la

36

polarisation ($n_{eff}^{TE} \neq n_{eff}^{TM}$). La biréfringence qui en résulte est toujours présente, même dans les SOAs dits indépendants de la polarisation, car cette indépendance ne concerne que le gain. Donc, la présence de la biréfringence dans le SOA va engendrer aussi un retard entre les composantes TE et TM du champ électrique, qui s'explique par la différence entre la vitesse de phase du mode TE et celle du mode TM. Il se traduit par un déphasage $\Delta\Phi$ entre les deux modes à la sortie du SOA, qui peut s'écrire en fonction de la différence entre les indices de réfraction effectifs comme suit :

$$\Delta\Phi = \phi_{TM} - \phi_{TE} = \frac{2\pi.L}{\lambda}.\Delta n_{eff}^{TM/TE} \tag{1.26}$$

Nous pouvons constater que le déphasage, pour les longs SOAs, peut être significatif même pour une différence d'indices effectifs faible.

1.3.5.8   Ondulation du gain

L'ondulation du gain, qui devrait être la plus faible possible, est causée par les réflexions résiduelles des facettes du SOA.

1.3.5.9   Temps de commutation

Le temps de commutation est un paramètre critique qui caractérise un SOA quand il est utilisé pour assurer une fonction de commutation. Le temps de commutation typique est dans l'ordre de quelques nanosecondes.

1.4 Caractérisation du comportement du SOA en régimes de fonctionnement

1.4.1 Régime Linéaire

La région linéaire en amplification est le régime de fonctionnement privilégié. Le fonctionnement d'un SOA à l'extérieur de cette région va causer la dispersion puisqu'aux hautes puissances de sortie, le gain va être saturé et compressé. La modulation du gain résultant va causer le phénomène de "*pattern*" dans le domaine temporel, parce que le temps de récupération de gain d'un SOA est typiquement de même ordre que les vitesses de modulation de données.

Le régime de fonctionnement linéaire du SOA est décrit dans la figure 1.9. Cependant, lorsque la puissance moyenne "P_m" est à moins de 6 dBm au minimum de la puissance de saturation "P_{sat}", les effets non linéaires ne seront pas observés ; et le SOA est en régime linéaire. Par conséquent, le régime de fonctionnement linéaire est défini comme étant la puissance de sortie issue du SOA lorsque les effets non linéaires comme la modulation croisée du gain (XGM), la modulation croisée de phase (XPM), le mélange à quatre ondes (FWM), la modulation croisée de polarisation (XPolM) etc. n'ont pas d'effets sur la puissance le signal d'entrée.

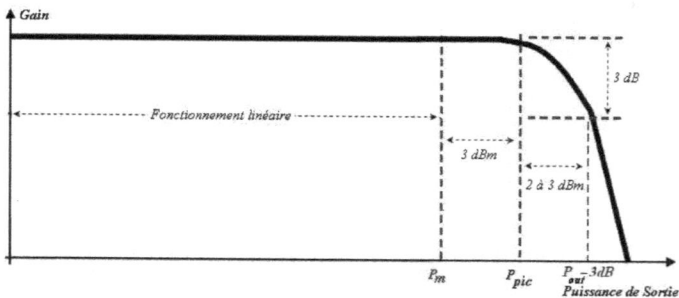

Figure 1.9 : Régime de fonctionnement d'un SOA.

1.4.2 Régime de Saturation

L'origine de saturation du gain est lié à la dépendance de la puissance au coefficient du gain à laquelle l'inversion de population, due à l'injection du courant de pompage, est réduite avec l'émission stimulée induite par le signal d'entrée.

La puissance de saturation, représentée dans la figure 1.9, correspond à la puissance optique à la sortie du SOA pour une réduction de gain de 3 dB. Elle est donnée par l'équation suivante [2]:

$$P_{sat} = \frac{d.W}{\Gamma}.I_s \qquad (1.27)$$

Avec :

$$I_s = \frac{h.v}{a_N.\tau_s} \qquad (1.28)$$

Où :   "d" : étant l'épaisseur de la zone active du SOA,

"W" : représente la largeur de la zone active du SOA,

"Γ" : est le facteur de confinement optique,

"I_s" : désigne le courant de saturation,

"h" : désigne la constante de Planck,

"v" : est la fréquence optique,

"a_N" : représente le gain différentiel modal,

"τ_s" : symbolise la durée de vie des porteurs spontanés,

Une haute puissance de saturation est une caractéristique très demandée pour un SOA, particulièrement pour son application comme un booster ou bien dans les systèmes WDM depuis que la saturation du SOA va introduire des interférences entre les canaux ; en plus que la dynamique rapide de la densité des porteurs est obtenue à une saturation élevée.

D'après l'équation (1.27), la puissance de saturation peut être améliorée soit en diminuant le coefficient du facteur de confinement optique ou bien en augmentant le courant de saturation. Ce dernier cas peut être accompli en diminuant soit le gain différentiel et/ou la durée de vie des porteurs spontanés "τ_s", ceci en se référant à l'équation (1.28). Depuis que "τ_s" est inversement proportionnel à la densité des porteurs, donc il y a augmentation de la puissance de saturation lorsque le SOA fonctionne à des courants d'alimentation forts. Néanmoins, lorsque la densité des porteurs augmente, le gain du SOA va croître et par conséquent les effets de résonance seront plus significatifs.

Bien que le régime linéaire soit favorisé lorsque les SOAs sont utilisés dans les applications d'amplification, le régime de saturation est préféré pour assurer des portes logiques tout-optiques [8]. D'autre part, la non-linéarité du SOA en régime de saturation est considérée comme un de ses inconvénients majeurs quant à son utilisation dans les systèmes WDM. Par conséquent, l'usage du SOA comme un répéteur dans un tel système à canaux multiples n'est pas recommandé, puisque il va y avoir une perturbation du gain de chaque canal vu qu'il y a une modification du gain due à la non-linéarité du SOA.

Afin de déterminer les facteurs qui ont une influence sur le gain du SOA pour des puissances d'entrée élevées, un modèle de base est adopté. Ce dernier est utilisé pour la prédiction des caractéristiques de saturation du SOA. Comme hypothèse, nous supposons que les réflectivités des facettes du SOA sont nulles.

En se référant aux équations (1.12), (1.13) et (1.14), l'équation d'évolution de la densité des porteurs va s'écrire comme suit :

$$\frac{\partial N}{\partial t} = \frac{J}{e.d} - \frac{N}{\tau_s} - a_N.(N - N_0).\frac{I_{signal}}{h.\nu} \tag{1.29}$$

40

Pour le cas stationnaire $\left(\dfrac{\partial N}{\partial t} = 0\right)$, nous obtenons l'équation suivante: *(le détail de calcul est présenté à l'Annexe 1)*

$$N = \frac{\tau_s.J}{e.d}.\left(1 + \frac{I_{signal}}{I_s}\right)^{-1} + \frac{N_0.I_{signal}}{I_{signal} + I_s} \qquad (1.30)$$

La propagation du courant du signal "I_{signal}" injecté le long de l'axe "z" du SOA est décrite par l'équation suivante:

$$\frac{\partial I_{signal}}{\partial z} = \left[\Gamma.a_N.(N - N_0) - \alpha\right]I_{signal} \qquad (1.31)$$

Par substitution de (1.30) dans (1.31), nous obtenons le résultat suivant :

$$\frac{\partial I_{signal}}{\partial z} = \left[\frac{\Gamma.g_0}{1 + \dfrac{I_{signal}}{I_s}} - \alpha\right].I_{signal} \qquad (1.32)$$

Avec :

$$g_0 = a_N.\left(\frac{\tau_s.J}{e.d} - N_0\right) \qquad (1.33)$$

L'intégration de l'équation (1.32) sur l'intervalle [0, L] tout en négligeant les pertes, nous donne le résultat présenté ci-dessous ; avec I_{in}, I_{out} sont les intensités du signal respectivement à l'entrée et à la sortie du SOA dont la zone active ayant une longueur "L" :

$$I_{out}.\exp\left(\frac{I_{out} - I_{in}}{I_s}\right) = I_{in}.e^{(\Gamma.g_0.L)} \qquad (1.34)$$

Pour ces cas, le gain du SOA, qui est défini comme étant le rapport entre l'intensité de sortie et celle d'entrée, sera exprimé comme suit :

$$G = G_0.\exp\left(-(1 - \frac{1}{G}).\frac{I_{out}}{I_s}\right) = G_0.\exp\left(-(G - 1).\frac{I_{in}}{I_s}\right) \qquad (1.35)$$

Où : $G_0 = e^{(\Gamma.g_0.L)}$

L'équation (1.35) admet la solution suivante : *(voir Annexe 1)*

$$G = \frac{LambertW\left(\dfrac{I_{in}}{I_s}.G_0.e^{\left(\frac{I_{in}}{I_s}\right)}\right)}{I_{in}/I_s} \tag{1.36}$$

La figure représentée ci-dessous, illustre l'évolution du gain en fonction du rapport I_{in}/I_s pour différentes valeurs du gain non saturée G_0.

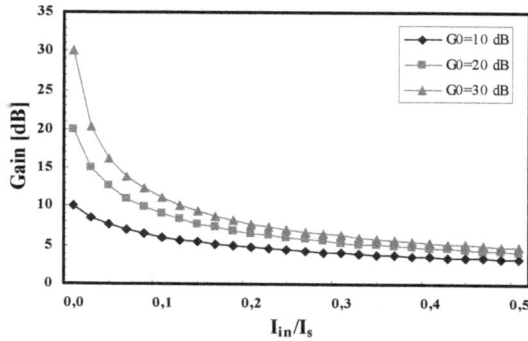

Figure 1.10 : Evolution du Gain en fonction du rapport I_{in}/I_s.

L'intensité de sortie saturée $I_{out}|_{3dB}$, pour la quelle $G=G_0/2$, est donnée par : *(voir Annexe 1)*

$$I_{out}\big|_{3dB} = \frac{G_0.\ln(2)}{G_0 - 2}.I_s \tag{1.37}$$

En se référant à l'équation (1.27), la puissance de saturation à la sortie s'écrit sous la forme suivante :

$$P_{out,sat} = \frac{d.W}{\Gamma} I_{out}\big|_{3dB} = \frac{d.W.G_0.\ln(2)}{\Gamma.(G_0 - 2)}.I_s \tag{1.38}$$

42

1.5   Modélisation dynamique du SOA

Les structures photoniques actives présentant des caractéristiques non linéaires sont considérées les plus compliquées au point de vue modélisation et simulation. Parmi ces structures, nous distinguons les SOAs qui ont reçu une attention considérable à ce niveau.

De nombreuses études ont été faites, dans la littérature, pour caractériser et modéliser le comportement statique et dynamique du SOA. Cependant, plusieurs modèles ont été proposés à cette fin [6,9-23]. La plupart des modèles sont inspirés de ceux appliqués aux lasers à semi conducteurs après modification de certains paramètres. Certains de ces modèles considèrent une répartition homogène de la densité de porteurs le long du milieu amplificateur, ce qui les rend adéquats uniquement en régime de fonctionnement linéaire ; par contre ils ne sont plus valides en régime de saturation à cause des inhomogénéités de la densité de porteurs le long du milieu amplificateur. En 1992, Durhuus *et al* [22] ont développé un modèle un peu intéressant en se basant sur les modèles [9,10], qui permet de prendre en compte les inhomogénéités spatiales de la densité de porteurs à travers un modèle à plusieurs sections. Le dit modèle ne prend pas en compte la dépendance en polarisation du gain du SOA et les effets de rotation de polarisation y afférentes. Pour remédier à ce problème, Dorren *et al* [23] ont proposé un modèle pour expliquer la dépendance en polarisation du gain dans les SOAs à puits quantiques ou des SOAs à structure massive contrainte. Ce modèle considère que les électrons de la bande de conduction interagissent avec deux réservoirs de trous en introduisant un facteur de déséquilibre f; mais il ne prend pas en compte la dynamique intra-trous.

Généralement, les modèles qui caractérisent les SOAs, peuvent être classés par domaine : temporel ou fréquentiel ; comme ils peuvent être répertoriés selon le mode de propagation de l'onde : co-propagation (unidirectionnel) ou contre-propagation (bidirectionnel). Dans le tableau 1.1, nous représentons une analyse de quelques modèles qui sont classés selon les effets physiques qu'ils considèrent, à savoir :

- les dynamiques inter-bande du gain : c'est un effet fondamental à considérer pour un tel modèle caractérisant le SOA.
- les dynamiques inter-bande de l'indice de réfraction : c'est un effet primordial afin de déterminer le chirp : la variation de phase par rapport à la variation correspondante du gain.
- la compression du gain CH et SHB.
- les dynamiques CH et SHB du gain et de l'indice de réfraction.
- les effets de l'absorption de deux photons (TPA) et la réfraction non linéaire ultrarapide (UNR).
- la dispersion du gain et la variation de son pic.
- la durée de vie des porteurs dépendante de la densité des porteurs.
- L'épuisement de la densité des porteurs produite par l'ASE.
- Les pertes du matériau et les réflexions des facettes.

Tableau 1.1 : Classification de quelques modèles du SOA.

Effet Physique	Modèles [Référence]						
	[13]	[14]	[15]	[16]	[17]	[18]	[19]
Unidirection nel (U) / Bidirectionn el (B)	*U (runge-k)*	*U (FD)*	*B (TMM)*	*U (FD-BPM)*	*U (FD)*	*B (multi-sec)*	*U*
Domaine : Temporel (T) / Fréquentiel (F)	*T*	*F*	*F*	*T*	*F*	*F*	*T*
Dynamiques Inter-Bande du gain	*oui*	*oui*	*oui*	*oui*	*oui*	*oui*	*oui*
Dynamiques Inter-Bande d'indice de réfraction	*à travers α_N*	*à travers α_N*	*$\alpha(N,\lambda)$*	*à travers α_N*	*à travers α_N*	*$\alpha(N,\lambda)$ paramétré*	*$\alpha(N,\lambda)$ Moyenne*
Compressio n CH+SHB du gain	*oui*	*oui*	*oui*	*oui*	*oui*	*oui*	*oui*
Dynamiques CH+SHB du gain	*Temps const.*	*non*	*Temps const.*	*Temps const.*	*non*	*non*	*Temps const.*
Dynamiques CH+SHB de l'indice de réfraction	*à travers α_{CH}*	*à travers α_{CH}*	*à travers α_{CH}*	*à travers α_{CH}*	*à travers α_{CH}*	*à travers α_{CH}*	*à travers α_{CH}*
TPA & UNR	*non*	*oui*	*non*	*oui*	*non*	*non*	*oui*
Dispersion du Gain	*non*	*carrée*	*cubique*	*2ème ordre*	*carrée*	*paramétrée*	*Moyenne*
Variation du pic du gain	*non*	*non*	*Linéaire w/N*	*oui*	*non*	*Linéaire w/N*	*Linéaire w/N*
Durée de vie des porteurs $\tau(N)$	*const.*	*const.*	*A, B, C*	*const.*	*BN/ζ*	*A, B, C*	*A, B, C*
Epuisement de N par l'ASE	*non*	*non*	*oui*	*non*	*non*	*oui*	*oui*
Perte du matériau	*non*	*const.*	*détaillée*	*const.*	*const.*	*Dépendant de λ*	*const.*
Réflexions des facettes	*non*	*non*	*oui*	*non*	*non*	*oui*	*non*

En se référant au modèle dynamique que nous présentons dans cette section, l'évolution du champ électrique dans un SOA obéit à l'équation différentielle suivante [2]:

$$\frac{\partial E(z,t)}{\partial z} + \frac{1}{v_g} \cdot \frac{\partial E(z,t)}{\partial t} = \frac{(1-j.\alpha_N).g}{2} \cdot E(z,t) \qquad (1.39)$$

Où :

α_N est le coefficient de modulation de phase (*linewidth enhancement factor*).

Le champ électrique est de la forme suivante :

$$E(z,t) = \sqrt{P(z,t)}.e^{j.\Phi(z,t)} \qquad (1.40)$$

P et Φ symbolisent respectivement la puissance et la phase du signal.

Par transformation des variables spatiale et temporelle sous la forme suivante : $\tau = t - \dfrac{z}{v_g}$, les équations (1.39) et (1.40) nous permettent d'écrire :

$$\begin{cases} \dfrac{\partial P}{\partial \tau} = g.P \\ \dfrac{\partial \Phi}{\partial \tau} = -\dfrac{1}{2}.\alpha_N.g \end{cases} \qquad (1.41)$$

Etant donné que : $J = \dfrac{I}{W.L}$, l'équation d'évolution des porteurs (1.29) peut être réécrite sous la forme suivante:

$$\frac{\partial N}{\partial t} = \frac{I}{e.d.W.L} - \frac{N}{\tau_s} - \frac{g.P}{h.v.d.W} \qquad (1.42)$$

En se référant à cette dernière équation, nous pouvons écrire :

$$\frac{\partial g}{\partial \tau} = \frac{g - g_0}{\tau_s} - \frac{g.P}{E_{sat}} \qquad (1.43)$$

Où :

g_0 : est le coefficient du gain petit signal, donné par l'expression (1.44).

46

$$g_0 = \Gamma.a_N.N_0.\left(\frac{I}{I_0} - 1\right) \tag{1.44}$$

I_0 : est le courant d'alimentation nécessaire pour la transparence, donné par :

$$I_0 = \frac{e.d.W.L.N_0}{\tau_s} \tag{1.45}$$

E_{sat} : est l'énergie de saturation dont l'expression est la suivante :

$$E_{sat} = \frac{h.v.d.W}{\Gamma.a_N} \tag{1.46}$$

L'équation (1.43) admet la solution suivante :

$$P_{out}(\tau) = P_{in}(\tau).e^{h(\tau)} \tag{1.47}$$

Avec :

$$h(\tau) = \int_0^\tau g(z,\tau).dz \tag{1.48}$$

En intégrant l'équation différentielle (1.43) tout en utilisant (1.48), nous obtenons une équation différentielle ordinaire pour "h" ayant la forme suivante :

$$\frac{\partial h}{\partial \tau} = \frac{g_0.L - h}{\tau_s} - \frac{P_{in}(\tau)}{E_{sat}}.(e^h - 1) \tag{1.49}$$

Cette dernière équation peut être résolue analytiquement pour un cas particulier très important. Si la largeur à mi-hauteur de l'impulsion $\tau_p \ll \tau_s$, alors le terme $\frac{g_0.L}{\tau_s}$ peut être négligé. Cependant, la solution de l'équation (1.49) est comme suit :

$$h(\tau) = -Ln\left\{1 - (1 - \frac{1}{G_0^1}).\exp\left(-\frac{U_{in}(\tau)}{E_{sat}}\right)\right\} \tag{1.50}$$

Avec : $G_0^1 = e^{(g_0.L)}$, et "U_{in}" est l'énergie contenue dans l'impulsion jusqu'à le temps "τ", donnée par l'équation (1.51).

$$U_{in}(\tau) = \int_{-\infty}^{\tau} P_{in}(\tau').d\tau' \tag{1.51}$$

Le terme $U_{in}(\infty)$ représente l'énergie totale de l'impulsion "E_{in}".

Considérons une impulsion Gaussienne en entrée, ayant la forme suivante :

$$P_{in}(\tau) = \frac{E_{in}}{\tau_0.\sqrt{\pi}}.e^{\left(-\frac{\tau^2}{\tau_0^2}\right)} \tag{1.52}$$

Où "τ_0" est relié à la largeur à mi-hauteur de l'impulsion par la relation suivante : $\tau_p = 1.665\ \tau_0$.

Donc, nous aurons :

$$U_{in}(\tau) = \frac{1}{2}.E_{in}\left(1 + erf(\frac{\tau}{\tau_0})\right) \tag{1.53}$$

Cependant, le gain instantané du SOA sera de la forme :

$$G(t) = e^{h(\tau)} = \left\{1 - (1 - \frac{1}{G_0^1}).\exp\left(-\frac{U_{in}(\tau)}{E_{sat}}\right)\right\}^{-1} \tag{1.54}$$

Alors :

$$G(-\infty) = \frac{G_0^1}{G_0^1 - (G_0^1 - 1).e^{\left(-\frac{E_{in}}{E_{sat}}\right)}} \tag{1.55}$$

Le gain en énergie est donné par :

$$G_E \equiv \frac{E_{ouot}}{E_{in}} = \frac{1}{E_{in}}\int_{-\infty}^{+\infty} P_{in}(\tau).e^{h(\tau)}.d\tau \tag{1.56}$$

En utilisant l'équation (1.53) et en posant $G(-\infty) = G_f$, le gain en énergie peut être réécrit sous la forme :

$$G_E = \frac{Ln\left(\frac{G_0^1 - 1}{G_f - 1}\right)}{Ln\left(\frac{G_0^1 - 1}{G_f - 1}\right) - Ln\left(\frac{G_0^1}{G_f}\right)} \tag{1.57}$$

48

Cette dernière équation montre bien que le gain en énergie est indépendant de la forme de l'impulsion d'entrée.

Pour un signal d'entrée continu (CW), le gain "G_{cw}" peut être déterminé en se référant à l'équation (1.35) :

$$G_{cw} = G_0 . \exp\left(-(G_{cw} - 1). \frac{P_{in}}{P_{sat}}\right) \qquad (1.58)$$

Où : $P_{sat} = \dfrac{E_{sat}}{\tau_s}$

Dans la figure représentée ci-dessous, nous remarquons que le gain "G_{cw}" se sature plus rapidement que le gain en énergie "G_E".

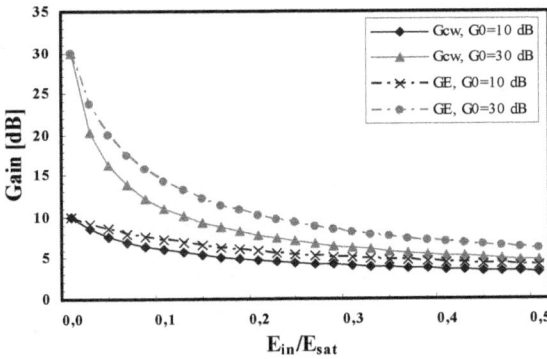

Figure 1.11 : Evolution du gain G_{cw} et G_E en fonction de E_{in}/E_{sat}.

1.6   Analyse de l'Effet de Bruit dans les SOAs

1.6.1 Contributions de l'émission spontanée amplifiée

En régime fonctionnel, le signal se propage dans la zone active du SOA présentant du gain grâce à l'inversion de population obtenue par un pompage électrique. Ainsi, les photons dus à l'émission stimulée viennent s'ajouter au signal et l'amplifient. En même temps, d'autres photons sont émis de manière non cohérente avec le signal : ils constituent l'émission spontanée, qui peut être amplifiée à son tour par l'émission stimulée. Il s'agit alors de l'émission spontanée amplifiée (ASE), qui à l'origine du bruit dans les SOAs.

La puissance de l'ASE recouvre un domaine spectral large et dépend de la longueur d'onde et de la puissance du signal injecté dans le SOA. Elle se comporte comme un bruit vis-à-vis du signal utile. Ce bruit est un facteur qui peut limiter les performances des systèmes, en termes de sensibilité de réception par exemple, exploitant ce composant. Il est donc important de pouvoir quantifier et calculer la quantité de bruit apportée par l'amplificateur SOA pour évaluer les performances d'un tel système donné. Egalement, l'ASE peut limiter la mise en cascade des SOAs puisqu'à chaque étage d'amplification, s'ajoute le bruit local au bruit amplifié créé par l'étage précédent. L'ASE accumulée est donc proportionnelle au gain de chaque amplificateur et à leur nombre. Son spectre est celui de l'émission spontanée, modifié par le profil de gain de la chaîne amplificatrice.

La puissance de l'ASE générée en interne d'un SOA est donnée par l'expression suivante :

$$P_{ASE} = n_{sp}.h.\nu.(G-1).B_0 \qquad (1.59)$$

Où :   "G" : est le gain à la fréquence optique "ν",

"B_0" : représente la bande passante optique,

"n_{sp}" : se réfère au facteur d'inversion de population.

Pour un amplificateur idéal, $n_{sp}=1$, qui correspond à une conversion complète dans le milieu. Alors que dans le cas usuel, l'inversion de population est partielle et $n_{sp} >1$.

1.6.2 Différents types de bruit dans un SOA

L'ASE affecte considérablement la performance du SOA. Par conséquent, le signal injecté dans la structure va interagir non linéairement avec le bruit ASE le long de l'amplificateur. L'interaction va corréler des différentes composantes spectrales du bruit.

Nous distinguons trois types des composantes du bruit dans l'amplificateur optique, à savoir :

- le bruit de grenaille,
- le bruit de battement entre le signal et l'ASE,
- Le bruit d'auto battement de l'ASE.

Le bruit de grenaille est lié essentiellement au signal amplifié et à l'émission spontanée. Il résulte de la détection de la puissance optique totale reçue due au signal et la puissance de bruit de l'ASE. Il est donné par :

$$N_{shot} = 2.e^2.B_e \left(\frac{G.P_{in}}{h.\nu} + n_{sp}.B_0.(G-1) \right) \qquad (1.60)$$

Où : B_e est la bande passante électrique du photodétecteur.

La contribution de bruit due au signal existe en l'absence d'amplificateur optique ; ce dernier modifie simplement la puissance du signal, et donc la puissance de bruit de grenaille liée à celui-ci, et introduit un bruit de grenaille supplémentaire lié à la détection de l'ASE.

Les deux autres composantes de bruit : le bruit de battement entre le signal et l'ASE, et le bruit d'auto battement de l'ASE, sont intrinsèques au composant SOA. Le bruit de battement entre le signal et l'ASE, noté "N_{s-sp}", résulte de l'interférence créée par la détection quadratique entre le signal et la composante spectrale de l'ASE qui se situe dans le même mode. Il est donné par l'équation suivante:

$$N_{s-sp} = 4.\frac{e^2}{h.\nu}.B_e.P_{in}.n_{sp}.G.(G-1)$$ (1.61)

Le bruit d'auto battement de l'ASE, noté "N_{sp-sp}", résulte de l'interférence entre les différents modes de l'ASE détectée, qui sont supposés non corrélés. Il est donné par :

$$N_{sp-sp} = e^2.(2B_0 - B_e).B_e.n_{sp}^2.(G-1)^2$$ (1.62)

Les bruits de battement relatifs aux modes de l'ASE, "N_{sp-sp}", sont dominants pour un faible signal injecté, alors que le bruit de battement entre le signal et l'ASE, "N_{s-sp}", devient prépondérant pour un fort signal injecté. Pour minimiser le bruit "N_{sp-sp}", un filtre optique de bande passante B_0 est placé juste après le SOA.

1.6.3 Influence du bruit sur la performance du SOA

Pour caractériser et quantifier le bruit et décrire son influence sur la performance d'un SOA, il faut évaluer le rapport de l'OSNR du signal amplifié, qui sera dégradé à cause des émissions spontanées qui s'ajoutent au signal pendant son amplification dans le SOA. La dégradation de l'OSNR est évaluée quantitativement par le facteur de bruit "NF", donné par l'équation (1.63).

52

$$NF = \frac{OSNR_{in}}{OSNR_{out}} \tag{1.63}$$

Le rapport signal sur bruit optique en entrée "OSNR$_{in}$" est donné par l'expression suivante :

$$OSNR_{in} = \frac{P_{in}}{2.h.v.B_e} \tag{1.64}$$

Le rapport "OSNR$_{in}$" est proportionnel à la puissance du signal d'entrée, et plus significativement au nombre de photons en entrée par unité de temps "$\frac{P_{in}}{h.v}$". Par contre, le rapport signal sur bruit optique à la sortie "OSNR$_{out}$" est défini par l'équation représentée dans ce que suit :

$$OSNR_{out} = \left(\frac{e.P_{in}.G}{h.v} \right)^2 . \frac{1}{N_{shot} + N_{s-sp} + N_{sp-sp}} \tag{1.65}$$

En se référant aux équations (1.60), (1.61), (1.63), (1.64) et (1.65), le facteur de bruit peut être écrit sous la forme suivante :

$$NF = \frac{1}{G} + 2.n_{sp}.\frac{G-1}{G} + \frac{h.v.B_0.n_{sp}.P_{in}.(G-1)}{P_{out}^2} + \frac{h.v.(2B_0 - B_e)n_{sp}^2.P_{in}.(G-1)^2}{2.P_{out}^2} \tag{1.66}$$

Dans le cas pratique, les deux derniers termes dans l'expression (1.66) sont négligés car la puissance de l'ASE est plus faible que la puissance du signal ; de plus, le bruit d'auto battement de l'ASE peut être minimisé en plaçant un filtre optique de bande passante B$_0$ juste après le SOA. Par conséquent, le facteur de bruit peut être réécrit comme :

$$NF \approx \frac{1}{G} + 2.n_{sp}.\frac{G-1}{G} \tag{1.67}$$

Depuis que l'inversion de population est partielle et que le facteur d'inversion de population est toujours supérieur à l'unité (n$_{sp}$ >1.), la valeur minimale de NF est obtenue pour $n_{sp}=1$. Donc, pour un gain $G \gg 1$, le NF d'un amplificateur idéal est de 3 dB : qui est la valeur minimale a atteindre. En faisant remplacer "n_{sp}", dans l'expression (1.67), par sa valeur déduite de l'équation (1.59), le facteur de bruit peut être exprimé en fonction de la puissance de l'ASE par :

$$NF \approx \frac{1}{G} + 2 . \frac{P_{ASE}}{h.v.G.B_0}$$

(1.68)

1.7 Résultats de simulation et interprétations

Dans cette partie, nous allons présenter les résultats de simulation permettant de mieux comprendre les principales caractéristiques du composant SOA. Nous allons étudier l'impact de variation de certains paramètres intrinsèques et extrinsèques du SOA, tels que la longueur de la zone active, le facteur de confinement, le courant d'alimentation et la puissance optique injectée, sur son comportement. Les résultats sont obtenus par simulation du composant SOA.

1.7.1 Caractéristiques du SOA étudié

Les paramètres caractérisant le composant SOA utilisé en simulation sont récapitulés dans le tableau suivant:

Tableau 1.2 : Paramètres du SOA utilisé en simulation.

Symbole	Description	Valeur
I_{bias}	Courant d'alimentation	200 mA
η_{in}	Perte de couplage en entrée	3 dB
η_{out}	Perte de couplage à la sortie	3 dB
R_1	Réflectivité de la facette d'entrée	5e-005
R_2	Réflectivité de la facette de sortie	5e-005
L	Longueur de la zone active	500 µm
W	Largeur de la zone active	2.5 µm
d	Epaisseur de la zone active	0.2 µm
Γ	Facteur de confinement optique	30 %
A	Coefficient de recombinaison non- radiative	360 000 000 1/s
B	Coefficient de recombinaison spontanée	5.6e-016 m^3/s
C	Coefficient de recombinaison d'Auger	3e-041 m^6/s
v_g	Vitesse de groupe	75 000 000 m/s
m_e	Masse effective d'un électron dans la BC	4.1e-032 Kg
m_{hh}	Masse effective d'un trou dense dans la BV	4.19e-031 Kg
m_{hl}	Masse effective d'un trou léger dans la BV	5.06e-032 Kg
A_{rad}	Coefficient de recombinaison radiative linéaire	10 000 000 1/s
n_r	Indice de réfraction	3.7

1.7.2 Evolution de la densité des porteurs

La présence d'un champ électromagnétique dans le SOA va modifier la densité des porteurs et ceci à cause des phénomènes de l'émission stimulée et de l'émission spontanée amplifiée. Egalement, la variation de la longueur d'onde a un impact sur l'évolution de la densité des porteurs au sein du SOA. Cependant, comme elle est illustrée dans la figure 1.12, la densité des porteurs va être modifiée le long du SOA ; elle décroît suivant l'axe de propagation de l'onde. Aussi, elle croît en augmentant la longueur d'onde.

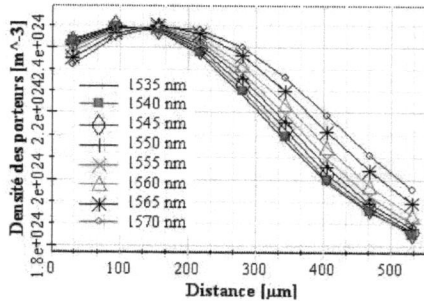

(a) : L= 500 μm, I_{bias}=200 mA, P_{in}= -10 dBm

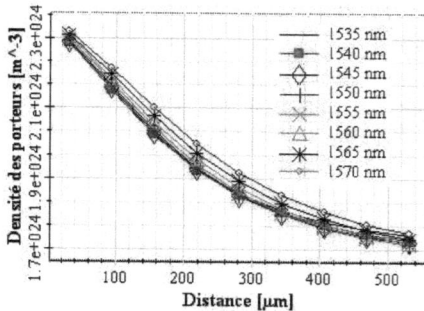

(b) : L= 500 μm, I_{bias}=200 mA, P_{in}= 5 dBm

Figure 1.12 : Evolution de la densité des porteurs au sein du SOA en fonction de la longueur d'onde et de la puissance injectée.

56

Egalement, en se referant aux différentes courbes représentées de la figure 1.13, la perturbation de la densité des porteurs va varier selon les valeurs du courant d'alimentation et de la puissance injectée dans la structure SOA. Cependant, nous remarquons que plus le signal est fort, moins est élevée la densité des porteurs dans le SOA. Aussi, nous constatons que pour des faibles courants injectés, la valeur de la densité des porteurs sera minimale et reste presque constante le long de la zone active du SOA. En faisant accroître le courant d'alimentation, la densité des porteurs va augmenter ; comme elle va décroître le long de la zone active.

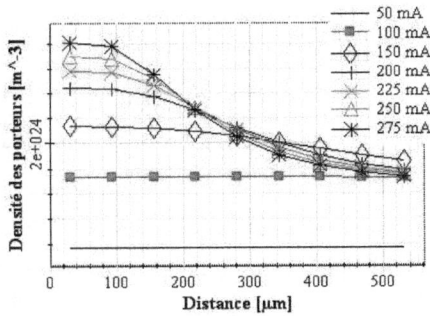

(a): L= 500 µm, λ= 1550 nm, P_{in}= -5 dBm

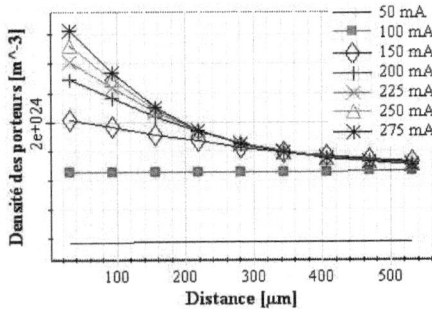

(b): L= 500 µm, λ= 1550 nm, P_{in}= 5 dBm

Figure 1.13 : Evolution de la densité des porteurs au sein du SOA en fonction du courant injecté.

La figure 1.14 représente l'évolution de la densité des porteurs en fonction de la puissance injectée dans le SOA pour différentes valeurs du courant d'alimentation. Les courbes obtenues montrent bien que l'augmentation de la puissance d'entrée a pour effet une diminution remarquable de la densité des porteurs. Cette dernière va croître en utilisant des courants forts. Ainsi, l'évolution de la densité des porteurs le long de la zone active se diffère selon la puissance d'entrée utilisée ; plus cette dernière est forte, plus la diminution de la densité des porteurs est constatée.

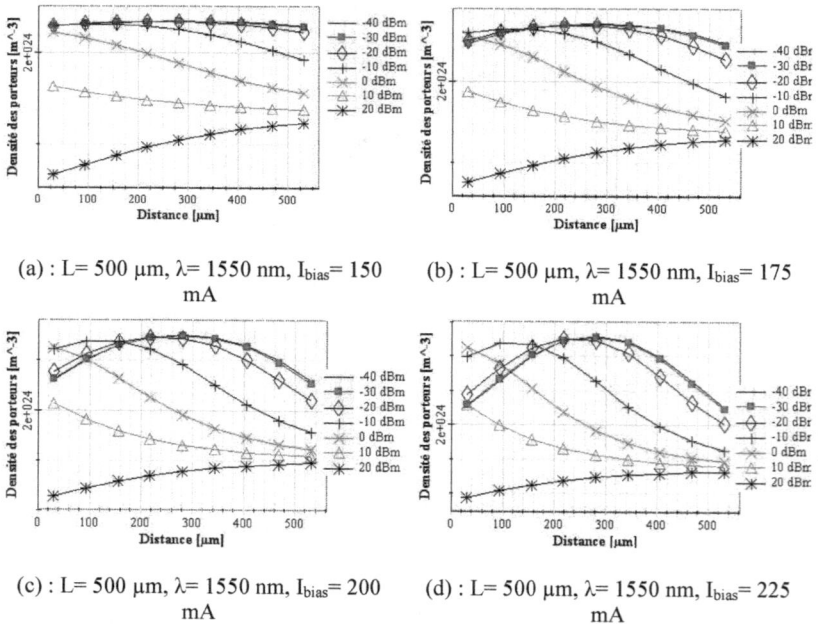

(a) : L= 500 µm, λ= 1550 nm, I_{bias}= 150 mA

(b) : L= 500 µm, λ= 1550 nm, I_{bias}= 175 mA

(c) : L= 500 µm, λ= 1550 nm, I_{bias}= 200 mA

(d) : L= 500 µm, λ= 1550 nm, I_{bias}= 225 mA

Figure 1.14 : Evolution de la densité des porteurs au sein du SOA en fonction de la puissance injectée.

58

1.7.3 Evolution de la puissance à la sortie du SOA

L'évolution de la puissance de sortie du SOA en fonction de la longueur d'onde pour différentes valeurs de la puissance d'entrée est représentée dans la figure 1.15. Elle montre que lorsque la longueur d'onde augmente, la puissance de sortie va décroître. Aussi, nous remarquons que lorsque la puissance injectée à l'entrée augmente, le maximum de la puissance de sortie sera décalé vers les grandes longueurs d'onde, qui est dû à la diminution de la densité des porteurs. Par exemple, pour une puissance d'entrée de -18 dBm, la puissance maximale à la sortie est de 5,41 dBm pour une longueur d'onde égale à 1520 nm ; alors que pour une puissance injectée de -5 dBm, le maximum de la puissance de sortie est 8,29 dBm et correspond à une longueur d'onde de 1540 nm. Tandis que pour une puissance d'entrée égale à 5 dBm, la valeur maximale de la puissance de sortie est de 8,95 dBm pour la longueur d'onde 1550 nm.

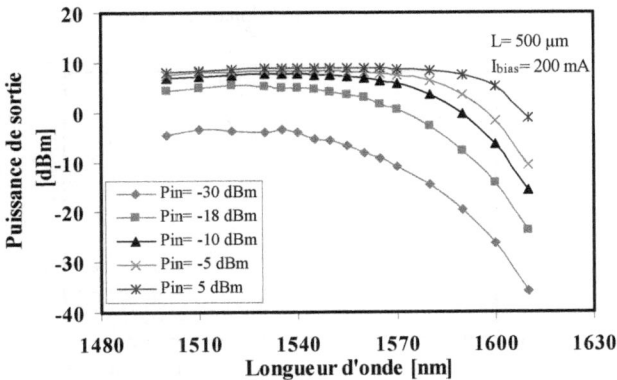

Figure 1.15 : Courbes représentatives de la puissance à la sortie du SOA en fonction de la longueur d'onde et de la puissance injectée.

D'après les courbes qui sont tracées dans la figure 1.16, nous remarquons qu'en augmentant le courant d'injection, la puissance de sortie va croître rapidement jusqu'à la stabilisation à partir d'un point seuil donné. De plus, pour des faibles courants d'alimentation, la puissance de sortie varie en changeant la puissance du signal d'entrée ; par contre à partir du seuil de saturation du courant, elle reste inchangée quelque soit la puissance d'entrée utilisée.

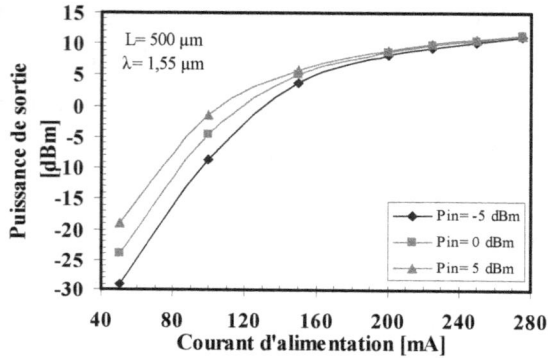

Figure 1.16 : Courbes représentatives de la puissance de sortie en fonction du courant d'alimentation et de la puissance injectée dans le SOA.

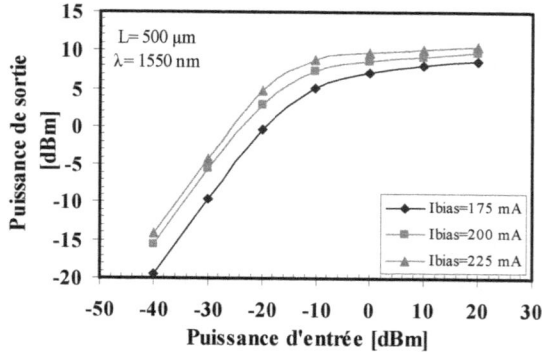

Figure 1.17 : Evolution de la fonction de transfert du SOA pour différentes valeurs du courant d'alimentation.

Egalement, la fonction de transfert du SOA est tracée pour une puissance injectée variante d'une valeur de -40 dBm à 20 dBm pour différentes valeurs du courant d'alimentation dans la figure 1.17. Les courbes obtenues sont celles d'une fonction qui évolue rapidement pour des faibles puissances injectées à l'entrée de l'amplificateur et elle se sature à partir d'un point seuil qui correspond à la puissance du signal incident à laquelle il y a saturation du gain du SOA. La saturation de la puissance de sortie se diffère selon la valeur du courant injectée au composant.

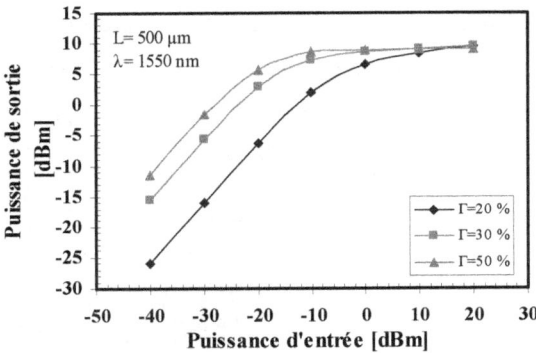

Figure 1.18 : Evolution de la fonction de transfert du SOA pour différentes valeurs du facteur de confinement optique.

Ainsi, nous pouvons constater, d'après la figure 1.18, que la puissance de sortie relative au cas d'utilisation d'un SOA ayant un fort facteur de confinement optique (Γ), est plus élevée en la comparant avec celle correspondante au cas d'un faible facteur de confinement. Toutefois, nous pouvons remarquer que le régime de saturation dans le premier cas sera atteint plus rapidement, c.-à-d. tant qu'en augmente le facteur Γ, la puissance de sortie se sature pour une valeur plus faible de la puissance d'entrée. Donc, une structure SOA ayant un facteur de confinement optique élevé n'est pas avantageuse quant à son utilisation comme un booster ou bien dans les systèmes WDM depuis que la saturation du composant SOA va introduire des interférences entre les canaux. De ce fait, il faut bien choisir une valeur modérée du facteur Γ afin d'avoir à la fois un gain raisonnable et une haute puissance de saturation, qui est une caractéristique très demandée pour l'utilisation du SOA surtout pour les applications que nous venons de les citer.

1.7.4 Evolution du gain

En se referant à la figure 1.19 qui représente des résultats de simulation du gain du SOA en fonction de la longueur d'onde du signal, nous pouvons noter que les variations de la longueur d'onde et de la puissance injectée ont un impact remarquable sur l'évolution du gain.

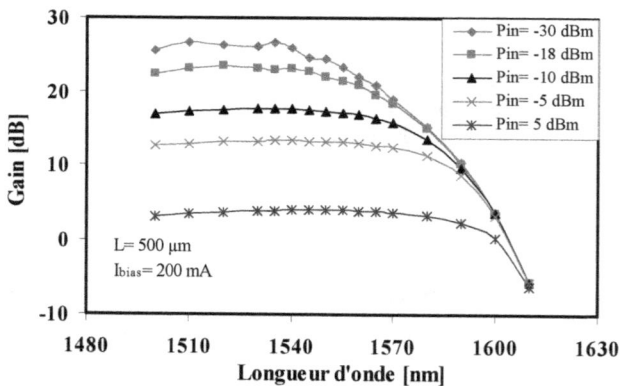

Figure 1.19 : Evolution du spectre de gain du SOA en fonction de la puissance optique injectée pour un courant d'alimentation de 200 mA.

Cependant, nous remarquons, d'après les courbes qui sont tracées pour un courant d'alimentation (I_{bias}= 200 mA), que lorsque la puissance d'entrée augmente, le maximum de gain (dit encore pic de gain) sera décalé vers les grandes longueurs d'onde ; ce qui est dû à la diminution de la densité des porteurs. Pour une puissance faible de –30 dBm, le pic du gain est 26,6 dB pour un signal de longueur d'onde égale à 1510 nm, alors que pour une puissance injectée de -10 dBm, le maximum du gain est de 17,65 dBm pour une longueur d'onde de 1535 nm ; et nous trouvons que pour une puissance plus forte de 5 dBm, par exemple, le pic de gain, ayant une valeur de 3,96 dB, est atteint pour un signal dont la longueur d'onde est plus grande, égale à 1550 nm.

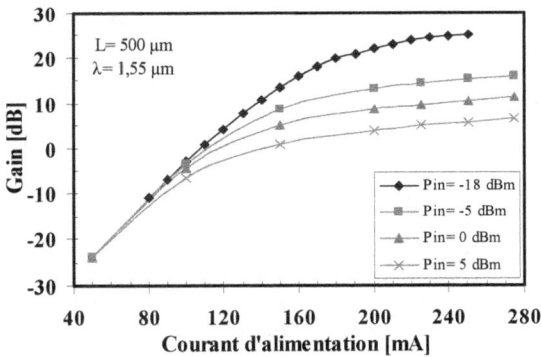

Figure 1.20 : Evolution du gain en fonction du courant d'alimentation et de la puissance injectée dans le SOA.

La figure 1.20 montre la variation du gain en fonction du courant d'injection et de la puissance du signal incident. Cependant, en augmentant la puissance d'entrée, les porteurs dans la région active deviennent épuisés conduisant à une diminution du gain du SOA, qui se manifeste en fonction du courant injectée "I_{bias}". Cependant, lorsque ce dernier paramètre augmente, il y aura une croissance du gain, à cause d'une présence abondante de porteurs, jusqu'à la saturation pour des courants forts. Par conséquent, nous pouvons conclure que le gain se sature également avec le courant d'alimentation et que lorsque ce dernier devient important, la densité des porteurs atteint un niveau maximal dans la zone active et ainsi le gain se stabilise. L'origine de ce phénomène est due essentiellement à la compétition existante entre les différents types de recombinaisons consommant des porteurs. L'émission spontanée amplifiée, en compétition avec le signal pour l'amplification, influe sur cette saturation.

Le gain est aussi représenté, dans la figure 1.21, en fonction de la puissance du signal d'entrée variant de -40 dBm à 20 dBm pour différentes valeurs du courant injecté. Cependant, nous pouvons constater que le gain varie légèrement pour les faibles puissances d'entrée. Au-delà de la puissance de saturation, le gain est fortement réduit, ce qui se traduit par une inflexion de la courbe. La compression du gain provient d'une réduction importante du nombre de porteurs dans la bande de conduction, ce qui va provoquer une réduction du gain optique.

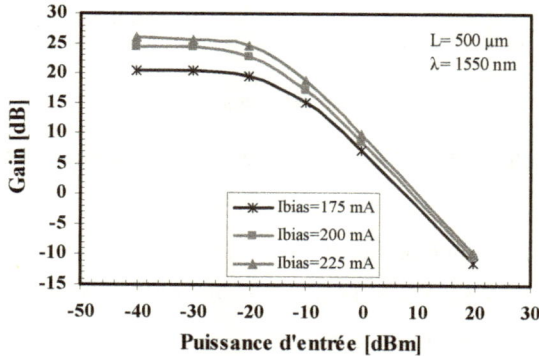

Figure 1.21 : Courbes représentatives du gain en fonction de la puissance d'entrée et du courant injecté dans le SOA.

Autrement dit, quand la puissance incidente est très faible, la densité des porteurs n'est pas sensiblement modifiée et le gain reste constant. Lorsque la puissance optique incidente devient suffisamment forte, l'émission stimulée devient prépondérante, réduisant sensiblement la densité des porteurs ; donc le gain décroît et par conséquent il y aura saturation de gain.

Avoir une puissance de saturation la plus élevée possible est une caractéristique très demandée quant à l'utilisation des SOAs surtout dans les systèmes WDM. La figure 1.22 montre bien que la puissance de saturation la plus élevée, qui correspond à une dynamique très rapide de la densité des porteurs, est obtenue lorsque le SOA fonctionne à un courant d'alimentation fort. De plus, nous pouvons constater qu'un courant d'alimentation assez fort peut provoquer un gain important avec une puissance de saturation élevée à la sortie. Par contre, un faible courant donne un gain moins fort avec une puissance de saturation de sortie moins élevée, mais la puissance de saturation d'entrée est plus forte.

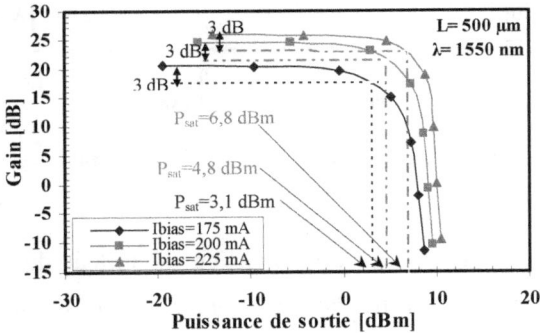

Figure 1.22 : Evolution du gain en fonction de la puissance de sortie et du courant injecté dans le SOA.

Les valeurs de la puissance d'entrée qui correspondent à la saturation du SOA en fonction du courant injecté sont représentées dans le tableau 1.3.

Tableau 1.3 : Valeurs de la puissance de saturation du SOA pour différents courants.

Courant injecté	Puissance de saturation à la sortie	Puissance d'entrée qui correspond à la saturation du gain du SOA
175 mA	3,1 dBm	-14,4 dBm
200 mA	4,8 dBm	-16,6 dBm
225 mA	6,8 dBm	-16,2 dBm

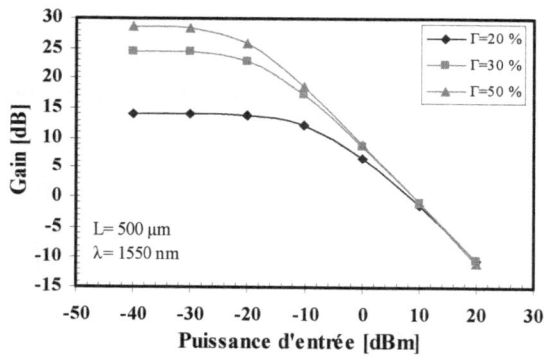

Figure 1.23 : Evolution du gain en fonction de la puissance d'entrée et du facteur de confinement optique.

Egalement, le gain est tracé en fonction du facteur de confinement optique, comme il est illustré dans la figure 1.23. Nous remarquons que l'augmentation du facteur Γ a pour effet la croissance du gain, mais en contre partie la puissance d'entrée qui correspond à la saturation devient plus faible ; alors nous gagnons au niveau de la valeur du gain optique et nous perdons au niveau de la saturation. Donc, l'utilisation d'un SOA, dont le facteur de confinement est élevé, n'est pas avantageuse en application WDM ou comme booster.

1.7.5 Evolution de la puissance de bruit et de l'OSNR de sortie

Le rapport signal sur bruit optique (OSNR) de sortie est représenté, dans la figure 1.24, en fonction de la longueur d'onde du signal incident pour différentes valeurs du courant d'alimentation. Cette figure montre que l'augmentation de la longueur d'onde a pour effet l'accroissement de l'OSNR de sortie, et ceci autant plus que le courant injecté soit élevé.

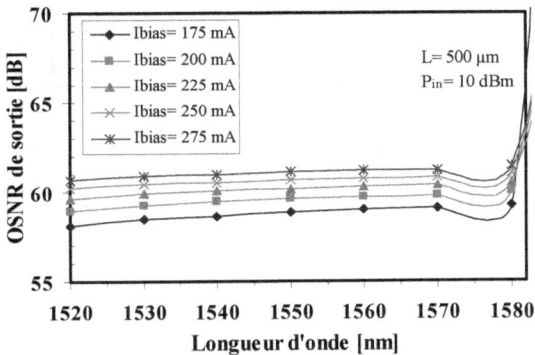

Figure 1.24 : Evolution du rapport signal sur bruit optique à la sortie du SOA en fonction de la longueur d'onde et du courant injecté.

L'OSNR et la puissance d'ASE à la sortie sont également représentés, dans la figure 1.25, en fonction du courant d'alimentation. Cependant d'après les courbes obtenues, nous pouvons noter que pour des faibles valeurs du courant injecté, l'OSNR de sortie croît très rapidement jusqu'à la saturation pour des forts courants qui correspondent à l'atteinte de la densité des porteurs son niveau maximal dans la zone active du SOA. De plus, nous remarquons que l'augmentation de la puissance d'entrée, qui a pour effet la diminution de la puissance de l'ASE au sein du SOA, est accompagnée par une croissance du rapport signal sur bruit optique de sortie. Nous constatons aussi que la puissance du bruit se stabilise à la sortie lorsque le courant d'alimentation augmente.

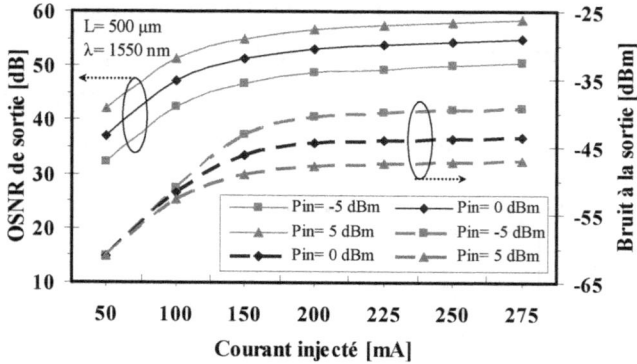

Figure 1.25 : Courbes représentatives du rapport signal sur bruit optique de sortie et de la puissance du bruit à la sortie en fonction du courant d'alimentation et de la puissance injectée dans le SOA.

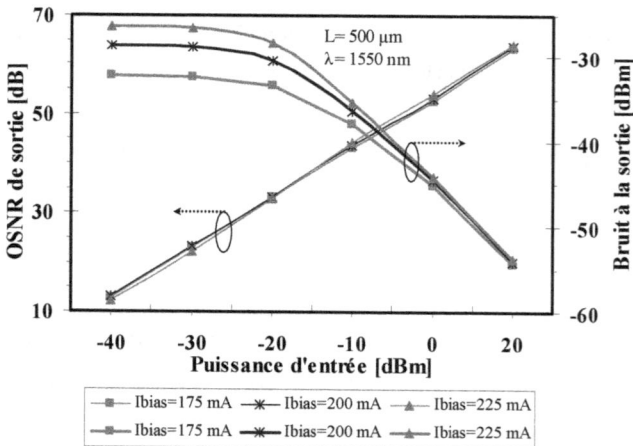

Figure 1.26 : Evolution du rapport signal sur bruit optique de sortie et la puissance d'ASE en fonction de la puissance d'entrée et du courant injecté dans le SOA.

La figure 1.26 montre que lorsque la puissance d'entrée est faible, le rapport signal sur bruit optique de sortie est aussi faible et l'augmentation de la puissance injectée entraîne une forte croissance de l'OSNR de sortie. Ce comportement est justifié par le fait que lorsque la puissance du signal est faible, l'ASE, qui est à l'origine du bruit dans le SOA, sera forte et l'augmentation de la puissance du signal va entraîner une diminution de la puissance de l'ASE ; ce qui justifie bien la forte croissance de l'OSNR de sortie. Egalement, nous constatons que pour des faibles puissances d'entrée, une augmentation du courant d'alimentation provoque une croissance de la puissance de l'ASE.

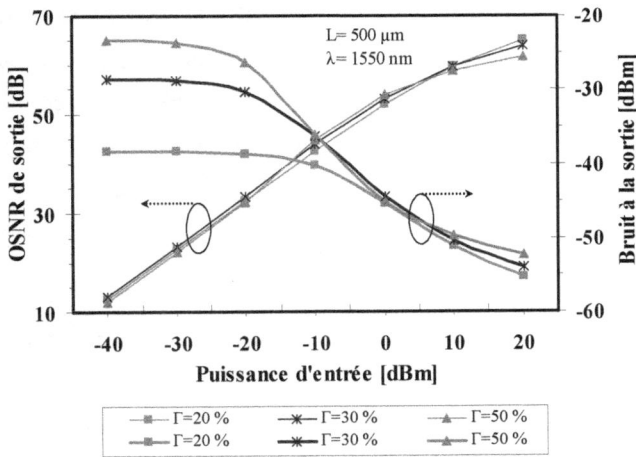

Figure 1.27 : Evolution du rapport signal sur bruit optique de sortie et de la puissance de bruit en fonction de la puissance d'entrée et du facteur de confinement optique.

L'impact de variation du facteur de confinement optique sur l'évolution de la puissance de l'ASE et du rapport de l'OSNR de sortie est également analysé. Cependant, nous avons tracé leurs courbes d'évolution en fonction de la puissance injectée pour différentes valeurs de Γ dans la figure 1.27.

Nous remarquons que pour les faibles puissances du signal d'entrée, l'OSNR de sortie subit une quasi-variation lorsque le facteur de confinement augmente, par contre l'ASE subit une forte croissance. En plus, en faisant augmenter la puissance du signal incident, la puissance du bruit diminue et l'OSNR de sortie va croître fortement ; une légère diminution du rapport signal sur bruit optique est observée quand nous utilisons une structure SOA ayant un facteur de confinement assez fort.

1.7.6 Evolution du Facteur de Bruit

L'OSNR du signal amplifié est dégradé à cause des émissions spontanées qui s'ajoutent au signal pendant son amplification dans la structure SOA. Cette dégradation de l'OSNR est évaluée quantitativement par le paramètre : facteur de bruit (NF). En plus des propriétés intrinsèques du matériau constituant la structure SOA, le NF dépend d'autres paramètres extrinsèques tels que la longueur d'onde opérationnelle, le courant d'alimentation et la puissance injectée. Nous allons analyser, dans cette partie, leurs influences sur le comportement du composant SOA afin d'améliorer son fonctionnement.

Nous représentons, dans la figure 1.28, le facteur de bruit en fonction de la longueur d'onde pour différentes valeurs du courant injecté et pour une puissance d'entrée (P_{in}= 10 dBm). Les courbes tracées montrent qu'en augmentant la longueur d'onde, le NF va se dégrader. Egalement, en faisant augmenter le courant d'alimentation du SOA, le NF subit une décroissance.

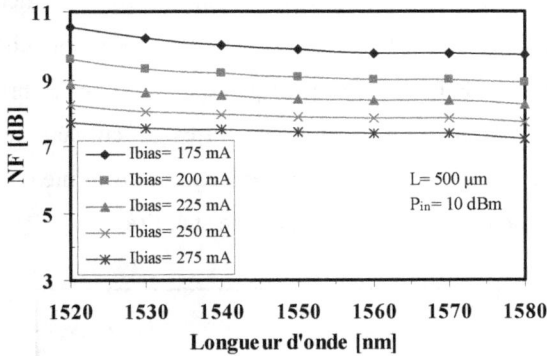

Figure 1.28 : Evolution du facteur de bruit en fonction de la longueur d'onde et du courant injecté dans le SOA.

Le NF est également représenté, dans la figure 1.29, en fonction du courant injecté pour différentes valeurs de la puissance d'entrée. Nous pouvons noter que pour des faibles courants d'alimentation, le NF est fort ; il décroît d'une manière rapide au fur et à mesure que le courant augmente pour atteindre sa limite inférieure théorique qui est de 3 dB pour les faibles puissances d'entrée.

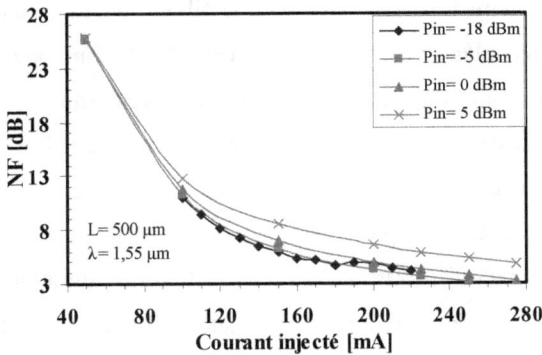

Figure 1.29 : Evolution du facteur de bruit en fonction du courant d'alimentation et de la puissance injectée dans le SOA.

71

Comme le gain et la puissance de l'ASE augmentent avec l'accroissement du courant d'alimentation, l'augmentation du gain étant plus forte que celle de l'ASE, c'est pourquoi que le facteur de bruit diminue. D'autre part, jusqu'à des valeurs assez fortes de courant, le gain et la puissance de l'ASE continuent à augmenter mais de la même façon cette fois ; et par conséquent le facteur de bruit se stabilise.

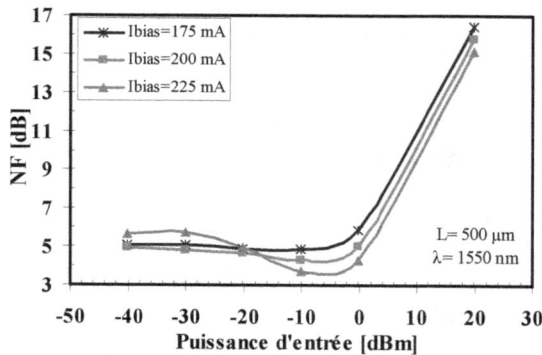

Figure 1.30 : Courbes représentatives du facteur de bruit en fonction de la puissance d'entrée et du courant injecté dans le SOA.

D'après le figure 1.30, qui représente le NF en fonction de la puissance injectée sur une plage variante de -40 dBm à 20 dBm pour différentes valeurs du courant d'alimentation, nous pouvons remarquer que lorsque la puissance d'entrée est faible, le facteur de bruit du SOA reste quasi constant. En faisant augmenter la puissance injectée, le NF va subir une forte croissance. Ce comportement est justifié par le fait qu'en forte puissance d'entrée qui correspond au régime de forte saturation du SOA, la puissance de l'ASE se sature alors que le gain continue à décroître ; et étant donné que le NF est proportionnel au rapport " $\frac{P_{ASE}}{G}$ ", alors il va y avoir une forte augmentation de ce paramètre.

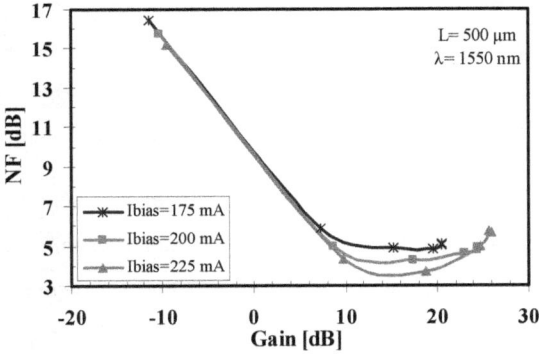

Figure 1.31 : Evolution du facteur de bruit en fonction du gain pour différentes valeurs du courant d'alimentation.

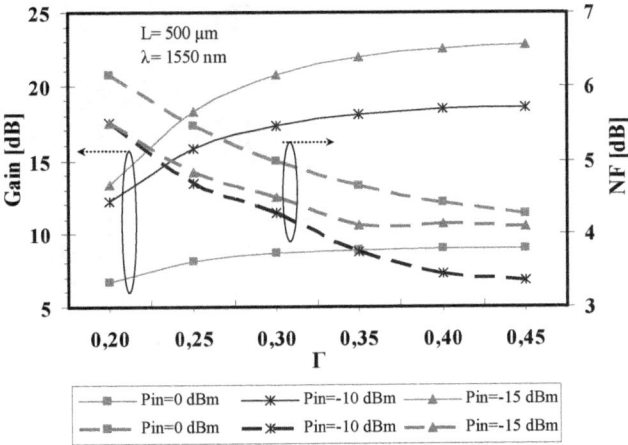

Figure 1.32 : Evolution du gain et du NF en fonction du facteur de confinement optique (Γ).

Le facteur de bruit est également représenté, dans la figure 1.31, en fonction du gain pour différentes valeurs du courant d'alimentation. Ce résultat est très significatif puisqu'il nous permet de choisir les caractéristiques adéquates du SOA afin d'avoir le gain le plus élevé pour un NF minimum. Un faible gain correspond bien à un NF élevé, tandis que pour avoir le maximum possible du gain tout en satisfaisant le critère de faible bruit, il faut bien choisir un courant d'injection le plus fort possible.

La figure 1.32 illustre l'évolution du gain et du facteur de bruit en fonction du facteur de confinement optique pour plusieurs valeurs de la puissance d'entrée et un courant injecté I_{bias}=200mA. Puisque la puissance de l'ASE augmente avec Γ, et l'augmentation du gain est plus forte que l'ASE donc le facteur de bruit diminue.

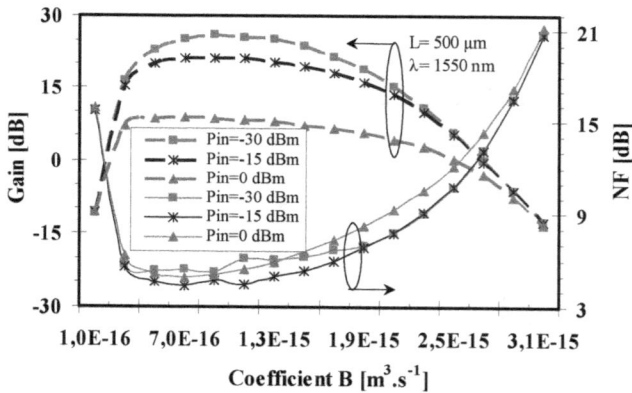

Figure 1.33 : Courbes représentatives du gain et du facteur de bruit en fonction du coefficient de recombinaison spontanée (B) et de la puissance injectée (I_{bias}= 200 mA).

Dans le but de chercher les conditions qui correspondent à une amélioration du fonctionnement du SOA, nous avons analysé l'impact de variation du coefficient de recombinaison spontanée (B) sur l'évolution du gain et du facteur de bruit. Cependant, nous avons tracé les courbes d'évolution de ces deux paramètres en fonction du coefficient B, dans la

74

figure 1.33, pour différentes valeurs de la puissance injectée et pour un courant d'alimentation I_{bias}= 200 mA.

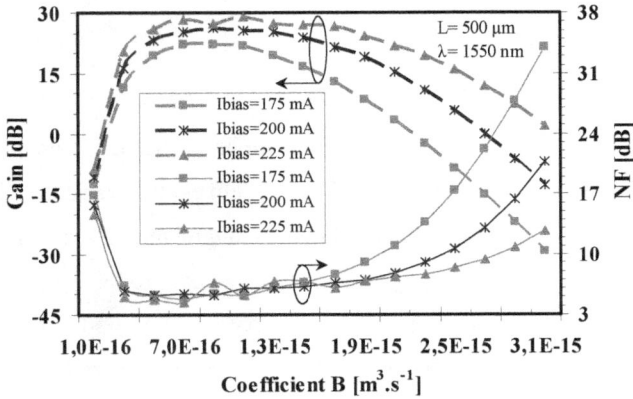

Figure 1.34 : Courbes représentatives du gain et du facteur de bruit en fonction du coefficient de recombinaison spontanée (B) et du courant d'alimentation (P_{in}=-30 dBm).

Nous pouvons constater que l'augmentation du coefficient B entraîne une décroissance du gain et par conséquent un accroissement du facteur de bruit. Ces résultats sont justifiés par le fait que lorsque le coefficient B augmente, il va y avoir une augmentation des pertes des porteurs causés par le processus de recombinaison radiative et non radiative ; et par conséquent la densité des porteurs va décroître, ce qui va entraîner une diminution du gain. Dans ce cas, la valeur maximale du gain est de 26,16 dB, qui correspond à un NF minimum de 5,27 dB, B=9.10^{-16} $m^3.s^{-1}$ et P_{in}=-30 dBm. Pour cette valeur de la puissance d'entrée, nous avons tracé, dans la figure 1.34, les courbes d'évolution du gain et du NF en fonction du coefficient de recombinaison spontanée et du courant injecté. Nous remarquons que le gain va décroître rapidement lorsque le coefficient B augmente et si nous utilisons un courant d'alimentation de valeur moindre ; et par conséquent le

NF va subir une croissance rapide. Le gain va atteindre une valeur maximale de 28,92 dB, qui correspond à un NF minimum, pour un courant d'alimentation égal à 225 mA et un coefficient B=11.10^{-16} m^3.s^{-1}.

1.7.7 Impact de variation de la longueur du SOA

La longueur de la zone active du composant SOA est un paramètre déterminant la valeur de l'amplification ; le gain est très variant en fonction de celui-ci. Lorsque la longueur du SOA augmente, il va y avoir une accélération de la transition inter-bande [24] qui est produite par l'émission stimulée, l'émission spontanée et la recombinaison non radiative. Vu l'importance de ce paramètre, nous allons traiter, dans cette partie, l'impact de sa variation sur le comportement du SOA.

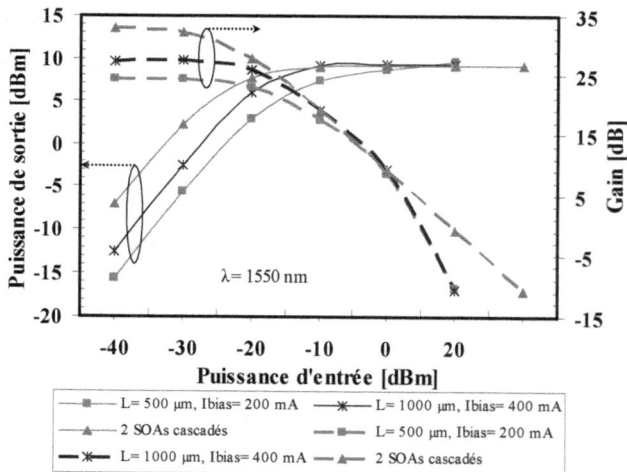

Figure 1.35 : Evolution de la puissance de sortie et du gain en fonction de la puissance d'entrée pour différentes longueurs du SOA.

La figure 1.35 illustre l'évolution de la fonction de transfert pour différentes longueurs du SOA. Pour l'injection des faibles puissances d'entrée, un long SOA sera avantageux, au point de vue gain, par rapport à un SOA ayant une longueur courte ; par contre pour des puissances d'entrée élevées, ils ont la même tendance. De plus, nous remarquons que le cas de deux SOAs identiques mis en cascade, chacun ayant une longueur L=500 μm et alimenté par un courant I_{bias}=200 mA, est meilleur de point de vue gain optique que celui d'un SOA ayant une longueur L=1000 μm et alimenté par un courant de 400 mA.

Egalement, nous remarquons que le gain varie fortement en fonction de la longueur de la zone active du composant SOA. Si ce dernier paramètre augmente, le gain de même croît. Mais, nous constatons qu'un long SOA se sature pour une puissance optique plus faible par rapport à un composant court. Donc, ce que nous gagnions au niveau du gain optique, nous le perdons au niveau de la puissance de saturation ; ceci justifie bien que les courts SOAs sont plus avantageux au niveau de leur application dans les systèmes WDM.

D'après les courbes de l'OSNR de sortie et du facteur de bruit qui sont représentées dans la figure 1.36 en fonction de la puissance d'entrée, nous remarquons que les longs SOAs se caractérisent par un bruit un peu plus fort en les comparant aux SOAs ayant une courte longueur. Aussi, nous soulevons une forte croissance du NF lorsqu'il y a augmentation de la puissance d'entrée. En effet, pour le cas de deux SOAs cascadés, le NF atteint des valeurs moins fortes que celles obtenues pour un seul composant ayant une longueur double et ce pour les cas où la puissance injectée à l'entrée serait très faible (< -18 dBm) ou bien très forte (>10 dBm).

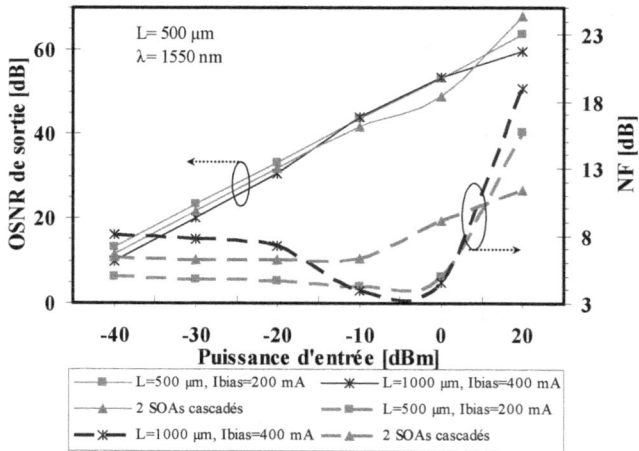

Figure 1.36 : Evolution du rapport signal sur bruit optique de sortie et du facteur de bruit en fonction de la puissance injectée pour différentes longueurs du SOA.

Malgré que les longs SOAs présentent une dynamique de gain très intéressante qui peut fournir des caractéristiques très attrayantes pour le traitement optique du signal à haut débit, ils se caractérisent par un bruit fort capable de limiter leurs performances. Toutefois, nous pouvons trouver des valeurs faibles du facteur de bruit pour ces longs composants, si nous choisissons bien leur domaine de fonctionnement (puissance d'entrée, courant injecté, etc.).

1.8 Conclusion

Ce chapitre a été consacré à l'introduction du concept de l'amplification optique et de son intérêt tout en présentant les différents types d'amplificateurs optiques existant sur le marché et leur rôle selon l'usage dans une chaîne de transmission optique. Notamment, nous nous sommes focalisés sur les concepts de base des structures SOAs, leurs caractéristiques clés, leur principe de fonctionnement et leurs propriétés non linéaires tout en caractérisant leur comportement en régime linéaire et de saturation. Les avantages de ce type d'amplificateurs pour les futures générations des réseaux optiques ont été largement discutés. Egalement, une étude de l'impact de variation des paramètres clés : intrinsèques et extrinsèques de la structure, tels que la longueur de la zone active, le facteur de confinement, le courant d'alimentation et la puissance optique injectée, sur la performance de cet amplificateur (gain, bruit, etc....) a été détaillée, et ceci dans le but de chercher les conditions optimales qui correspondent à une amélioration du fonctionnement du SOA.

Bibliographie du chapitre

[1] L. Goldberg and J.Koplow, "Compact, side-pumped 25 dBm Er/Yb co-doped double cladding fibre amplifier," *Electronics Letters*, vol. 34, no.21, pp. 2027-2028, 1998.

[2] M.J. Connelly, *Semiconductor Optical Amplifier*. London: Kluwer Academic Publishers, 2002.

[3] G.P. Agrawal, *Nonlinear Fiber Optics*. USA: Academic Press, 4ème edition, 2007.

[4] R. Olshansky, C.B. Su, J. Manning, and W. Powazinik, "Measurements of radiative and nonradiative recombination rates in InGaAsP and AlGaAs light sources," *IEEE J. Quantum Electronics*, vol. 20, pp. 838–854, Aug. 1984.

[5] J. Mark, J. Mork, "Subpicosecond gain dynamics in InGaAsP optical amplifiers: Experiment and theory," *Appl. Phys. Lett.*, vol. 61, no.19, pp. 2281-2283, Nov. 1992.

[6] G. Toptchiyski, S. Kindt, K. Petermann, E. Hilliger, S. Diez, and H.G. Weber, "Time-domain modeling of SOA for OTDM applications," *IEEE J. Lightwave Technology*, vol. 17, no.12, pp. 2577–2583, Dec. 1999.

[7] E. Voges and K. Petermann, *Optische Kommunikationstechnik*. Berlin Heidelberg: Springer-Verlag, 2002.

[8] A. Hamie, A. Sharaiha, and M. Guegan, "Demonstration of an all-optical logic OR gate using gain saturation in an SOA," *Microwave & Optical Technology Letters*, vol. 39, issue 1, pp. 39-42, 2003.

[9] D. Marcuse, "Computer model of an injection laser amplifier," *IEEE J. Quantum Electronics*, QE-19, pp. 63-73, 1983.

[10] M.J. Adams, J.V. Collins, and I.D. Hennings, "Analyses of semiconductor laser optical amplifiers," *IEE Proc. Optoelectron.* vol. 132, pp. 58-63, 1985.

[11] G.P. Agrawal and N.K. Dutta, *Long-wavelength semiconductor lasers with distributed feedback*. New York : Van Nostrand Reinhold, 1986.

[12] P. Brosson, "Analytical model of semiconductor optical amplifier," *IEEE J. Lightwave Technology*, vol.12, no.1, pp. 49-54, 1994.

[13] A. Mecozzi and J. Mørk, "Saturation effects in non degenerate four wave mixing between pulses in semiconductor laser amplifiers," *IEEE J. Select. Topics Quantum Electronics*, vol. 3, no.5, pp. 1190–1207, Oct. 1997.

[14] J. M. Tang and K. A. Shore, "Strong picosecond optical pulse propagation in semiconductor optical amplifiers at transparency," *IEEE J. Quantum Electronics*, vol. 34, no.7, pp. 1263–1269, Jul. 1998.

[15] Y. Kim, H. Lee, S. Kim, J. Ko, and J. Jeong, "Analysis of frequency chirping and extinction ratio of optical phase conjugate signals by four wave mixing in SOAs," *IEEE J. Select. Topics Quantum Electronics*, vol. 5, no.3, pp. 873–879, May 1999.

[16] N.K. Das, Y. Yamayoshi, and H. Kawaguchi, "Analysis of basic four wave mixing characteristics in a semiconductor optical amplifier by the finite-difference beam propagation method," *IEEE J. Quantum Electronics*, vol. 36, no.10, pp. 1184–1191, Oct. 2000.

[17] R. Gutiérrez-Castrejón, L. Schares, L. Occhi, and G. Guekos, "Modeling and measurement of longitudinal gain dynamics in saturated semiconductor optical amplifiers of different length," *IEEE J. Quantum Electronics*, vol. 36, no.12, pp. 1476–1484, Dec. 2000.

[18] L. Occhi, L. Schares, and G. Guekos, "Phase modeling based on the α factor in bulk semiconductor optical amplifiers," *IEEE J. Select. Topics Quantum Electronics*, vol. 9, no.3, pp. 788–797, May 2003.

[19] R. Gutiérrez-Castrejón and M. Duelk, "Uni-Directional Time-Domain Bulk SOA Simulator Considering Carrier Depletion by Amplified Spontaneous Emission," *IEEE J. Quantum Electronics*, vol. 42, no.6, pp. 581-588, June 2006.

[20] M.J. Connelly, "Wideband semiconductor optical amplifier steady-state numerical model", *IEEE J. Quantum Electronics*, vol. 37, no.3, pp. 439–447, Mar. 2001.

[21] W. Mathlouthi, P. Lemieux, M. Salsi, A. Vannucci, A. Bononi, and L.A. Rusch, "Fast and efficient dynamic WDM semiconductor optical amplifier model", *IEEE J. Lightwave Technology*, vol. 24, no.11, pp. 4353-4365, 2006.

[22] T. Durhuus, B. Mikkelson, and K.E. Stubkjaer, "Detailed dynamic model for semiconductor optical amplifiers and their crosstalk and intermodulation distorsion", *IEEE J. Lightwave Technology*, vol. 10, no.8, pp. 1056-1065, 1992.

[23] H.J.S. Dorren, X. Yang, D. Lenstra, H. de Waardt, G.D. Khoe, T. Simoyama, H. Ishikawa, H. Kawashima, and T. Hasama, "Ultrafast refractive-index dynamics in a multiquantum-well semiconductor optical amplifier", *IEEE Photon. Technol. Letters*, vol. 15, no.6, pp.792-794, 2003.

[24] J Slovak, C. Bornholdt, U. Busolt, G. Bramann, H.P. Nolting, and B. Sartorius, "Dynamic behavior of optically clocked 4 mm UL-SOA at 40 Gbit/s," *Proc. SPIE Integrated Optics and Photonic Integrated Circuits*, Strasbourg, France, 2004, pp. 147-155.

Chapitre 2

Etude de la Dynamique Non Linéaire dans les SOAs

2.1 Introduction

L'existence d'effets non linéaires très rapides dans l'amplificateur optique à semi-conducteur (SOA) a multiplié les possibilités de l'utilisation de celui-ci pour concevoir des nouvelles fonctions de traitement optique du signal liées à la conversion en longueur d'onde [1, 2], la régénération, le démultiplexage [2], l'adressage, la reconnaissance d'entête, le codage de données, le cryptage et la conversion de format NRZ (Non Retour à Zéro) à RZ (Retour à Zéro) [3]. A cet effet, plusieurs techniques peuvent être utilisées : la modulation croisée du gain (XGM), la modulation croisée de phase (XPM), le mélange à quatre ondes (FWM) ou encore la modulation croisée de polarisation (XPolM).

Cependant, le SOA est exploité pour assurer des portes logiques optiques diverses telles que : AND, NAND, OR, NOR, XOR, XNOR. De plus, il est considéré comme un très bon candidat pour la réalisation des convertisseurs en longueur d'onde tout optique pour plusieurs raisons, parmi lesquelles nous pouvons citer : l'efficacité de conversion, la large bande passante de conversion, le large dynamique de puissance d'entrée, le haut débit, l'insensibilité à la polarisation.

Dans ce chapitre, nous allons nous focaliser sur les principaux effets non linéaires présents dans la structure SOA, leur origine et leur exploitation pour assurer diverses fonctions tout optiques. Aussi, nous allons étudier et simuler le comportement des convertisseurs en longueurs d'ondes, basés sur la XGM, le FWM et la XPolM, en utilisant un SOA.

2.2 Effets non linéaires dans les SOAs

En régime opérationnel du SOA, il y aura une variation de la densité totale des porteurs et de leurs distributions. Cette variation engendra des transitions intra-bandes et inter-bandes. La transition inter-bandes est produite par l'émission stimulée, l'émission spontanée, la recombinaison non radiative. La modification de la densité totale des porteurs s'accompagne de la modification des porteurs dans la même bande. Les transitions intra-bandes telles que le trou spectral (SHB) et l'échauffement des porteurs (CH) sont à l'origine de la dynamique rapide des SOAs.

Les principaux effets non linéaires mis en jeu dans les SOAs, ayant pour origine la dynamique des porteurs et causés principalement par le changement de la densité des porteurs induit par les signaux d'entrée, sont les suivants:

- **Auto-modulation de Gain (SGM) :** C'est un effet qui correspond à la modulation du gain induite par la variation de la puissance du signal d'entrée. Il peut être utilisé pour concevoir un compensateur de distorsion de signal.

- **Auto-modulation de Phase (SPM) :** Cet effet non linéaire se traduit par la modulation de la phase du signal de sortie du SOA causée par la variation de l'indice induite par la variation de la puissance du signal en entrée.

- **Auto-Rotation de Polarisation (SPR) :** Elle traduit l'auto-rotation de l'état de polarisation du signal à la sortie du SOA par rapport à celui d'entrée.

- **Modulation Croisée de Gain (XGM) :** Cet effet est analogue à la SGM. Il se traduit par la modulation du gain induite par un signal optique (dit de contrôle ou de pompe) qui va affecter le gain d'un signal sonde se propageant simultanément dans le SOA. La XGM peut avoir lieu dans un SOA avec une configuration co-propagative ou contra-propagative.

- **Modulation Croisée de Phase (XPM) :** Cet effet non linéaire est analogue à la SPM. Il s'explique par le changement de l'indice de réfraction induit par un signal optique (dit de contrôle ou de pompe) qui va affecter la phase d'un autre signal optique (sonde) se propageant en même temps dans la structure SOA.

- **Mélange à Quatre ondes (FWM) :** C'est un processus paramétrique qui à l'origine de la production de nouvelles fréquences. Il s'explique par le battement entre deux ou plusieurs signaux optiques ayant des longueurs d'ondes différentes se propageant dans la structure SOA qui va générer des signaux ayant des nouvelles fréquences optiques.

- **Modulation Croisée de Polarisation (XPolM) :** C'est un effet non linéaire analogue de la SPR, qui s'explique par la rotation non linéaire de l'état de polarisation d'un signal optique (sonde) de sortie par rapport à celui en entrée ayant pour cause la polarisation et la puissance d'un autre signal optique (dit de contrôle ou de pompe) injecté simultanément dans le SOA.

2.3 Exploitation des Effets non linéaires dans les SOAs pour l'implémentation des fonctions optiques

Généralement, les fonctions tout-optiques permettent d'effectuer les opérations de traitement du signal nécessaires à tous les réseaux de télécommunications. Elles peuvent être aussi utilisées à différents endroits stratégiques de ces réseaux. Dans ce contexte, les effets non linéaires présents dans les SOAs sont exploités pour assurer des fonctions tout optiques très variées, telles que la conversion en longueur d'onde, la conversion du format NRZ en RZ, la régénération, l'adressage, la reconnaissance d'entête et le codage de données, etc.

Nous allons nous intéresser dans les paragraphes subséquents aux principes de fonctionnement et à la présentation d'intérêts d'utilisation de quelques fonctions optiques, très attirantes pour les futures générations des réseaux de télécommunications, exploitant les effets non linéaires dans les SOAs.

2.3.1 Architectures des portes logiques optiques basées sur les SOAs

2.3.1.1 Etat de l'art

Pour les réseaux de communications optiques à haut débit et à très haut débit, l'opération logique est importante pour la mise en œuvre des fonctions optiques liées à la commutation, la régénération de signal, l'adressage, la reconnaissance d'entête, le codage de données et le cryptage, etc. Les fonctionnalités de traitement tout optique du signal sont importantes pour les applications dont la conversion électronique/optique n'est pas souhaitable.

Plusieurs travaux de recherche, s'orientant vers le traitement du signal tout-optique dans les réseaux de télécommunications et la commutation des paquets optiques, ont été basés sur l'intérêt d'exploiter les effets non linéaires dans les SOAs pour assurer des portes logiques optiques diverses telles que : AND, NAND, OR, NOR, XOR, XNOR. Cependant, des portes logiques tout-optiques ont été démontrées jusqu'à des débits très importants (à 80 Gbit/s par exemple [4, 5]) et qui sont fondées sur les effets non linéaires (XGM, XPM, FWM, XPolM) dans les SOAs et sur des dispositifs interférométriques tels que l'interféromètre de Mach-Zehnder (MZI), le miroir optique à boucle non linéaire (NOLM) qui est basé sur l'interféromètre de Sagnac, etc.

Tableau 2.1 : Tables de vérité des fonctions logiques.

Sortie / Entrée	AND	NAND	OR	NOR	XOR	XNOR
	$A.B$	$\overline{A.B}$	$A+B$	$\overline{A+B}$	$A\overline{B}+\overline{A}B$	$\overline{A\overline{B}+\overline{A}B}$
A B						
0 0	0	1	0	1	0	1
0 1	0	1	1	0	1	0
1 0	0	1	1	0	1	0
1 1	1	0	1	0	0	1

Tableau 2.2 : Références, dans la littérature, relatives à la réalisation des portes logiques optiques en utilisant les SOAs.

Porte logique / Configuration	NOT	AND	NAND	OR	NOR	XOR	XNOR
SOA (NOLM) (TOAD)	[6]	[7,8,9]				[7,10,11,12]	[7]
SOA (MZI)		[4]	[13,14]	[13,15]	[13]	[5,13,16], [17,18,19], [20,21,22]	[23]
SOA (FWM)	[24]	[24,25,26]			[24]	[27,28,29]	[24,30]
SOA (XGM)	[31]	[32,33]	[31]	[34,35]	[33,36,37]	[38,39]	[30]
SOA (XPolM)		[40,41]	[40]	[42,43]	[42,43,44]	[45]	[46]

Le tableau 2.1 récapitule une synthèse sur les tables de vérité des différentes fonctions logiques. Le tableau 2.2 synthétise les travaux ayant exploités les effets non linéaires dans les SOAs pour assurer des portes logiques optiques.

2.3.1.2   Portes logiques NOR et OR en exploitant la XPolM dans un SOA

Les fonctions logiques NOR et OR sont très essentielles. Elles sont considérées comme des fonctions de base puisque toutes les autres fonctions logiques sont principalement connues à être réalisables en utilisant la fonction NOR. Les fonctions logiques NOR et OR ont été reportés dans plusieurs études avec divers schémas [47-52]. Nous distinguons particulièrement la porte logique NOR utilisant deux SOAs en cascadé [47], la porte NOR utilisant un SOA basé sur l'interféromètre de Michelson [48], la porte OR utilisant un SOA et un interféromètre à retard [49], les portes OR et NOR en utilisant la XPolM dans un SOA à 10 Gbit/s [42, 43].

Les portes logiques exploitant la XPolM se caractérisent par le fait qu'elles utilisent uniquement un seul SOA, comme elles n'ont pas besoin des dispositifs interformétriques ou des horloges de synchronisation supplémentaires. Cependant, l'effet de la XGM dans les SOAs fait que la réalisation de la fonction logique OR, basée sur la XPolM, est plus difficile que la fonction NOR [42].

Le Principe de fonctionnement des portes logiques OR et NOR, schématisé dans la figure 2.1 [42], est comme suit : Deux signaux A et B et une sonde qui est un signal continu (CW) portant l'information de sortie de la fonction logique, ayant respectivement λ_0, λ_1, λ_2 comme longueurs d'ondes, sont injectés dans le SOA. Un contrôleur de polarisation (PC) est utilisé pour ajuster l'état de polarisation du signal sonde d'entrée. En se referant à l'asymétrie de la structure SOA, les facteurs de confinement et les indices de réfraction ne sont plus identiques aux orientations TE/TM du SOA ; donc l'état de polarisation du signal sonde peut subir un changement d'un certain angle après son passage à travers le SOA. Le degré de rotation dépend de l'état de polarisation du signal sonde qui est injecté dans le SOA et la puissance d'entrée des deux signaux. Un polariseur à la sortie du SOA est utilisé pour convertir la modulation de polarisation en une modulation d'intensité.

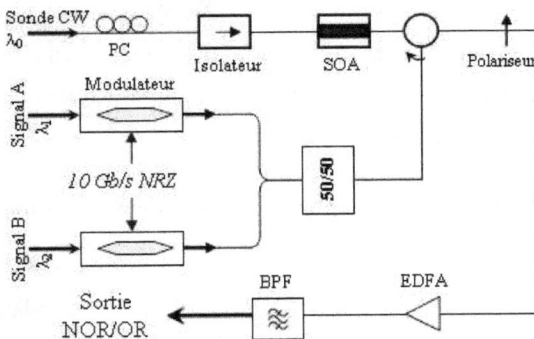

Figure 2.1 : Schéma de principe de fonctionnement d'une porte logique OR /NOR [42].

Dans un premier cas, le PC est mis de telle façon que lorsqu'un signal très faible (0 bit) est appliqué, la polarisation du signal converti de sortie est presque parallèle à l'axe de transmission du polariseur, donc une grande quantité du signal sonde peut passer. Lorsqu'une puissance relativement élevée du signal est couplée dans le SOA (1 bit), le changement de phase entre les modes TE et TM mène à une rotation évidente de polarisation de la lumière du signal sonde ; par conséquent, une faible lumière du signal sonde peut passer à travers le polariseur. Ainsi, le fonctionnement de la porte logique NOR est obtenu. De même le PC peut aussi être ajusté à un autre état : lorsque les signaux d'entrée sont (0 bits), la polarisation du signal converti est orthogonale à l'axe de transmission du polariseur; lorsque les signaux d'entrée sont (1 bits), une rotation de l'état de polarisation mène à une intensité plus haute du signal sonde au polariseur de sortie. Ainsi, le fonctionnement de la porte logique OR est obtenu. Donc, avec un ajustement du PC, les fonctions logiques OR et NOR sont assurées.

Lorsque les signaux A, B et le signal CW de la sonde sont injectés dans le SOA, il y a présence de l'effet de la XGM, qui sera positif pour la fonction NOR et négatif pour la fonction OR. Donc, le taux d'extinction le plus élevé à la sortie est celui de la porte optique NOR, qui est facile à obtenir qu'avec la porte OR [52].

2.3.1.3   Porte logique AND basée sur la XPolM dans un SOA

Une porte logique AND, basée sur un schéma de conversion en longueur d'onde en exploitant la rotation non linéaire de polarisation dans un SOA, est illustrée dans la figure 2.2.

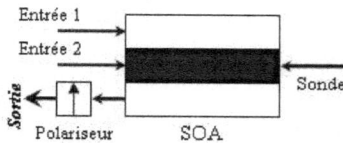

Figure 2.2 : Schéma de principe d'une porte logique AND.

Son principe de fonctionnement est le suivant [41]: les deux signaux (de pompe) injectés à l'entrée vont modifier les propriétés de la structure SOA. Par conséquent, il va y avoir une modification du signal sonde qui est injecté en contre-propagation et de même aussi pour les signaux de pompe.

Donc, l'état de polarisation du signal sonde va subir un changement au fur et à mesure qu'il se propage dans le milieu actif du SOA. A la sortie, il peut être polarisé elliptiquement, circulairement ou linéairement selon les niveaux des puissances de pompage. Le polariseur optique de sortie va détecter cette rotation non linéaire de polarisation, comme il va convertir la différence de phase en une différence d'intensité. Etant donné que les variations d'intensité dépendent de la présence ou de l'absence des signaux de pompe, nous pouvons constater qu'il va y avoir un fonctionnement de type logique. En effet, en état opérationnel du SOA, l'absence simultanée des deux signaux de pompage n'a aucun effet sur l'état de polarisation de la sonde ; ce qui correspond à l'état suivant : $0 \otimes 0 = 0$. D'autre part, la présence d'une seule pompe va modifier légèrement l'état de polarisation de la sonde ; et ce changement léger ne sera pas détecté par le polariseur à la sortie, ce qui va correspondre aux états logiques suivants : $0 \otimes 1 = 0$, $1 \otimes 0 = 0$. De même, lorsque les deux signaux de pompage sont présents, l'état de polarisation de la sonde va être fortement modifié et que le polariseur va le convertir en une variation d'intensité. Ce cas va correspondre à l'état logique suivant : $1 \otimes 1 = 1$.

2.3.2 Conversion en longueurs d'ondes à base des SOAs

La conversion en longueurs d'ondes tout-optique est considérée comme une fonction primordiale dans des réseaux tout-optiques futurs et dans les blocs de commutation photoniques. Elle est très attrayante pour la raison qu'elle évite d'effectuer une double conversion optique/électrique et doit permettre d'atteindre une meilleure transparence vis-à-vis des formats de modulation et des débits binaires envisagés.

En effet, les convertisseurs en longueurs d'ondes tout-optiques sont considérés des composants clefs dans les futurs réseaux WDM [53]. Ils peuvent réduire le blocage en longueurs d'ondes, fournir plus de flexibilité dans la gestion des réseaux, augmenter la capacité des réseaux WDM et offrir la possibilité de régénération de données [54]. Etant donné que les méthodes de conversion optoélectronique, en raison de leur dépendance en débit, sont considérées très coûteuses quand un système est mis à jour ; et que les coûts vont s'augmenter aussi quand le débit va s'accroître, plusieurs configurations des convertisseurs en longueurs d'ondes ont été proposées, en se basant sur les effets non linéaires dans les SOAs.

La conversion en longueurs d'ondes utilisant les SOAs est une technologie mature, utilisée pour des applications dans les systèmes de transmission tout optique. Plusieurs approches ont été proposées [1, 53-62] et chacune a ses avantages et ses inconvénients. De plus, il n'y a pas un seul dispositif qui peut être utilisé dans tous les cas ; donc la sélection dépendra de la spécificité et la finalité de l'application à promouvoir.

Donc, la conversion en longueurs d'ondes, en exploitant le SOA, peut être réalisée par l'une des techniques suivantes :

- Modulation croisée du gain (XGM), [55]
- Modulation croisée de phase (XPM), [1, 56]
- Mélange à quatre ondes (FWM), [57, 58, 63, 64]
- Modulation croisée de polarisation (XPolM). [59-61, 65]

La conversion en longueurs d'ondes exploitant la XGM dans un SOA, qui a été démontrée à un débit de 100 Gbit/s, a l'avantage d'une structure simple et une haute efficacité de conversion. Mais, cette approche souffre d'un fort chirp positif et une dégradation du taux d'extinction [55, 66].

Les convertisseurs en longueurs d'ondes interférométriques basés sur la XPM, en combinaison avec la XGM, peuvent réaliser une conversion en longueurs d'ondes inversée et non inversée et offrir un taux d'extinction un peu amélioré. Cette approche a besoin de deux SOAs intégrés sur une seule puce, qui fait que le contrôle de l'arrangement interférométrique est plus difficile (exemple : le Mach-Zehnder) [55, 67]. Ce type de convertisseur peut être utilisé pour la mise en forme des signaux [53, 55].

La conversion en longueurs d'ondes en utilisant le FWM offre une transparence stricte, y compris le format de modulation et la transparence au débit ; elle est capable d'assurer des conversions en multi-longueurs d'ondes. Cependant, elle se caractérise par une faible efficacité de conversion ; comme elle a besoin d'un contrôle attentif de la polarisation des signaux d'entrée [53, 67].

Récemment, une autre approche attrayante de la conversion en longueurs d'ondes, qui est basée sur la XPolM utilisant l'anisotropie de la réfraction non-linéaire du signal induit et l'absorption dans les SOAs, a attiré une attention particulière, bien que sa fonction ait déjà été démontrée [68, 69]. Cette approche, ayant un grand potentiel pour assurer une conversion en longueur d'onde avec un taux d'extinction élevé, utilise la biréfringence induite optique et le dichroïsme dans un SOA.

La vitesse de conversion (ou l'efficacité de conversion) est considérée comme un facteur très significatif car une réponse insuffisante de la vitesse peut causer une limite de leur mise en cascade [70]. Ce paramètre est limité par le temps de récupération des porteurs pour les configurations XGM, XPM et XPolM.

2.3.2.1   Convertisseurs en longueurs d'ondes basés sur la XGM

L'amplification d'un signal d'entrée résulte l'épuisement de la densité des porteurs dans un SOA. Par conséquent, le gain du SOA va être réduit par cet épuisement de la densité des porteurs surtout dans des applications qui ont besoin d'une grande puissance en entrée. Ce phénomène a pour effet la déformation du signal transmis pour les SOAs utilisés comme des amplificateurs en ligne, mais il peut être aussi utilisé pour réaliser des conversions en longueurs d'ondes optiques. A cette fin, deux signaux, l'un dit pompe (signal d'entrée dont la longueur d'onde est λ_1) et l'autre sonde (signal de sortie converti, ayant comme longueur d'onde λ_2), sont simultanément injectés dans un SOA. Le signal de pompe ayant le format d'une modulation d'amplitude, tandis que la sonde est un signal continu (CW).

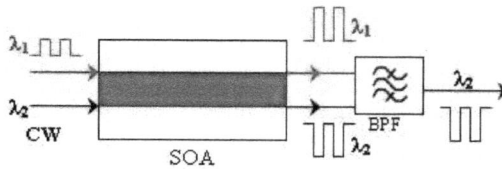

(a) : schéma de co-propagation

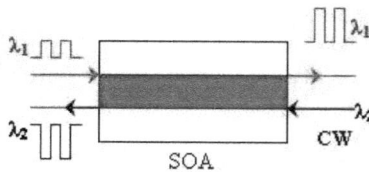

(b) : schéma de contre propagation

Figure 2.3 : Schémas synoptiques d'un convertisseur en longueurs d'ondes basé sur la XGM.

Lorsque la puissance de la pompe est faible, le SOA ne sera pas en état de saturation et donc le signal sonde aura un gain non saturé. Dans le cas d'une puissance élevée, le gain sera saturé et le signal sonde aura un gain inférieur. La diminution du gain dépend en grande partie de la puissance de pompe et du courant d'injection appliqué au SOA. De cette façon, la modulation de pompe est transférée à la sonde avec une inversion du signal. La figure 2.3 montre le principe de fonctionnement d'un convertisseur en longueurs d'ondes basé sur la modulation croisée du gain en utilisant un SOA.

Le signal d'entrée et le signal continu CW peuvent être injectés dans le SOA en co-propagation ou en contre propagation. Dans ce dernier cas, le filtre à la sortie peut ne pas être utilisé et il est possible aussi de convertir les signaux en une même longueur d'onde. Cependant, cette configuration de conversion en contre propagation se caractérise par une largeur de bande plus petite aussi bien qu'un niveau élevé de bruit ASE, comparée à la configuration en co-propagation. Le principe de conversion est schématisé dans la figure 2.4.

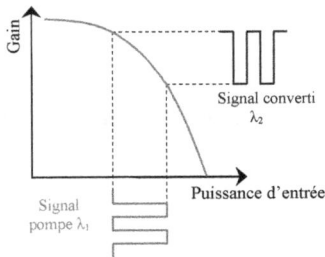

Figure 2.4 : Principe de conversion en XGM.

La configuration XGM a l'avantage d'être simple à réaliser. Pour augmenter l'efficacité de conversion de la XGM, il est préférable de réduire la puissance moyenne du signal qu'augmenter la puissance du signal sonde. Cependant, il y a une différence entre l'efficacité de conversion et le taux d'extinction à la sortie. L'inconvénient majeur est la dégradation du taux d'extinction pour les signaux hautement convertis.

L'efficacité de conversion "η" est définie comme étant le rapport entre l'indice de modulation du signal sonde de sortie et celui du signal pompe d'entrée ; et elle est donnée par : *(le détail de calcul est en annexe 2)*

$$\eta = \left| \frac{P_1(0)}{P_T(0)} . F(L) \right| \tag{2.1}$$

Avec :

$P_T(0)$: est la somme de la puissance moyenne du signal sonde d'entrée ($P_0(0)$) et de la puissance moyenne du signal pompe d'entrée ($P_1(0)$).

$$F(L) = 1 - e^{-K(L)} \tag{2.2}$$

$$K(L) = \frac{1}{1 + j.\omega.\tau_s.\alpha'} \left\{ \alpha'.Ln\left(\frac{G_0}{G}\right) - Ln\left[1 - \frac{(G-1).(P_1(0) + P_0(0))\big/P_{sat}}{j.\omega.\tau_s + 1 + G.(P_1(0) + P_0(0))\big/P_{sat}} \right] \right\}$$

$$\tag{2.3}$$

$$G_0 = e^{(\Gamma.g_0.-\alpha).L} \tag{2.4}$$

α' : Coefficient de perte normalisé, donné par :

$$\alpha' = \alpha \big/ \Gamma.g_0 \tag{2.5}$$

ω : fréquence angulaire.

τ_s : durée de vie des porteurs spontanés.

Γ : facteur de confinement.

g_0 : coefficient du gain petit signal, qui est donné par l'équation (1.33).

P_{sat} : puissance de saturation, qui est donnée par l'équation (1.27).

Le gain du SOA peut être déterminé à partir de l'équation suivante :

$$\alpha'.Ln\left(\frac{G_0}{G}\right) = Ln\left[\frac{1-\alpha'\left[1+\left(P_1(0)+P_0(0)\right)\middle/P_{sat}\right]}{1-\alpha'\left[1+G.\left(P_1(0)+P_0(0)\right)\middle/P_{sat}\right]}\right] \tag{2.6}$$

Pour le cas d'un guide d'onde ayant une perte nulle, nous pouvons écrire :

$$F(L)\big|_{\alpha\to0} = \frac{(G-1).\left(P_1(0)+P_0(0)\right)\middle/P_{sat}}{j.\omega.\tau_s +1+ G.\left(P_1(0)+P_0(0)\right)\middle/P_{sat}} \tag{2.7}$$

Et par conséquent, l'efficacité de conversion est de la forme suivante :

$$\eta\big|_{\alpha\to0} = \left|\frac{P_1(0)}{P_{sat}}.\frac{(G-1)}{j.\omega.\tau_s +1+ G.P_T(0)\middle/P_{sat}}\right| \tag{2.8}$$

Dans ce cas, la réponse du convertisseur a une caractéristique d'un filtre passe-bas ayant une largeur de bande de 3 dB, qui est de la forme [71] :

$$f\big|_{3dB} = \frac{1}{2.\pi}\frac{1+ G.\left(P_1(0)+P_0(0)\right)\middle/P_{sat}}{\tau_s} \tag{2.9}$$

En conclusion, la conversion en longueurs d'ondes basée sur la XGM est une technique intéressante vu leur simplicité, la haute efficacité de conversion et leur insensibilité à la longueur d'onde des données d'entrée. La nature de la large bande de ces dispositifs de conversion les rend capables de transférer des données d'une longueur d'onde à plusieurs autres longueurs d'ondes dans un seul dispositif. Cela peut être potentiellement utile dans un réseau pour des applications de broadcast.

La dégradation du taux d'extinction est considérée comme un inconvénient des dispositifs utilisant la XGM pour la conversion en longueurs d'ondes. Cela peut être une limitation sérieuse dans la mise en cascade de tels dispositifs dans un réseau optique. Le chirp de longueur d'onde, qui est induit sur la forme d'onde cible, est un autre inconvénient important des convertisseurs en longueurs d'ondes exploitant la XGM. Ce chirp de longueur d'onde peut sévèrement limiter la distance de transmission.

2.3.2.2   Convertisseurs en longueurs d'ondes basés sur la XPM

Pour surmonter les problèmes liés à la dégradation du taux d'extinction en exploitant la XGM, la conversion en longueurs d'ondes peut être réalisée aussi en exploitant la XPM dans un SOA; ce schéma est appelé aussi : mode interféromètrique. La conversion en longueurs d'ondes basée sur la XPM, qui est schématisée dans la figure 2.5, est reliée à la dépendance de l'indice de réfraction de la densité des porteurs dans la région active du SOA. Un signal entrant qui épuise la densité des porteurs va moduler l'indice de réfraction et il en résulte ainsi à la modulation de phase d'un signal CW couplé dans le convertisseur.

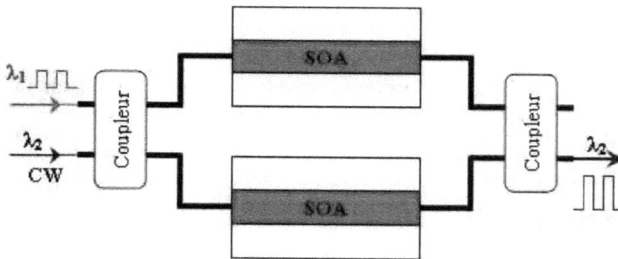

Figure 2.5 : Schéma synoptique de fonctionnement d'un convertisseur en longueurs d'ondes interférométrique basé sur la XPM.

Le schéma de conversion XPM a l'avantage d'être plus efficace que celui basé sur la XGM. Il montre aussi une bonne performance pour tous les signaux convertis en haut et en bas (*up & down*). Dans un tel dispositif, la lumière est divisée sur deux bras contenant les SOAs ; un déphasage sera donc induit. Lorsque la lumière est recombinée à la sortie, une interférence constructive ou destructive sera établie selon la différence de phase entre les deux chemins.

L'état de l'interféromètre est typiquement mis en oeuvre en ajustant le courant d'injection dans les deux SOAs. Ainsi, l'avantage des convertisseurs en longueurs d'ondes interférometriques sur ceux basés sur la XGM est leur capacité de choisir entre un mode de fonctionnement inversé et un autre non inversé.

De plus, le comportement fortement non linéaire peut résulter la mise en forme des données d'entrée, l'amélioration du taux d'extinction et la redistribution du bruit sur le signal d'entrée. Ces propriétés font de ce type d'interféromètre un dispositif régénérateur. En outre, le chirp du signal converti en longueur d'onde peut être positif ou négatif selon le point d'alimentation de l'interféromètre. Le chirp à la sortie d'un tel dispositif peut être compensé par la dispersion des fibres et donc la distance de transmission peut être étendue par la fibre dispersive.

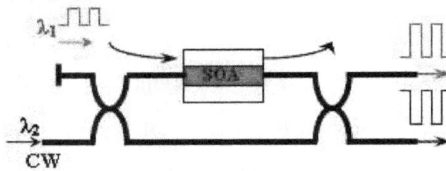

Figure 2.6 : Convertisseur en longueurs d'ondes basé sur la XPM en utilisant le MZI.

Les dispositifs interférometriques, comme l'interféromètre de Mach-Zehnder (MZI) exploitant les non linéarités du SOA représenté dans la figure 2.6, offrent une bonne performance dans les applications de conversion en longueurs d'ondes. Leurs principaux avantages sont l'indépendance vis-à-vis de la polarisation et la longueur d'onde, un chirp bas, un signal de sortie non inversé, une régénération partielle d'entrée et un taux d'extinction élevé. Les inconvénients sont la restriction aux formats de modulation d'amplitude et le contrôle complexe du point d'alimentation.

2.3.2.3   Convertisseurs en longueurs d'ondes basés sur le FWM

Le mélange à quatre ondes (FWM) est un phénomène non linéaire qui génère des signaux optiques de quatre fréquences différentes, qui sont :
- le signal sonde de fréquence angulaire ω_1,
- la pompe ayant la fréquence angulaire ω_2, avec : $\omega_2 > \omega_1$.
- le signal conjugué de fréquence angulaire $(\omega_1 - \Omega)$, avec : $\Omega = \omega_2 - \omega_1 > 0$.
- le signal conjugué de fréquence angulaire $(\omega_2 + \Omega)$.

En raison des processus non linéaires induits, dans la couche active du SOA, par la pompe et le signal sonde, une susceptibilité non linéaire aux fréquences conjuguées sera créée en produisant des rayons lumineux ayant les fréquences indiquées dans la figure 2.7.

Le FWM résulte de différents phénomènes physiques. En effet, pour une valeur faible de Ω, le mécanisme de modulation de la densité des porteurs, résultant du battement pompe-signal, va être dominant. Ceci est un effet inter-bande depuis qu'il entraîne une recombinaison porteur-trou entre la bande de conduction et celle de valence. Pour une valeur élevée de Ω, le FWM va être créé à partir de deux processus intra-bande rapides qui sont le trou spectral (SHB) et l'échauffement des porteurs (CH). Le mécanisme SHB est causé par le signal pompe injecté en créant un trou dans la distribution des porteurs intra-bande. Ceci va moduler la probabilité d'occupation des porteurs dans la bande ; comme il va mener à une modulation rapide du gain. Le troisième mécanisme résultant le phénomène

FWM est le CH qui est causé par l'émission stimulée et l'absorption du porteur libre [71].

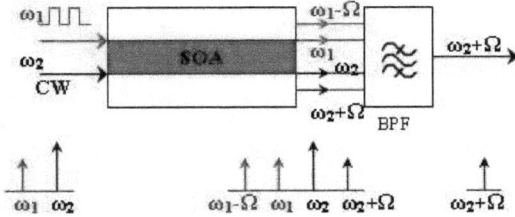

Figure 2.7 : Principe de fonctionnement d'un convertisseur en longueurs d'ondes basé sur le mélange à quatre ondes (FWM).

La puissance du signal conjugué normalisée de la puissance de sortie de la sonde " ρ ", est donnée par l'expression suivante : *(le calcul détaillé est présenté à l'Annexe 3)*

$$\rho \equiv \frac{P_2(L)}{P_1(L)} = |G'|^2 . \exp\left\{\Re\left[(1 - j.\alpha_N).\sigma.F_{cd}(L,-\Omega)\right]\right\} \tag{2.10}$$

Avec :

$$G' = -\frac{1 - j.\alpha_N}{\alpha_N} . \exp\left(-\frac{1}{2}.\sigma.F_{cd}(\Omega)\right).\sin\left(\frac{\alpha_N}{2}.\sigma.F_{cd}(\Omega)\right) - \frac{1}{2}.\varepsilon_{sh}.P_{sat}.h_{sh}(\Omega).\sigma.F_{sh}$$
$$- \frac{1}{2}.\varepsilon_{ch}.P_{sat}.h_{ch}(\Omega).\sigma.F_{ch} \tag{2.11}$$

$$F_{cd}(\Omega) = \frac{1}{1 - j.\Omega.\tau_s.\xi}\left\{\zeta.Ln\left(\frac{G_0}{G}\right) + Ln\left[\frac{-j.\Omega.\tau_s + 1 + G.S(0)\big/P_{sat}}{-j.\Omega.\tau_s + 1 + S(0)\big/P_{sat}}\right]\right\} \tag{2.12}$$

$$\xi = \frac{\gamma_{sc}}{\Gamma.g} \tag{2.13}$$

$$F_{sh} = Ln\left(\frac{G_0}{G}\right) \tag{2.14}$$

$$F_{ch} = -\frac{1}{\xi}\left[\frac{S(0)}{P_{sat}}.(G-1) - Ln\left(\frac{G_0}{G}\right)\right] \tag{2.15}$$

$$S(0) = P_{sat} \cdot \left(\frac{1}{\xi} - 1 \right) \cdot \frac{1 - (G/G_0)^{\xi}}{G - (G/G_0)^{\xi}} \qquad (2.16)$$

$$\sigma = \frac{P_0(0)}{P_0(0) + P_1(0)} \qquad (2.17)$$

$$h_{ch}(\Omega) = \frac{1}{(1 - j.\Omega.\tau_1).(1 - j.\Omega.\tau_2)} \qquad (2.18)$$

$$h_{sh}(\Omega) = \frac{1}{(1 - j.\Omega.\tau_2)} \qquad (2.19)$$

Le rapport entre la puissance du signal conjugué de sortie et la puissance du signal sonde d'entrée "η" est donné par la relation suivante : *(le détail de calcul est présenté à l'Annexe 3)*

$$\eta = G.|G'|^2 \qquad (2.20)$$

Les convertisseurs en longueurs d'ondes basés sur le FWM offrent de nombreux avantages pour les systèmes de communications optiques. D'abord, ils sont indépendants du format de modulation et ce en utilisant une technique cohérente. Deuxièmement, il y a eu une amélioration de la compensation de la dispersion chromatique des fibres puisque le signal converti en longueur d'onde est le conjugué en phase du signal d'entrée. Troisièmement, les convertisseurs en longueurs d'ondes basés sur le FWM sont capables de fonctionner à haut débit sans compromettre le taux d'extinction.

En résumé, le FWM dans les SOAs est considéré comme une technique très prometteuse pour la conversion en longueurs d'ondes. C'est une méthode attrayante puisqu'elle est rapide, indépendante du format de modulation et capable de compenser la dispersion. Son principal inconvénient est la sensibilité à la polarisation.

2.3.2.4   Convertisseurs en longueurs d'ondes basés sur la XPolM

Malgré que le concept de conversion en longueur d'onde basée sur la rotation non linéaire de polarisation a été démontré dans des travaux antérieurs [59-61], son potentiel reste attractif pour les systèmes de télécommunications ; de plus que la conversion en longueur d'onde tout-optique inversée ou non-inversée est considérée parmi les applications non-linéaires intéressantes dans les SOAs. La présence d'une pompe intense peut induire une anisotropie dans les propriétés optiques du SOA, qui peut être détectée par un signal sonde. Donc, quand un polariseur est placé après le SOA, la différence de phase entre les composantes TE/TM peut être convertie en une différence d'intensité et ainsi la conversion en longueurs d'ondes peut être réalisée. De point de vue application, la conversion en longueur d'onde non inversée est toujours préférée.

Nous pouvons signaler qu'il y a une similarité remarquable entre les caractéristiques d'un convertisseur en longueur d'onde basé sur la rotation non linéaire de polarisation utilisant un seul SOA et celui basé sur le MZI. Cette similarité peut être expliquée par le fait que le convertisseur en longueur d'onde basé sur la rotation non linéaire de polarisation fonctionne en se basant sur le principe interférométrique, depuis que les modes TE et TM, qui se propagent indépendamment à travers le SOA, jouent le rôle des différents chemins lumineux dans le MZI. L'avantage de ce type de convertisseurs est qu'il permet une conversion inversée ou/et non inversée et une mise en forme du signal.

Le convertisseur en longueur d'onde basé sur la rotation non linéaire de polarisation, représenté dans la figure 2.8 [72], est composé d'un SOA, un isolateur optique, un circulateur optique, un filtre passe-bande optique (BPF), un séparateur de polarisation (PBS) et deux contrôleurs de polarisation (PC) : le PC_1 est utilisé pour ajuster la polarisation du signal d'entrée à 45° par rapport au SOA ; par contre le PC_2 est utilisé pour ajuster la polarisation du signal à la sortie du SOA par rapport à l'orientation du PBS.

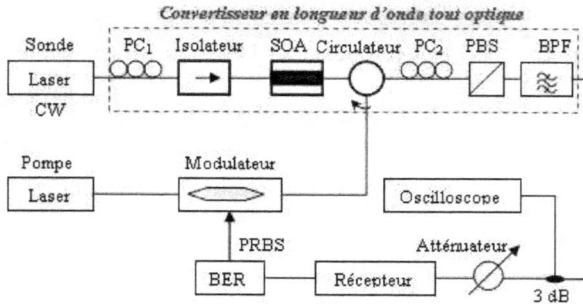

Figure 2.8 : Schéma d'un convertisseur en longueurs d'ondes basé sur la rotation non linéaire de polarisation [72].

Le principe de fonctionnement du convertisseur est comme suit : le laser va émettre un signal sonde (CW) qui va être injecté dans le SOA après avoir être ajusté par le PC_1. Cependant, le SOA peut devenir saturé en injectant un signal pompe ayant une forte intensité. Le signal pompe injecté va introduire une biréfringence additionnelle dans le SOA, qui a pour effet que les modes TE et TM du signal sonde vont connaître des différents indices de réfraction. Ces deux modes vont se combiner au PBS.

Dans un premier cas, les contrôleurs de polarisation sont mis de manière que le signal sonde ne peut pas passer à travers le PBS lorsqu'il est présent seul. Si un signal pompe se couple dans le SOA, la biréfringence additionnelle dans le SOA conduit à une différence de phase entre les modes TE et TM du signal sonde, en causant une rotation de l'état de polarisation de ce dernier. Par conséquent, une partie du signal sonde va passer à travers le PBS. Donc, l'augmentation de l'intensité du signal pompe va engendrer un accroissement de l'intensité du signal sonde qui traverse le PBS. Cependant, la conversion en longueur d'onde non inversée sera obtenue.

Dans un deuxième cas, les contrôleurs de polarisation sont ajustés de telle sorte qu'une quantité maximale du signal sonde peut passer initialement à travers le PBS. Lorsqu'un signal pompe est injecté, le changement de phase entre les modes TE et TM conduit à une intensité faible à la sortie du PBS. Cependant, une augmentation de l'intensité du signal pompe amène à une diminution de l'intensité du signal sonde à la sortie du PBS. Par conséquent, la conversion en longueur d'onde inversée sera achevée.

2.3.3 Régénération optique à base des SOAs

Pour qu'une bonne transmission soit assurée sur les longues et très longues distances, il est primordial de régénérer les signaux, vu qu'ils subiront diverses dégradations, lors de leur transport, comme l'atténuation due à la fibre, la distorsion par la dispersion chromatique et les effets non linéaires ou l'ajout de bruit causé par leur passage par des composants actifs. Donc, la régénération du signal est une opération qui permet d'améliorer le signal en ligne pour qu'il puisse se propager plus loin et augmenter les marges. L'amplification est la première étape (régénération 1R) qui pourra être complétée par une remise en forme du signal via une réduction du bruit optique ou bien une amélioration du taux d'extinction (régénération 2R) et dans certains cas où l'accumulation de gigue temporelle sur les données devient trop importante, par une re-synchronisation des données dans leur temps bit grâce à une récupération du rythme des données (régénération 3R). La figure 2.9 illustre le principe de régénération 3R [73].

La régénération optique est généralement associée à la fonction de conversion de longueur d'onde. En effet, les techniques employées reposent pour la plupart sur un processus optique de type pompe/sonde, dans lequel le signal optique bruité, appelé : pompe, est reproduit sur une porteuse optique "propre", appelée : sonde, via un effet non-linéaire dans un matériau semi-conducteur ou une fibre spéciale. Cependant, nous pouvons remarquer que certaines méthodes sont adaptées uniquement à la conversion de longueur d'onde (le cas du mélange à quatre ondes par exemple dans les semi-conducteurs), ou alors uniquement à la régénération en ligne du signal, sans conversion de longueur d'onde (modulation synchrone d'intensité en régime solitonique).

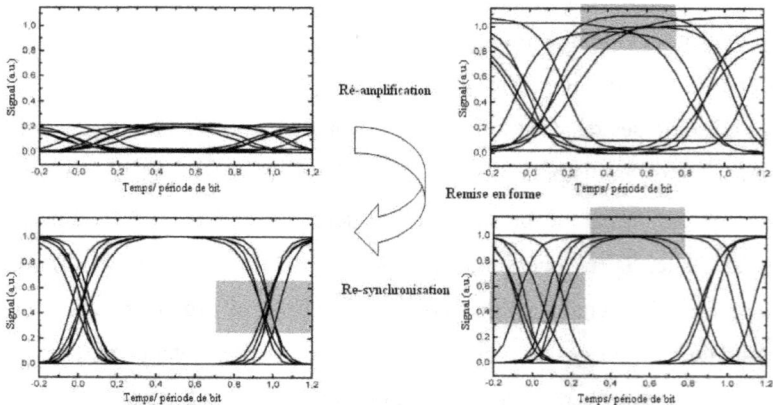

Figure 2.9 : Principe de la régénération 3R [73].

Parmi les techniques de régénération optique les plus intéressantes, nous pouvons citer:

- la XPM dans les structures interférométriques utilisant les SOAs, qui est certainement la technique tout-optique la plus mature pour la régénération optique. Les avancées récentes permettent d'envisager des débits de fonctionnement de plus que 80 Gbit/s. Malgré tout, ces dispositifs restent encore très complexes à mettre en oeuvre ;

- la modulation croisée d'absorption dans les semi-conducteurs, implantée dans les modulateurs à électro-absorption, et qui est potentiellement adaptée aux débits très importants, et simple à mettre en oeuvre. Sa maturité est faible ;

- la saturation d'absorption excitonique dans les dispositifs à multi-puits quantiques, qui est aussi particulièrement prometteuse vu la simplicité de sa mise en œuvre (dispositif entièrement passif, sans alimentation électrique), et ce malgré un manque évident de maturité.

La régénération permet alors de repousser les limites de capacité et de portée des liaisons et de compenser l'ensemble des diverses dégradations du signal. Dans les systèmes actuels, la régénération est réalisée d'une manière électronique ce qui implique une double conversion entre l'optique et l'électronique. La limitation des composants électroniques, dans le cas de très haut débit, impose la réalisation des régénérateurs tout optiques. Ces derniers sont basés principalement sur les convertisseurs en longueurs d'ondes.

Vu que les effets non linéaires dans les dispositifs à base de semi-conducteurs III-V sont particulièrement intéressants pour le traitement tout optique des signaux à très haut débit, les régénérateurs tout optiques sont principalement basés sur les portes optiques non linéaires qui peuvent être réalisées en exploitant les effets non linéaires du composant SOA.

Cependant, des architectures de régénération 3R tout-optique à 40 Gbit/s basées sur les SOAs ont été proposées [2, 74].

Egalement, la conversion en longueurs d'ondes dans un SOA peut être utilisée comme un dispositif à part entier pour la régénération [75]. Cependant, le temps de recombinaison des porteurs reste un facteur qui peut limiter d'avoir un débit élevé [76]. C'est pourquoi les dispositifs interférométriques tels que le MZI [77], NOLM [78, 79], faisant intervenir des SOAs où la rapidité de la porte est propre à l'interféromètre, et d'autres configurations basées sur les non-linéarités du SOA [80] se sont imposés pour la régénération à haut débit.

2.3.4 Récupération d'horloge

Afin d'assurer l'exactitude de la synchronisation des récepteurs ou régénérateurs à une horloge, cette dernière doit être extraite du signal portant les données ; La fonction correspondante à cette opération est appelée : récupération d'horloge. Donc, c'est une fonction critique à laquelle nous nous intéressons particulièrement dans le contexte des réseaux de transmission à haut débit. Le paramètre le plus important à considérer pour un tel dispositif prévu à cet effet est la gigue de cette horloge, qui s'ajoutera à celle du signal dans toute tentative de détection ou de re-synchronisation. Quelques autres paramètres sont également intéressants [81], notamment les plages de verrouillage (intervalle sur lequel le système peut suivre les variations de fréquence du signal) et de capture (bande sur laquelle le système peut acquérir l'horloge) ; l'agilité (vitesse d'accrochage); et pour les régénérateurs optiques, le fait de générer une horloge directement sous cette forme.

Un certain nombre de méthodes de récupération d'horloge remplissant cette tâche ont été proposées. Parmi ces méthodes, nous pouvons citer [81]:

- le filtrage de la fréquence d'horloge : Cette méthode repose sur le fait que si le signal dont nous désirons récupérer l'horloge possède une composante spectrale marquée à cette fréquence, nous pouvons se contenter d'un filtre électrique étroit centré sur la fréquence d'horloge estimée de l'émetteur. C'est une méthode simple mais n'est pas flexible puisqu'elle n'est pas transparente au débit.

- l'utilisation d'un système oscillant : Cette méthode est basée sur l'utilisation d'un système oscillant capable de se synchroniser à un signal optique, le système lui-même pouvant être optique ou électrique.

- les boucles à verrouillage de phase : Leur principe de fonctionnement est le suivant : une horloge est donnée par un oscillateur commandé par une différence de phase entre le signal et la sortie du même oscillateur ; cette différence de phase étant obtenue par le biais d'un comparateur de phase, qui peut être constitué simplement d'un mélangeur ou un élément non linéaire et d'un filtre. Cette méthode présente les inconvénients du domaine électrique.

Vu que les boucles à verrouillage de phase électroniques ne sont pas adaptées à des débits excédant des dizaines de gigabits par canal, d'autres solutions alternatives qui consistent à mélanger directement les signaux sous forme optique en utilisant les composants optiques non linéaires très rapides ont été proposées. Particulièrement, le composant SOA a été envisagé car il présente à la fois un gain important et des effets non linéaires forts de plusieurs types. Parmi les quels, nous distinguons la méthode de récupération d'horloge par boucle à verrouillage de phase utilisant le mélange à quatre ondes dans un SOA [82]. Ce dernier étant capable de convertir un signal optique au format NRZ vers un format pseudo-RZ adapté à la récupération d'horloge par boucle à verrouillage de phase [81]. Donc, la possibilité de récupérer l'horloge de signaux RZ et NRZ est assurée en utilisant une boucle à verrouillage de phase dans le domaine optique ; un SOA va assurer la fonction non linéaire de mélangeur ou de corrélateur, et le reste de la boucle, travaillant alors dans un domaine de fréquence beaucoup plus faible voire en bande de base, va être de type électronique [81]. Un tel montage a été proposé et démontré à 16 x 6,3 Gbit/s par Kamatani et Kawanishi [83], sur des signaux au format RZ. Une configuration similaire plus simple a été reproduite par Ware *et al* [82, 84] à un débit de 10 Gbit/s en format RZ et NRZ.

2.3.5 L'égaliseur de puissance

La rotation de polarisation dans les SOAs est exploitée en traitement optique du signal pour assurer plusieurs applications intéressantes [85, 86]. Récemment, ce phénomène a attiré l'attention des chercheurs ; notamment pour la fonction d'égalisation de la puissance optique d'un signal à deux niveaux [87]. De plus, un égaliseur de puissance basé sur un SOA a été proposé pour être utilisé dans les réseaux optiques à commutation des labels [88]. La biréfringence inhérente du SOA est utilisée aussi pour égaliser les gains pour les codes "1" et les codes "0" des signaux d'entrée. Un schéma similaire est aussi utilisé pour rectifier la distorsion de la forme d'onde dans un SOA ayant pour cause la saturation de gain [85].

L'égaliseur de puissance basé sur le SOA consiste en un polariseur linéaire à l'entrée, un SOA sensible à la polarisation, un contrôleur de polarisation (PC) et un polariseur linéaire à la sortie, comme est indiqué dans la figure 2.10 [87].

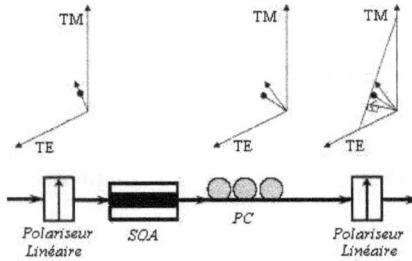

Figure 2.10 : Schéma de principe d'un égaliseur de puissance [87].

Le signal incident à l'égaliseur de puissance est polarisé linéairement à l'aide d'un polariseur linéaire d'entrée. Pour un SOA sensible à la polarisation, les composantes TE et TM du signal d'entrée connaissent des gains différents suite de l'asymétrie TE/TM des facteurs de confinement, des indices de réfraction effectifs et de la distribution des porteurs du SOA [85]. Cette biréfringence interne va être augmentée dans la structure SOA. Donc, quand un signal est linéairement polarisé passe à travers le SOA, son état de polarisation va tourner d'un certain angle vers l'axe principal de la structure de l'amplificateur ayant le gain le plus élevé. Le vecteur de sortie relatif au signal de faible puissance va tourner d'un angle plus élevé que celui du vecteur de sortie relatif au signal ayant une grande puissance puisque le rapport de gain TE/TM est plus élevé pour les signaux à faible puissance [87]. Par conséquent, le signal de sortie sera elliptiquement polarisé en raison de la différence de phase des composantes TE/TM ; ensuite il sera linéarisé par le contrôleur de polarisation placé après le SOA [85]. L'orientation du polariseur linéaire d'entrée est ajustée à l'angle approprié pour que les signaux à la sortie, issus des signaux à bas ou à haut niveau, aient les mêmes projections sur le polariseur linéaire de sortie. A cet effet, l'égalisation de puissance est assurée.

2.4   Etude et simulation d'un convertisseur en longueur d'onde en utilisant un SOA

2.4.1 Simulation d'un convertisseur en longueur d'onde basé sur la XGM

Le schéma de principe du convertisseur en longueur d'onde basé sur la modulation croisée de gain est illustré dans la figure 2.11. Les paramètres caractérisant le composant SOA utilisé en simulation sont représentés dans le tableau 2.3.

Tableau 2.3 : Paramètres de simulation du SOA utilisé pour la conversion en longueur d'onde.

Symbole	Description	Valeur
I_{bias}	Courant d'alimentation	250 mA
L	Longueur de la zone active	500 µm
W	Largeur de la zone active	2.5 µm
D	Epaisseur de la zone active	0.2 µm
Γ	Facteur de confinement optique	30 %
A	Coefficient de recombinaison non- radiative	143 000 000 1/s
B	Coefficient de recombinaison spontanée	1e-016 m^3/s
C	Coefficient de recombinaison d'Auger	3e-041 m^6/s
a_N	Gain différentiel	2,78e-20 m^2
N_0	Densité des porteurs à la transparence	1,4e+024 m^-3
α_N	Coefficient de modulation de phase	5
N	Densité initiale des porteurs	3e+024 m^-3

Un signal d'entrée issu d'un générateur d'impulsions optiques gaussiennes, qui représente la pompe, ayant une puissance P_1=-5 dBm à une longueur d'onde λ_1=1550 nm et un signal continu (CW), nommé le signal sonde, ayant une puissance P_2=-8 dBm à une longueur d'onde

112

λ_2=1540 nm sont multiplexés et injectés dans le TW-SOA. Le signal pompe modulera la densité des porteurs et par conséquent le gain du SOA. Le gain modulé modulera le signal sonde. Ce dernier, connu aussi sous le nom du signal converti, va contenir l'information du signal d'entrée ; et par conséquent la conversion en longueur d'onde (de λ_1 à λ_2) va être accomplie. Nous pouvons utiliser un filtre passe bande centré sur λ_2 afin de sélectionner le signal pompe à la sortie du SOA.

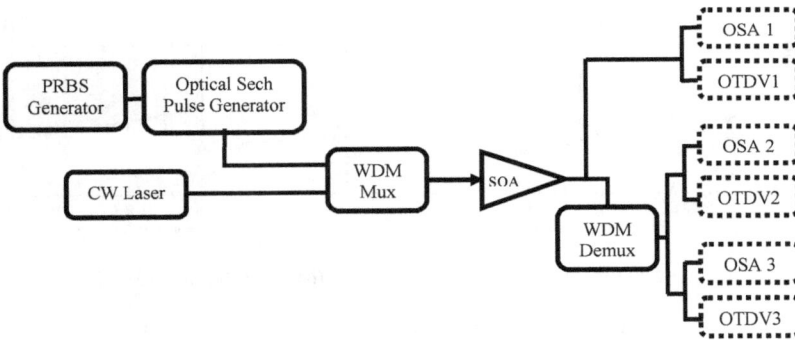

Figure 2.11 : Schéma du convertisseur en longueur d'onde basé sur la XGM dans un SOA utilisé en simulation.

Le spectre du signal à la sortie du SOA, visualisé à l'aide de l'analyseur de spectre optique (OSA 1), est représenté pour différents courants d'injection et différentes longueurs de la zone active du SOA à des débits de 10 et 40 Gbit/s dans la figure 2.12.

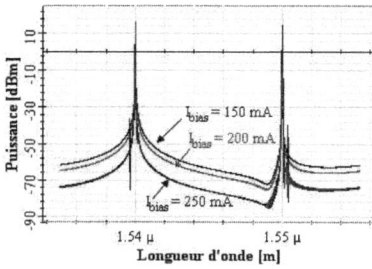

(a) : L=500 µm, 10 Gbit/s

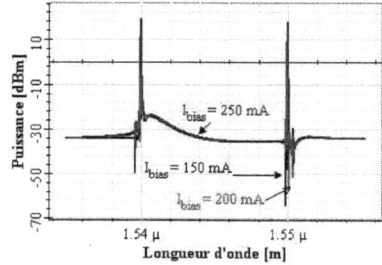

(b) : L=1000 µm, 10 Gbit/s

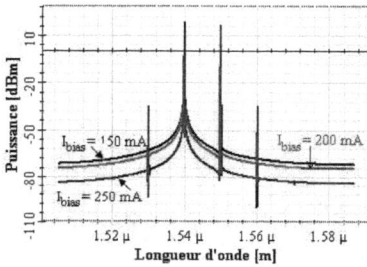

(c) : L=500 µm, 40 Gbit/s

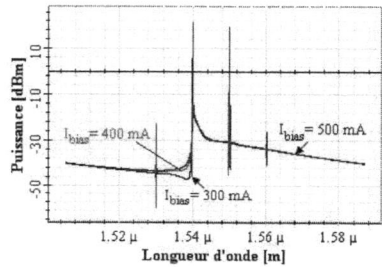

(d) : L=1000 µm, 40 Gbit/s

Figure 2.12 : Spectre du signal à la sortie du SOA. (OSA 1)

Les spectres du signal converti à la longueur d'onde λ_2=1540 nm et du signal de sortie à la longueur d'onde 1550 nm sont aussi représentés respectivement dans les figures 2.13 et 2.14 pour différentes longueurs du composant SOA à des débits de 10 et 40 GBit/s.

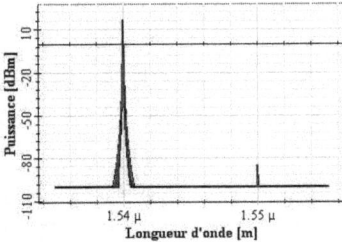

(a) : L=500 μm, 10 Gbit/s

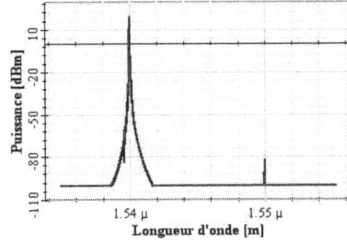

(b) : L=1000 μm, 10 Gbit/s

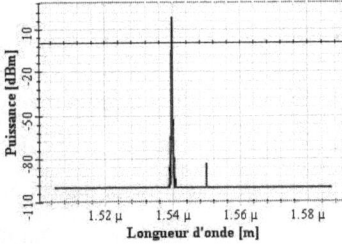

(c) : L=500 μm, 40 Gbit/s

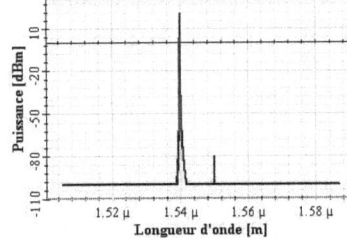

(d) : L=1000 μm, 40 Gbit/s

Figure 2.13 : Spectre du signal sonde (λ_2=1540 nm) à la sortie. (OSA 3)

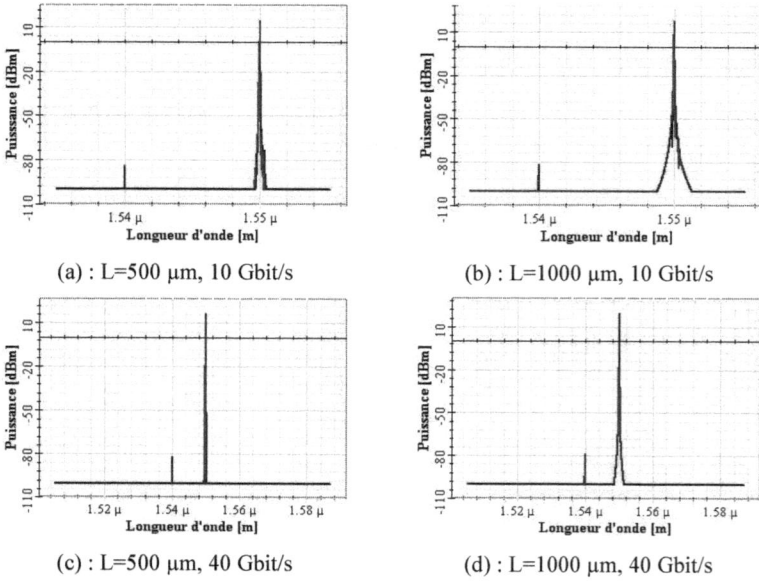

(a) : L=500 μm, 10 Gbit/s

(b) : L=1000 μm, 10 Gbit/s

(c) : L=500 μm, 40 Gbit/s

(d) : L=1000 μm, 40 Gbit/s

Figure 2.14 : Spectre du signal de sortie à la longueur d'onde 1550 nm. (OSA 2)

Nous remarquons, d'après la figure 2.15 qui représente la puissance du signal converti pour différentes valeurs du courant d'alimentation et de la longueur du SOA à des débits de 1 Gbit/s, 10 Gbit/s et 40 Gbit/s, que la conversion en longueur d'onde a été effectuée avec une inversion du signal et que la sonde suit la séquence d'entrée de la pompe. Ces résultats montrent aussi que l'augmentation du courant injecté a pour effet l'accroissement de la puissance du signal à la sortie. Par conséquent, nous pouvons constater que la conversion en longueur d'onde en exploitant la XGM dans le SOA est caractérisée par une dégradation du signal et une inversion de son format.

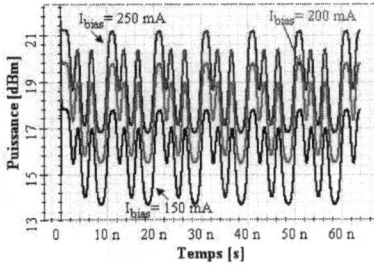

(a) : L=500 μm, 1 Gbit/s

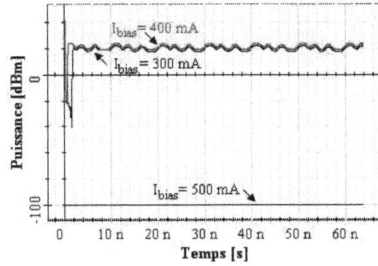

(b) : L=1000 μm, 1 Gbit/s

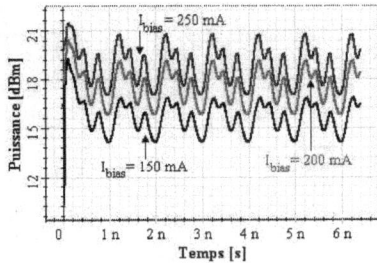

(c) : L=500 μm, 10 Gbit/s

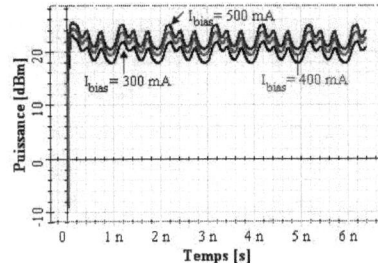

(d) : L=1000 μm, 10 Gbit/s

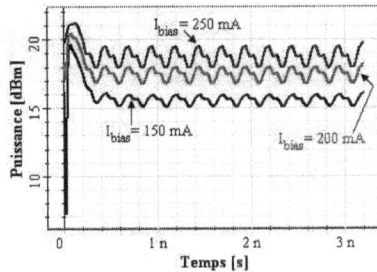

(e) : L=500 μm, 40 Gbit/s

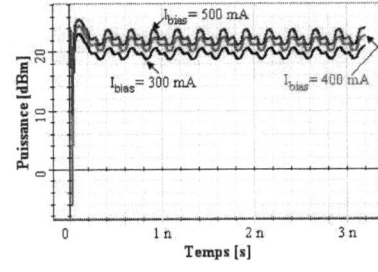

(f) : L=1000 μm, 40 Gbit/s

Figure 2.15 : Puissance du signal sonde (λ_2=1540 nm) à la sortie. (OTDV3)

La puissance du signal de sortie à la longueur d'onde λ_1=1550 nm est représentée dans la figure 2.16. Ce signal et le bruit spontané du SOA peuvent être rejetés en utilisant un filtre passe bande centré sur λ_2.

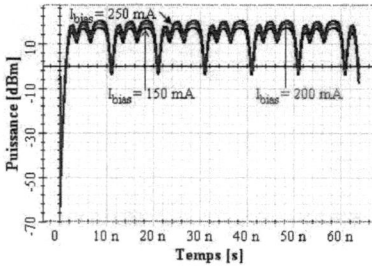

(a) : L=500 μm, 1 Gbit/s

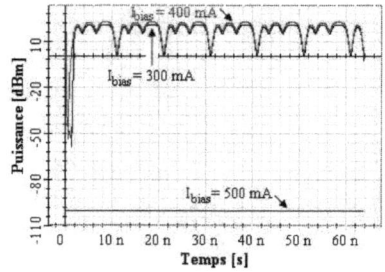

(b) : L=1000 μm, 1 Gbit/s

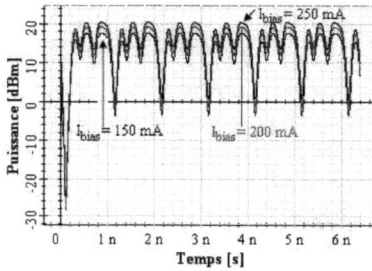

(c) : L=500 μm, 10 Gbit/s

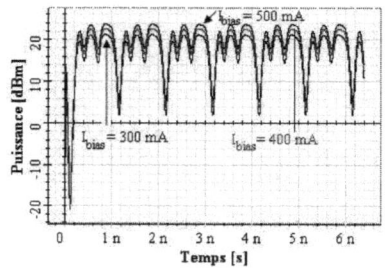

(d) : L=1000 μm, 10 Gbit/s

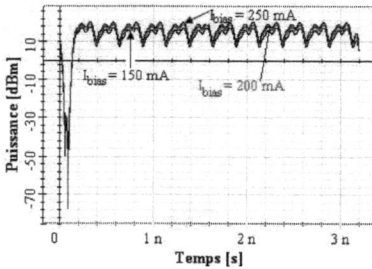

(e) : L=500 μm, 40 Gbit/s

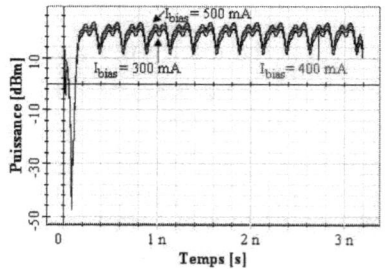

(f) : L=1000 μm, 40 Gbit/s

Figure 2.16 : Puissance du signal de sortie à la longueur d'onde 1550 nm. (OTDV2)

118

2.4.2 Simulation d'un convertisseur en longueur d'onde basé sur le FWM

Le schéma de principe du convertisseur en longueur d'onde basé sur le mélange à quatre ondes est illustré dans la figure 2.17. Les deux composants SOAs utilisés en simulation sont identiques. Leurs paramètres sont représentés dans le tableau 2.3.

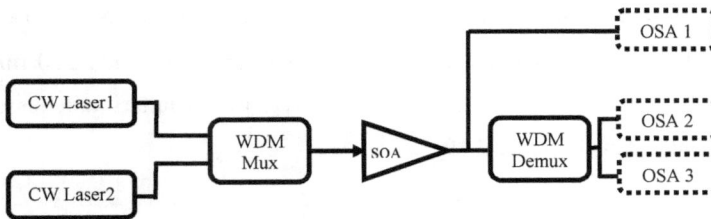

Figure 2.17 : Schéma du convertisseur en longueur d'onde basé sur le FWM utilisé en simulation.

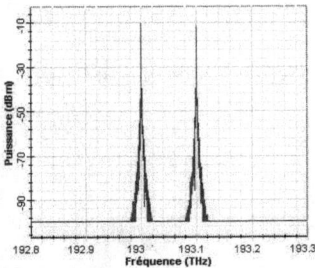

(a) : signal d'entrée au premier SOA (b) : signal de sortie du premier SOA

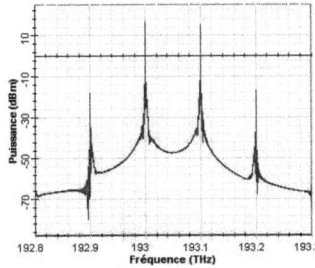

Figure 2.18 : Spectre du signal d'E/S du premier SOA.

Deux signaux CW de même puissance (-10 dBm) ayant les fréquences f_1=193 THz et f_2=193,1 THz sont multiplexés puis injectés dans le SOA (voir Figure 2.18.a). En conséquence de l'effet non linéaire de mélange à quatre ondes, nous pouvons constater, comme il est représenté dans la figure 2.18.b, qu'il y a apparition de deux nouvelles fréquences qui sont : $f_3=f_1-\Omega=192,9$ THz et $f_4=f_2+\Omega=193,2$ THz, avec $\Omega= f_2- f_1$.

Afin d'étudier l'influence de variation du courant injecté et de la longueur de la zone active de la structure SOA sur le comportement du convertisseur en longueur d'onde basé sur l'effet non linéaire FWM, nous avons mesuré le spectre du signal à la sortie avec des débits de 10 et 40 Gbit/s pour les cas suivants : L=500 µm et $I_{bias} \in \{150 ; 200 ; 250$ mA$\}$; L=1000 µm et $I_{bias} \in \{300 ; 400 ; 500$ mA$\}$. Les résultats obtenus sont représentés dans la figure 2.19.

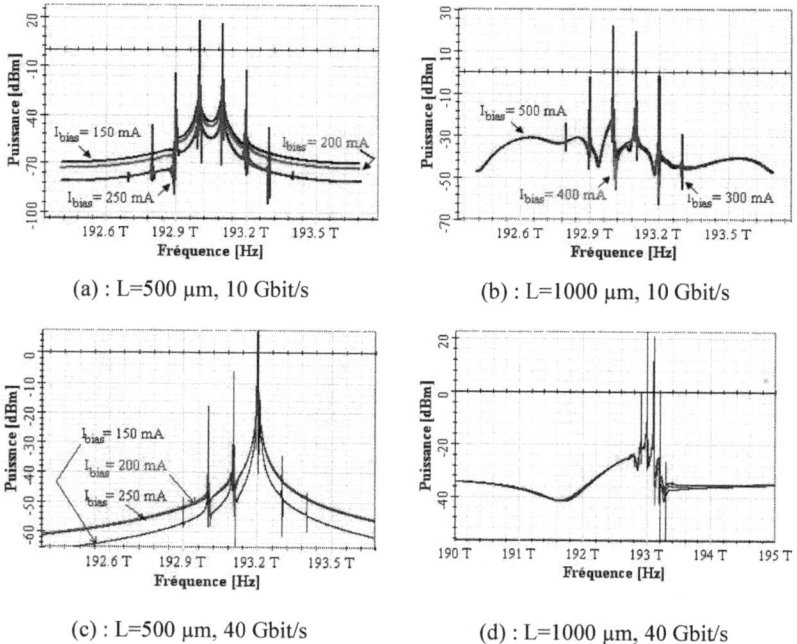

(a) : L=500 µm, 10 Gbit/s

(b) : L=1000 µm, 10 Gbit/s

(c) : L=500 µm, 40 Gbit/s

(d) : L=1000 µm, 40 Gbit/s

Figure 2.19 : Spectre du signal à la sortie du SOA mesuré à l'aide de l'analyseur de spectre OSA1.

Les signaux ayant les fréquences f_2=193,1 THz et f_4=193,2 THz ont été séparés par le biais d'un démultiplexeur. Leurs spectres sont représentés respectivement dans les figures 2.20 et 2.21 pour une longueur du SOA L= 500 et 1000 μm et pour des débits de 10 et 40 Gbit/s. Le signal ayant la fréquence f_4 a été amplifié à l'aide d'un deuxième SOA dont les caractéristiques sont identiques à celles du premier amplificateur.

Les réponses temporelles des modulations FWM à la sortie du premier SOA et du deuxième SOA sont représentées respectivement dans la figure 2.22 et 2.23 pour différentes valeurs du courant injecté et de la longueur de la zone active du SOA et ce pour des débits de 10 et 40 Gbit/s. Nous constatons que l'augmentation du courant d'alimentation a pour effet l'accroissement de la puissance du signal à la sortie.

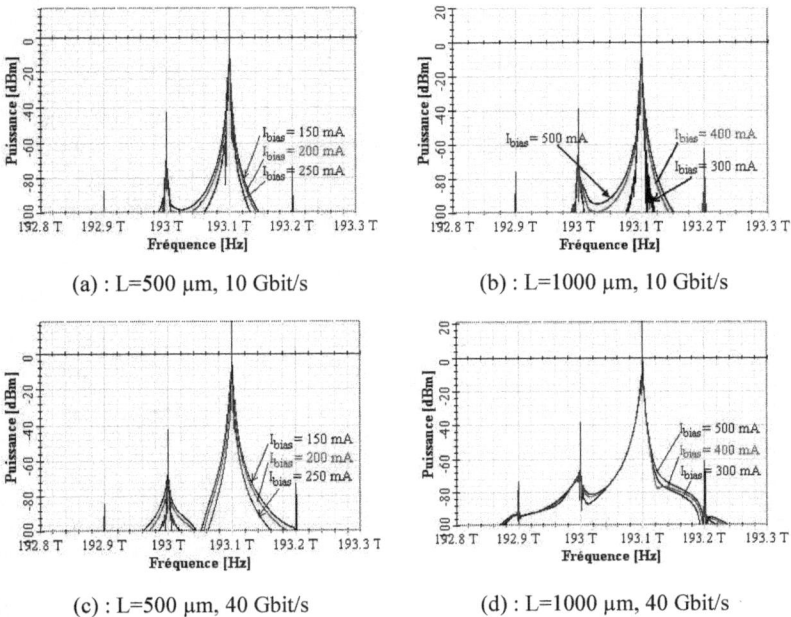

(a) : L=500 μm, 10 Gbit/s

(b) : L=1000 μm, 10 Gbit/s

(c) : L=500 μm, 40 Gbit/s

(d) : L=1000 μm, 40 Gbit/s

Figure 2.20 : Spectre du signal à la sortie du SOA mesuré à l'aide de l'analyseur de spectre OSA2.

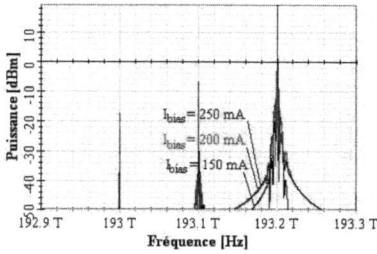

(a) : L=500 μm, 10 Gbit/s

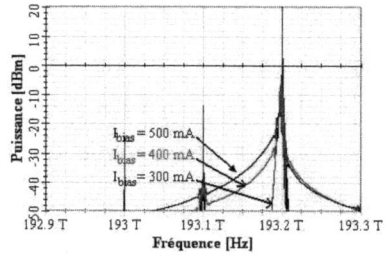

(b) : L=1000 μm, 10 Gbit/s

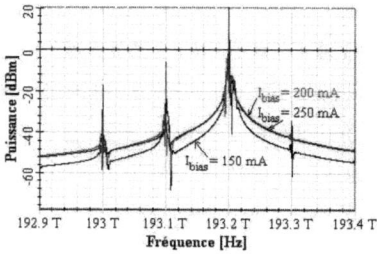

(c) : L=500 μm, 40 Gbit/s

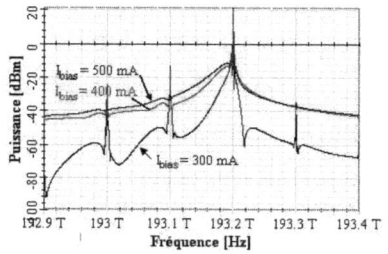

(d) : L=1000 μm, 40 Gbit/s

Figure 2.21 : Spectre du signal à la sortie du deuxième SOA mesuré à l'aide de l'analyseur de spectre OSA3.

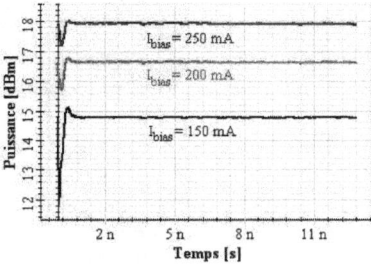

(a) : L=500 µm, 10 Gbit/s

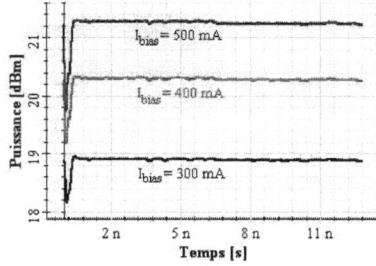

(b) : L=1000 µm, 10 Gbit/s

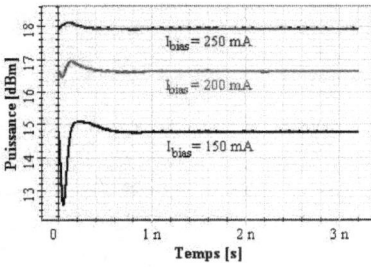

(c) : L=500 µm, 40 Gbit/s

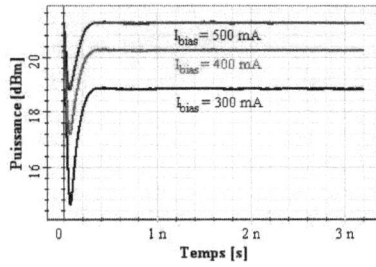

(d) : L=1000 µm, 40 Gbit/s

Figure 2.22 : Réponse temporelle des modulations FWM à la sortie du premier SOA.

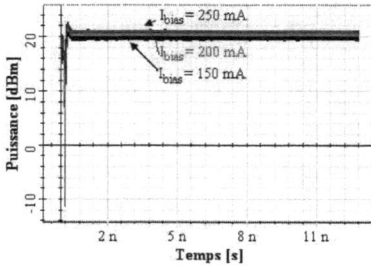

(a) : L=500 µm, 10 Gbit/s

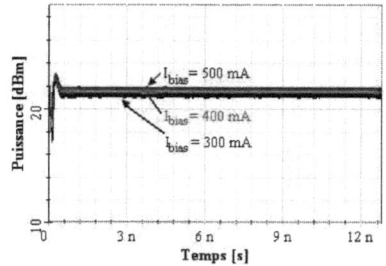

(b) : L=1000 µm, 10 Gbit/s

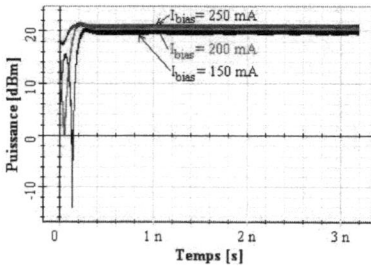

(c) : L=500 µm, 40 Gbit/s

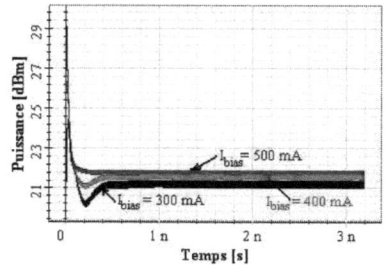

(d) : L=1000 µm, 40 Gbit/s

Figure 2.23 : Réponse temporelle des modulations FWM à la sortie du deuxième SOA.

2.5 Conclusion

Les principaux effets non linéaires mis en jeu dans une structure SOA, tels que la XGM, la XPM, le FWM, la XPolM, ayant pour origine la dynamique des porteurs et causés principalement par le changement de la densité des porteurs induit par le signal d'entrée, sont largement détaillés dans ce chapitre. L'exploitation de ces effets non linéaires pour la mise en œuvre des diverses fonctions tout-optiques très intéressantes (convertisseurs en longueurs d'ondes, régénérateurs, portes logiques optiques etc.....) pour les futures générations des réseaux de communications optiques a été analysée et simulée.

124

Nous pouvons penser qu'avant d'introduire les fonctions tout-optiques dans les réseaux de télécommunications à haut débit, il faut bien faire une multiplication de leurs fonctionnalités, un développement des composants, une optimisation très étudiée des architectures et une intégration efficace des fonctions optiques.

Dans le prochain chapitre, nous allons mettre l'accent sur l'effet de la rotation non linéaire de polarisation au sein du SOA. Une analyse approfondie de ce phénomène, avec différentes méthodes, sera présentée et détaillée.

Bibliographie du chapitre

[1] A. Matsumoto, K. Nishimura, K. Utaka, and M. Usami, "Operational design on high-speed semiconductor optical amplifier with assist light for application to wavelength converters using cross-phase modulation," *IEEE J. Quantum Electronics*, vol. 42, no.3, pp. 313–323, Mar. 2006.

[2] D. Wolfson, A. Kloch, T. Fjelde, C. Janz, B. Dagens, and M. Renaud, "40 Gb/s all-optical wavelength conversion, regeneration, and demultiplexing in an SOA-based all-active Mach-Zehnder interferometer," *IEEE Photonics Technology Letters*, vol. 12, no.3, pp. 332–334, 2000.

[3] X. Yang, A.K. Mishra, R.J. Manning, R.P. Webb, and A.D. Ellis, "All-optical 42.6 Gbit/s NRZ to RZ format conversion by cross-phase modulation in single SOA," *Electronics Letters*, vol. 43, pp. 890–892, 2007.

[4] H. Dong, H. Sun, Q. Wang, N.K. Dutta, and J. Jaques, "80 Gb/s all-optical logic AND operation using Mach-Zehnder interferometer with differential scheme," *J. Optics communications*, vol. 265, issue 1, pp. 79–83, Sep. 2006.

[5] H. Sun, Q. Wang, H. Dong, Z. Chen, N.K. Dutta, J. Jaques, and A.B. Piccirilli, "All-Optical Logic XOR Gate at 80 Gb/s Using SOA-MZI-DI," *IEEE J. Quantum Electronics*, vol. 42, no.8, pp. 747–751, Aug. 2006.

[6] X. Huang, M. Zhang, L.Wang, and P. Ye, "Novel scheme of 40 Gb/s all-optical NOT gate based on SOA-assisted sagnac interferometer," *International Conference on Communications, Circuits and Systems*, Jun. 2004, vol. 1, pp. 621–624.

[7] M. Jinno and T. Matsumoto, "Ultrafast all-optical logic operations in a nonlinear sagnac interferometer with two control beams," *Optics letters*, vol. 16, no.4, pp. 220–222, Feb. 1991.

[8] Y.H. Kao, I.V. Goltser, M.N. Islam, and G. Raybon, "Ultrafast optical logic gate using a semiconductor laser amplifier operating at transparency in a loop mirror," *in proc. Conference on Laser and Electro-Optics CLEO*, USA, May 1997, vol. 11, pp. 94–95.

[9] A. Frenkel, T.G. Chang, I. Glesk, and P.R. Prucnal, "Demonstration of pulse frequency division multiplexing using terahertz optical asymmetric demultiplexer," *IEEE photonics technology letters*, vol. 10, no.9, pp. 1322–1324, Sep. 1998.

[10] T. Houbavlis, K. Zoiros, A. Hatziefremidis, H. Avramopoulos, L. Occhi, G. Guekos, S. Hansmann, H. Burkhard, and R. Dall'ara, "10 Gbit/s all-optical boolean XOR with SOA fiber sagnac gate," *Electronics Letters*, vol. 35, no.19, pp.1650–1652, Sep. 1999.

[11] K. Zoiros, T. Houbavlis, K. Vlachos, H. Avramopoulos, F. Girardin, G. Guekos, S. Hansmann, and H. Burkhard, "10 GHz boolean XOR with semiconductor optical amplifier fiber sagnac gate," *in proc. Conference on Laser and Electro-Optics CLEO*, May 1999, pp. 379–380.

[12] A.J. Poustie, K.J. Blow, A.E. Kelly, and R.J. Manning, "All-optical binary half-adder," *J. Optics communications*, vol. 156, issue 1-3, pp. 22–26, Nov. 1998.

[13] J. Y. Kim, J.M. Kang, T.Y. Kim, and S.K. Han, "10 Gbit/s all-optical composite logic gates with XOR, NOR, OR and NAND functions using SOA-MZI structures," *Electronics Letters*, vol. 42, no.5, pp. 303–304, Mar. 2006.

[14] X. Ye, P. Ye, and M. Zhang, "All-optical NAND gate using integrated SOA based Mach-Zehnder interferometer," *Optical Fiber Technology*, vol. 12, no.4, pp. 312–316, Oct. 2006.

[15] T. Fjelde, D. Wolfson, A. Kloch, C. Janz, A. Coquelin, I. Guillemot, F. Gaborit, F. Poingt, B. Dagens, and M. Renaud, "10 Gbit/s all-optical logic OR in monolithically integrated interferometric wavelength converter," *Electronics Letters*, vol. 36, no.9, pp. 813–815, Apr. 2000.

[16] R.P. Webb, R.J. Manning, G.D. Maxwell, and A.J. Poustie, "40 Gbit/s all optical XOR gate based on hybrid-integrated Mach-Zehnder interferometer," *Electronics Letters*, vol. 39, no.1, pp. 79–81, Jan. 2003.

[17] T. Fjelde, D. Wolfson, A. Kloch, B. Dagens, A. Coquelin, I. Guillemot, F. Gaborit, F. Poingt, and M. Renaud, "Demonstration of 20 Gbit/s all-optical logic XOR in integrated SOA-based interferometric wavelength converter," *Electronics Letters*, vol. 36, no.22, pp. 1863–1864, Oct. 2000.

[18] T. Houbavlis, K. E. Zoiros, G. Kanellos, and C. Tsekrekos, "Performance analysis of ultrafast all-optical boolean XOR gate using semiconductor optical amplifier-based Mach-Zehnder interferometer," *J. Optics Communications*, vol. 232, issue 1-6, pp. 179–199, Mar. 2004.

[19] Y.K. Chen, C.J. Hu, C.C. Lee, K.M. Feng, M.K. Lu, Y.K. Tu, and S.L. Tzeng, "All-optical logic XOR using differential scheme and Mach-Zehnder interferometer," *Electronics Letters*, vol. 38, no.21, pp. 1271–1273, Oct. 2002.

[20] Q. Wang, G. Zhu, H. Chen, J. Jaques, J. Leuthold, A.B. Piccirilli, and N.K. Dutta, "Study of all-optical XOR using Mach-Zehnder interferometer

and differential scheme," *IEEE J. Quantum Electronics*, vol. 40, no.6, pp. 703–710, Jun. 2004.

[21] H. Sun, Q.Wang, H. Dong, and N. Dutta, "XOR performance of a quantum dot semiconductor optical amplifier based Mach-Zehnder interferometer," *Optics Express*, vol. 13, no.6, pp. 1892–1899, Mar. 2005.

[22] J. M. Martinez, F. Ramos, J. Marti, J. Herrera, and R. Llorente, "All optical n-bit XOR gate with feedback for optical packet header processing," *in proc. 28th European Conference on Optical Communication ECOC*, Copenhagen, Denmark, Sept. 2002, vol. 3, paper P4.8.

[23] S. Lee, J. Park, K. Lee, D. Eom, S. Lee, and J. H. Kim, "All-optical exclusive NOR logic gate using Mach-Zehnder interferometer," *Japanese J. Applied Physics*, vol. 41, pp. L1155–L1157, Oct. 2002.

[24] G. Berrettini, A. Malacarne, P. Ghelfi, A. Bogoni, and L. Poti, "Ultrafast integrable and reconfigurable XNOR, AND, NOR, and NOT photonic logic gate," *IEEE Photonics Technology Letters*, vol. 18, no.8, pp. 917–919, Apr. 2006.

[25] D. Nesset, M.C. Tatham, L.D. Westbrook, and D. Cotter, "Degenerate wavelength operation of an ultrafast all-optical AND gate using four wave mixing in a semiconductor laser amplifier," *Electronics Letters*, vol. 30, no.23, pp. 1938–1940, Nov.1994.

[26] D. Nesset, M.C. Tatham, and D. Cotter, "All-optical AND gate operating on 10 Gbit/s signals at the same wavelength using four-wave mixing in a semiconductor laser amplifier," *Electronics Letters*, vol. 31, no.11, pp. 896–897, May 1995.

[27] K. Chan, C.K. Chhan, L.K. Chen, and F. Ton, "20-Gbit/s all-optical XOR gate by four-wave mixing in semiconductor optical amplifier with

RZ-DPSK modulated inputs," *in proc. Optical Fiber Communication conference OFC*, Los Angeles, USA, Feb. 2004, vol. 1.

[28] N. Deng, C.K. Chan, and L.K. Chen, "Demonstration of an all-optical three input exclusive-OR logic gate for high-speed optical DPSK signals," *in proc. European Conference on Optical Communication ECOC*, Cannes, France, Sep. 2005, vol. 2, pp. 227–228.

[29] I. Kang, C. Dorrer, and J. Leuthold, "All-optical XOR operation of 40 Gbit/s phase-shift-keyed data using four-wave mixing in semiconductor optical amplifier," *Electronics Letters*, vol. 40, no.8, pp. 496–497, Apr. 2004.

[30] S. Kumar and A.E. Willner, "Simultaneous four-wave mixing and cross-gain modulation for implementing an all-optical XNOR logic gate using a single SOA," *Opt. Express*, vol. 14, pp. 5092–5097, 2006.

[31] S.H. Kim, J.H. Kim, B.G. Yu, Y.T. Byun, Y.M. Jeon, S. Lee, and D.H. Woo, "All-optical NAND gate using cross-gain modulation in semiconductor optical amplifiers," *Electronics Letters*, vol. 41, pp. 1027–1028, 2005.

[32] X. Zhang, Y. Wang, J. Sun, D. Liu, and D. Huang, "All-optical AND gate at 10 Gbit/s based on cascaded single-port-couple SOAs," *Optics Express*, vol. 12, no.3, pp. 361–366, Feb. 2004.

[33] A. Sharaiha, J.D. Topomondzo, and P. Morel, "All-optical logic AND-NOR gate with three inputs based on cross-gain modulation in a semiconductor optical amplifier," *J. Optics communications*, vol. 265, issue 1, pp. 322–325, 2006.

[34] Y.T. Byun, K.S. Choi, Y.M. Jhon, D.H.Woo, S. Lee, and S.H. Kim, "Realization of high-speed all-optical OR gate using cross-gain

modulation," *IEEE Lasers and Electro-Optics Society LEOS*, Oct. 2005, pp. 436–437.

[35] A. Hamie, A. Sharaiha, and M. Guegan, "Demonstration of an all-optical logic OR gate using gain saturation in an SOA," *Microwave & Optical Technology Letters*, vol. 39, issue 1, pp. 39–42, Aug. 2003.

[36] A. Sharaiha, H.W. Li, F. Marchese, and J.L. Bihan, "All-optical logic NOR gate using a semiconductor laser amplifier," *Electronics Letters*, vol. 33, no.4, pp. 323–324, Feb. 1997.

[37] A. Hamie, A. Sharaiha, M. Guegan, and B. Pucel, "All-optical logic NOR gate using two-cascaded semiconductor optical amplifiers," *IEEE Photonics Technology Letters*, vol. 14, no.10, pp. 1439–1441, Oct. 2002.

[38] J.H. Kim, Y.M. Jhon, Y.T. Byun, S. Lee, D.H. Woo, and S.H. Kim, "All-optical XOR gate using semiconductor optical amplifiers without additional input beam," *IEEE Photonics Technology Letters*, vol. 14, no.10, pp. 1436–1438, Oct. 2002.

[39] C. Zhao, X. Zhang, H. Liu, D. Liu, and D. Huang, "Tunable all-optical NOR gate at 10 Gb/s based on SOA fiber ring laser," *Optics Express*, vol. 13, no.8, pp. 2793–2798, Mar. 2005.

[40] H. Soto, J.D. Topomondzo, D. Erasme, and G. Guekos, "Experimental Demonstration of All-Optical AND and NAND Gates Using Cross-Polarization Modulation in a Semiconductor Optical Amplifier," *in proc. APOC02-SPIE*, Bejin, Chine, November 2001, vol. 4580–27, pp. 141–148.

[41] L.Q. Guo and M. J. Connelly, "All-optical AND gate with improved extinction ratio using signal induced nonlinearities in a bulk semiconductor optical amplifier," *Optics Express*, vol. 14, no.7, pp. 2938–2943, Apr. 2006.

[42] L. Han, X. Teng, L. Hu, N, Hua, and H. Zhang, "All Optical NOR and OR Gates Using Cross Polarization Modulation in a Single SOA," *18th Annual Meeting of the IEEE Lasers and Electro-Optics Society LEOS'05*, 2005, pp. 438–439.

[43] J. Yang, L. Han, H. Zhang, and Y. Guo, "Function-lock strategy in OR/NOR optical logic gates based on cross-polarization modulation effect in semiconductor optical amplifier," *Chinese Optics Letters*, vol. 5, issue 10, pp. 566–568, 2007.

[44] H. Soto, J.D. Topomondzo, D. Erasme, and M. Castro, "All-optical NOR gates with two and three input logic signals based on cross-polarization modulation in a semiconductor optical amplifier," *J. Optics Communications*, vol. 218, issue 4-6, pp. 243–247, Apr. 2003.

[45] H. Soto, D. Erasme, and G. Guekos, "5-Gb/s XOR optical gate based on cross polarization modulation in semiconductor optical amplifiers," *IEEE Photonics Technology Letters*, vol. 13, no.4, pp. 335–337, Apr. 2001.

[46] H. Soto, E. lvarez, C.A. Daz, J.D. Topomondzo, D. Erasme, L. Schares, L. Occhi, G. Guekos, and M. Castro, "Design of an all-optical NOT XOR gate based on cross-polarization modulation in a semiconductor optical amplifier," *J. Optics Communications*, vol. 237, issue 1-3, pp. 121–131, Jul. 2004.

[47] A. Hamie, A. Sharaiha, M. Guegan, and B. Pucel, "All-Optical Logic NOR Gate Using Two-Cascaded Semiconductor Optical Amplifiers," *IEEE Photonics Technology Letters,* vol. 14, pp. 1439–1441, 2002.

[48] T. Fjelde, D. Wolfson, A. Kloch, C. Janz, A. Coquelin, I. Guillemot, F. Gaborit, F. Poingt, B. Dagens, and M. Renaud, "10Gbit/s all-optical

logic OR in monolithically integrated interferometric wavelength converter," *Electronics Letters*, vol. 36, pp. 813–815, 2000.

[49] H. Dong, Q. Wang, G. Zhu, J. Jaques, A.B. Piccirilli, and N.K. Dutta, "Demonstration of all-optical logic OR gate using semiconductor optical amplifier-delayed interferometer," *J. Optics Communications*, vol. 242, Issue 4-6, pp. 479–485, 2004.

[50] H. Soto, J.D. Topomondzo, D. Erasme, and M. Castro, "All-optical NOR gates with two and three input logic signals based on cross-polarization modulation in a semiconductor optical amplifier," *J. Optics Communications*, vol. 218, issue 4-6, pp. 243–247, Apr. 2003.

[51] A.D. Mc Aulay, "Optical Arithmetic Unit Using Bit-WDM," *Optics and Laser Technology*, vol. 32, pp. 421–427, 2000.

[52] T.A. Ibrahim, K. Amarnath, L.C. Kuo, R. Grover, V. Van, and P.-T. Ho, "Photonic logic NOR gate based on two symmetric microring resonators," *Opt. Lett.*, vol. 29, pp. 2779–2781, 2004.

[53] D. Nesset, T. Kelly, and D. Marcenac, "All optical wavelength conversion using SOA nonlinearity," *IEEE Commun. Mag.*, vol. 36, no.12, pp. 56–61, Dec. 1998.

[54] S.J.B. Yoo, "Wavelength conversion technologies for WDM network applications," *IEEE J. Lightwave Technology*, vol. 14, no.6, pp. 955–966, Jun. 1996.

[55] T. Durhuus, B. Mikkelsen, C. Joergensen, S.L. Danielsen, and K.E. Stubkjaer, "All-optical wavelength conversion by semiconductor optical amplifiers," *IEEE J. Lightwave Technology*, vol. 14, no.6, pp. 942–954, Jun. 1996.

[56] J. Dong, X. Zhang, S. Fu, P. Shum, and D. Huang, "40 Gb/s Simultaneous inverted and non-inverted wavelength conversion based on SOA using transient cross phase modulation," *Optoelectronics, 2006 Optics Valley of China International Symposium on*, Nov. 2006, pp. 37–40.

[57] C. Gosset, G.H. Duan, "Extinction ratio improvement and wavelength conversion on four wave mixing in a semiconductor optical amplifier," *IEEE Photonics Technology Letters*, vol. 13, no.2, pp. 139–141, 2001.

[58] C. Politi, D. Klonidis, and M.J. O'Mahony, "Dynamic behavior of wavelength converters based on FWM in SOAs," *IEEE J. Quantum Electronics*, vol. 42, no.2, pp. 108–125, Feb. 2006.

[59] Y. Liu, M.T. Hill, E. Tangdiongga, H. de Waardt, N. Galabretta, G.D. Khoe, and H.J.S. Dorren, "Wavelength conversion using nonlinear polarization rotation in a single semiconductor optical amplifier," *IEEE Photonics Technology Letters*, vol. 15, no.1, pp. 90–92, Jan. 2003.

[60] C. C. Wei, M. F. Huang, and J. Chen, "Enhancing the Frequency Response of Cross-Polarization Wavelength Conversion," *IEEE Photonics Technology Letters*, vol.17, no.8, pp. 1683–1685, 2005.

[61] M. Tariaki, A. Sharaiha, M. Guégan, F.F.L. Bentivegna, and M. Amaya, "All-Optical Inverted and Non-Inverted Wavelength Conversion Based on Cross Polarization Modulation in a Semiconductor Optical Amplifier," *IEEE International Conference on Information and Communication Technologies: from Theory to Applications IEEE-ICTTA'08*, Damascus- Syria, 2008, pp. 1–6.

[62] M. Menif, P. Lemieux, W. Mathlouthi, and L.A. Rusch, "Incoherent-to-coherent wavelength conversion using semiconductor optical amplifier,"

IEEE International Conference on Communications, Jun. 2004, vol. 3, pp. 1740–1744.

[63] S. Diez, C. Schmidt, R. Ludwig, H.G. Weber, K. Obermann, S. Kindt, I. Koltchanov, and K. Petermann, "Four-wave mixing in semiconductor optical amplifiers for frequency conversion and fast optical switching," *IEEE J. Select. Topics Quantum Electron.*, vol. 3, no.5, pp. 1131–1145, Oct. 1997.

[64] S. Jansen, G. Khoe, H. de Waardt, M. Heid, S. Spalter, E. Meissner, C. Weiske, and A. Schoepflin, "Optimizing the wavelength configuration for FWM-based demultiplexing in a SOA," *In Optical Fiber Communications conference OFC*, Mar. 2003, vol. 2, pp. 539–541.

[65] L.Q. Guo, and M.J. Connelly, "Signal-Induced Birefringence and Dichroism in a Tensile-Strained Bulk semiconductor optical amplifier and its Application to Wavelength Conversion," *IEEE J. Lightwave Technology*, vol. 23, no.12, pp. 4037–4045, Dec. 2005.

[66] J.M. Wiesenfeld, B. Glance, J.S. Perion, and A.H. Gnauck, "Wavelength conversion at 10 Gb/s using a semiconductor optical amplifier," *IEEE Photonics Technology Letters*, vol. 5, no.11, p. 1300, Nov. 1993.

[67] K.L. Hall, E.R. Thoen, and E.P. Ippen, "Nonlinearities in active media," *in Semiconductors and Semimetals,* San Diego, CA: Academic, 1999, vol. 59, p. 83.

[68] M.F.C. Stephens, M. Asghari, R.V. Penty, and I.H. White, "Demonstration of ultrafast all-optical wavelength conversion utilizing birefringence in semiconductor optical amplifiers," *IEEE Photonics Technology Letters*, vol. 9, no.4, p. 449, Apr. 1997.

[69] H. Soto, D. Erasme, and G. Guekos, "Cross-polarization modulation in semiconductor optical amplifiers," *IEEE Photonics Technology Letters*, vol. 11, no.8, p. 970, Aug. 1999.

[70] P. Öhlén and E. Berglind, "BER caused by jitter and amplitude noise in limiting optoelectronic repeaters with excess bandwidth," *Proc. Inst. Elect. Eng., Optoelectron.*, vol. 145, no.3, pp. 147–150, Jun. 1998.

[71] M.J. Connelly, *Semiconductor Optical Amplifier*. London: Kluwer Academic Publishers, 2002.

[72] H.J.S. Dorren, Y. Liu, M.T. Hill, E. Tangdiongga, N. Calabretta, H. de Waardt, X. Yang, R. Geldenhuys, D. Lenstra, and G.D. Khoe, "All-optical signal processing based on nonlinear polarization rotation in a semiconductor optical amplifier," *in proc. 1st International Conference on Optical Communications and Networks ICOCN'2002*, Singapore, Nov. 2002.

[73] O. Leclerc, B. Lavigne, E. Balmefrezol, P. Brindel, L. Pierre, D. Rouvillain, and F. Seguineau, "Optical Regeneration at 40 Gb/s and Beyond," *J. Lightwave Technology*, vol. 21, no.11, pp. 2779–2790, Nov. 2003.

[74] J. Slovak, C. Bornholdt, U. Busolt, G. Bramann, C. Schmidt, H. Ehlers, H.P. Nolting, and B. Sartorius, "Optically clocked ultra long SOAs: A novel technique for high speed 3R signal regeneration," *in Proc. 29th European conference on Optical Fiber Communication OFC'04*, Los Angles, USA, 2004.

[75] J.C. Simon, L. Lablonde, I. Valiente, L. Billes, and P. Lamouler, "Two-stage wavelength converter with improved extinction ratio," *in Proc. Optical Fiber Communication conference OFC*, 1995, paper PD15-2.

[76] P.B. Hansen, J.M. Wiesenfeld, G. Eisenstein, R.S. Tucker, and G. Raybon, "Repetition rate dependence of gain compression in In GasAsP optical amplifier using picosecond optical pulses," *IEEE J. Quantum Electronics*, vol. 25, no.12, pp. 2611–2620, 1989.

[77] O. Leclerc, P. Brindel, D. Rouvillain, B. Dany, R. Brenot, A. Labrousse, A. Coquelin, and B. Dagens, "Regenerated 40 Gbit/s long-haul transmission using all-optical SOA-MZI as loss-free synchronous modulation," *in Proc. Optical Fiber Communication conference OFC*, 2001, paper WF6.

[78] J. Yu and P. Jeppesen, "40 Gbit/s wavelength conversion in a cascade of an SOA and a NOLM and demonstration of extinction ratio improvement," *in proc. European Conference on Optical Conference ECOC*, Munich, Germany, 2000, pp. 67–68.

[79] L. Bramerie, M. Gay, G. Girault, V. Roncin, S. Feve, and J.C. Simon, "Performance of a Polarization Insensitive 3R Optical Regenerator Based on a new SOA-NOLM Architecture," *in Proc. European Conference on Optical Communication ECOC'04*, Stockholm, 2004, paper We2.5.2.

[80] U. Masashin, T. Munefumi, I. Ryo, and N. Kohsuke, "All optical regeneration using SOA-based polarization discriminated switch injected by transparent assist light," *in Proc. of the SPIE*, Aug. 2003, vol. 5246, pp. 263–274.

[81] C. Ware, Récupération d'horloge par boucle à verrouillage de phase utilisant le mélange à quatre ondes dans un amplificateur optique à semi-conducteurs, Thèse de doctorat, ENST-Paris, 2003.

[82] C. Ware, R. Gabet, and D. Erasme, "Opto-electronic phase-locked loop using four-wave mixing in a semiconductor optical amplifier," *in*

proc. CLEO/Europe'03, Munich, Germany, June 2003, p. CJ2-3-MON, pp. 23–27.

[83] O. Kamatani and S. Kawanishi, "Ultrahigh-speed clock recovery with phase lock loop based on four-wave mixing in a traveling-wave laser diode amplifier," *J Lightwave Technology*, vol. 14, no.8, pp. 1757–1767, Aug. 1996.

[84] C. Ware and D. Erasme, "Boucle à verrouillage de phase semi-optique utilisant le mélange à quatre ondes dans un amplificateur optique à semi-conducteurs," JNOG'02, Dijon, Sept. 2002, pp. 10–12.

[85] W. Cai, Y. Dong, M. Zou, Q. Zhang, M. Chen, and S. Xie, "Reduction of waveform distortion in a semiconductor optical amplifier using internal birefringence and slope filtering," *in Proc. European Conference on Optical Communication ECOC'2001*, Amsterdam, The Netherlands, 2001, paper We 13, pp. 404–405.

[86] H.J.S. Dorren, D. Lenstra, Y. Liu, M.T. Hill, and G.D. Khoe, "Nonlinear polarization rotation in semiconductor optical amplifiers: Theory and application to all-optical flip-flop memories," *IEEE J. Quantum Electron.*, vol. 39, no.1, pp. 141–148, Jan. 2003.

[87] B.S. Gopalakrishnapillai, M. Premaratne, A. Nirmalathas, and C. Lim, "Power Equalization using polarization rotation in semiconductor optical amplifiers," *IEEE Photonics Technology Letters,* vol. 17, no.8, pp. 1695–1697, Aug. 2005.

[88] N. Deng, Y. Yang, C. Chan, L. Chen, and W. Hung, "All-optical OOK label swapping on OFSK payload in optical packet networks," *in Proc. Optical Fiber Communication conference OFC'04*, Los Angeles, CA, 2004, paper FO5.

Modélisation de l'Effet de Rotation Non Linéaire de Polarisation dans les SOAs

3.1 Concept de la rotation de polarisation dans un SOA

La biréfringence est une propriété qu'ont certains matériaux transparents vis-à-vis de la lumière et ayant pour effet principal de diviser en deux un rayon lumineux qui les pénètre. C'est un phénomène qui se présente dans les SOAs, même dans ceux dits insensibles à la polarisation puisque cette insensibilité ne concerne effectivement que le gain. Elle est définie comme étant la différence entre les vitesses de phase associées aux deux modes de polarisation orthogonaux. En effet, la biréfringence du SOA est due essentiellement à trois contributions [1]:

- La biréfringence structurelle liée à la différence d'indices effectifs entre les modes TM et TE.
- La biréfringence induite par les variations de l'indice effectif avec la longueur d'onde.
- La biréfringence induite par les variations de l'indice effectif avec la densité des porteurs.

Des études diverses ont largement traité ce phénomène [1-4]. Particulièrement, la dépendance non linéaire de la biréfringence vis-à-vis des conditions d'injection, notamment en terme d'état de polarisation et de puissance optique injectée, a été exploitée pour réaliser des fonctions optiques importantes telles que les convertisseurs en longueurs d'ondes, les régénérateurs 2R/3R, les démultiplexeurs, les portes logiques, etc.

Plusieurs études ont abordé la rotation non linéaire de polarisation, comme un phénomène qui est subit par un signal sonde tout au long de sa traversée de la structure SOA et qui est due à la modification des propriétés optiques du milieu, à travers la saturation de la densité des porteurs, par un signal pompe perturbateur. Ce comportement non linéaire du SOA est appelé: modulation croisée de polarisation "XPolM". Cependant, il peut être auto-induit par le signal lui-même lors de sa traversée du composant. L'origine de cette auto-rotation non linéaire de polarisation a été exploitée pour les applications de traitement tout-optique du signal. En effet, la XPolM a été exploitée pour assurer des diverses fonctions et des applications très intéressantes pour les réseaux optiques futurs, comme les portes logiques optiques [5-8], la commutation [9], le codage [10] et le multiplexage [10-11], la régénération et la conversion en longueurs d'ondes tout-optique [12-13], etc.

Nous allons présenter dans la suite, les outils couramment utilisés pour la description de la polarisation d'une onde électromagnétique afin d'en tirer les mieux adaptés à la caractérisation du phénomène de la rotation non linéaire de polarisation dans les SOAs.

3.2   Outils descriptifs de la polarisation optique

La polarisation est une propriété des ondes vectorielles telle que la lumière. Le fait que ces ondes soient caractérisées par des vecteurs, ils les différencient des autres types comme les ondes sonores, et impliquent ce phénomène de polarisation. La polarisation d'une onde plane décrit, en fonction du temps, le lieu de l'extrémité du vecteur champ électrique dans un plan orthogonal au vecteur de propagation. Ce lieu décrit, dans le cas général, une ellipse (polarisation elliptique) comme le montre la figure 3.1, qui peut dans certains cas dégénérer en un segment de droite (polarisation linéaire) ou en un cercle (polarisation circulaire).

L'angle d'orientation "ψ", variant entre $0°$ et $180°$, est l'angle entre l'horizontale et le grand axe de l'ellipse décrite par l'onde polarisée ; il s'appelle : l'azimut. Tandis que, l'angle "χ" représente l'ellipticité ; sa tangente est le rapport entre le petit axe de l'ellipse et son grand axe. Elle varie entre -45° et +45° et son signe donne le sens de la polarisation droite ou gauche. En effet, si l'ellipticité est nulle, l'onde est polarisée linéairement. Si elle est égale à -45° ou +45°, l'onde est polarisée circulairement, respectivement, à droite et à gauche. Pour le cas où l'ellipticité serait négative vérifiant : -45°< χ < 0°, l'onde est polarisée elliptiquement et la rotation de la pointe du vecteur électrique le long de l'ellipse est horaire, dans la direction de propagation (c.-à-d. à droite). Si elle est positive vérifiant : 0° <χ < 45°, l'onde est polarisée elliptiquement et la rotation du vecteur électrique est antihoraire ou à gauche.

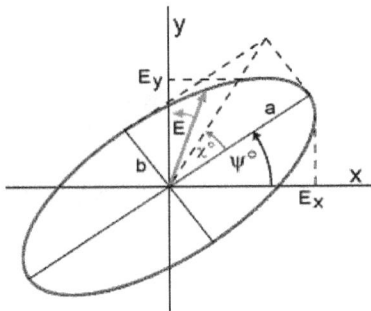

Figure 3.1 : Schéma de l'ellipse de polarisation.

Définir un état de polarisation revient à déterminer comment évolue dans le temps et dans le plan d'onde, l'extrémité du vecteur champ électrique associé à l'onde optique ; donc il revient à déterminer les angles "ψ" et "χ". En supposant que l'onde plane se propage selon l'axe "z" dans la direction des "z" positifs, les composantes du champ électrique s'écrivent sous la forme suivante:

$$\vec{E}(z,t) = \begin{pmatrix} E_x(z,t) \\ E_y(z,t) \\ E_z(z,t) \end{pmatrix} = \begin{pmatrix} |E_x|.\cos(\omega t - k.z + \phi_x) \\ |E_y|.\cos(\omega t - k.z + \phi_y) \\ 0 \end{pmatrix} \tag{3.1}$$

Où "ω" est la pulsation de l'onde, "k" est le nombre d'onde, et øₓ et ø_y sont les déphasages à l'origine.

En combinant les expressions des composantes $E_x(z,t)$ et $E_y(z,t)$ tout en éliminant la variable temporelle, nous pouvons montrer que l'extrémité du vecteur champ électrique décrit dans le cas général une ellipse ayant comme équation :

$$\frac{E_x^2}{E_{0,x}^2} + \frac{E_y^2}{E_{0,y}^2} - 2\frac{E_x.E_y}{E_{0,x}.E_{0,y}}.\cos(\Delta\Phi) = \sin^2(\Delta\Phi) \tag{3.2}$$

où : $\Delta\Phi = \phi_y - \phi_x$

Par conséquent, l'état de polarisation sera défini si nous connaissons les angles "ψ" et "χ", le déphasage $\Delta\Phi$, les amplitudes $E_{0,x}$ et $E_{0,y}$.

Nous distinguons plusieurs outils qui peuvent être utilisés afin de décrire le changement de l'état de polarisation dans un tel milieu, tels que : le formalisme de Jones, le formalisme de Stokes et le formalisme de Muller, ce que nous allons présenter dans la suite.

3.2.1 Formalisme de Jones

Le formalisme de Jones, comme son nom l'indique, est introduit par R. C. Jones en 1941. C'est un formalisme matriciel permettant de décrire l'état

142

de polarisation d'une onde électromagnétique et son évolution à travers un système optique. Dans ce formalisme, la lumière polarisée est représentée par un vecteur de Jones et les éléments optiques linéaires sont représentés par des matrices de Jones. Le vecteur de Jones de la lumière en sortie du système est donné par le produit de la matrice de Jones du système par le vecteur de Jones de la lumière d'entrée [14].

L'expression du champ électrique d'une onde plane monochromatique de polarisation quelconque peut s'écrire sous la forme donnée par :

$$\vec{E}(z,t) = \begin{bmatrix} |E_x| e^{j(\omega t - k.z + \phi_x)} \\ |E_y| e^{j(\omega t - k.z + \phi_y)} \\ 0 \end{bmatrix} \tag{3.3}$$

Etant donné que la fréquence d'oscillation d'une onde monochromatique est constante, alors il est possible d'utiliser la notion de phaseur pour le régime permanent et ainsi supprimer le terme temporel dans l'expression du champ électrique. De ce fait, nous pouvons écrire :

$$\vec{E}(z) = \begin{bmatrix} |E_x| e^{j(-k.z + \phi_x)} \\ |E_y| e^{j(-k.z + \phi_y)} \\ 0 \end{bmatrix} = e^{-j.k.z}. \begin{bmatrix} |E_x| e^{j\phi_x} \\ |E_y| e^{j\phi_y} \\ 0 \end{bmatrix} \tag{3.4}$$

Le champ électrique décrit par l'équation (3.4) admet une phase identique en tout point du plan d'onde pour lequel "z" est constant. Ainsi, le champ électrique à l'origine s'écrit comme :

$$\vec{E}(0) = \begin{bmatrix} E_x \\ E_y \end{bmatrix} = \begin{bmatrix} |E_x| e^{j\phi_x} \\ |E_y| e^{j\phi_y} \end{bmatrix} \tag{3.5}$$

Ce vecteur est appelé : vecteur de Jones.

Les vecteurs de Jones pour les états de polarisation les plus connus sont représentés dans l'équation (3.6).

$$\begin{bmatrix} E_{LHP} \\ E_{LVP} \\ E_{+45LP} \\ E_{-45LP} \\ E_{RCP} \\ E_{LCP} \end{bmatrix} = \begin{bmatrix} 1 & 0 \\ 0 & 1 \\ 1/\sqrt{2} & 1/\sqrt{2} \\ 1/\sqrt{2} & -1/\sqrt{2} \\ 1/\sqrt{2} & j/\sqrt{2} \\ 1/\sqrt{2} & -j/\sqrt{2} \end{bmatrix} \qquad (3.6)$$

Avec:

- E_{HLP} et E_{VLP} sont les vecteurs de Jones, respectivement, pour une polarisation linéaire horizontale et verticale ;

- E_{+45LP} et E_{-45LP} sont les vecteurs de Jones, respectivement, pour une polarisation linéaire à (+45°) et à (-45°) ;

- E_{RHCP} et E_{LHCP} sont les vecteurs de Jones, respectivement, pour une polarisation circulaire droite et circulaire gauche.

Une lumière polarisée $(E_x, E_y)^T$ via un composant polarisé est représentée par :

$$\begin{cases} E_x' = c_j^1.E_x + c_j^2.E_y \\ E_y' = c_j^3.E_x + c_j^4.E_y \end{cases} \qquad (3.7)$$

Ainsi, la matrice de transmission est appelée : Matrice de Jones, noté "J" ayant pour expression :

$$J = \begin{bmatrix} c_j^1 & c_j^2 \\ c_j^3 & c_j^4 \end{bmatrix} \qquad (3.8)$$

Nous obtenons les matrices de Jones des différents composants avec des valeurs différentes de $(c_j^1, c_j^2, c_j^3, c_j^4)$:

$$J = \begin{bmatrix} 1 & 0 \\ 0 & 0 \end{bmatrix} \qquad\qquad J = \begin{bmatrix} \cos^2\theta & \sin\theta.\cos\theta \\ \sin\theta.\cos\theta & \sin^2\theta \end{bmatrix}$$

Polariseur linéaire horizontal.   *Polariseur avec un angle θ.*

$$J = \begin{bmatrix} 0 & 0 \\ 0 & 1 \end{bmatrix}$$

Polariseur linéaire vertical.

$$J = \begin{bmatrix} e^{j\phi/2} & 0 \\ 0 & e^{-j\phi/2} \end{bmatrix}$$

Lame avec un déphasage ø.

$$J = \begin{bmatrix} \frac{1}{2} & \frac{1}{2} \\ \frac{1}{2} & \frac{1}{2} \end{bmatrix}$$

Polariseur linéaire rectiligne à 45°.

$$J = \begin{bmatrix} \cos\beta & \sin\beta \\ -\sin\beta & \cos\beta \end{bmatrix}$$

Rotateur avec une rotation β.

Donc, tout élément optique non dépolarisant peut être représenté par une matrice de Jones. Cette dernière peut être décomposée en un produit de deux matrices de Jones homogènes : "J_D" et "J_R" qui caractérisent, respectivement, deux éléments polarimétriques : un diatténuateur elliptique et un retardateur elliptique. Nous aurons alors :

$$J = J_R . J_D \tag{3.9}$$

Le formalisme de Jones n'est utile que pour le cas d'une lumière totalement polarisée. Pour décrire la lumière incohérente et partiellement polarisée, il est utile d'utiliser les vecteurs de Stokes et les matrices de Mueller.

3.2.2 Formalisme de Stokes et Sphère de Poincaré

Bien que les paramètres de Stokes aient été introduits en 1852, par George Gabriel Stokes, ils n'ont suscité qu'un faible intérêt en optique jusqu'à les années 1950. C'est un outil qui spécifie les propriétés de polarisation d'une onde électromagnétique en permettant une description très utile de son état de polarisation et sa caractérisation polarimétrique. Ils représentent un ensemble de quatre valeurs qui décrivent l'état de polarisation de l'onde électromagnétique. Ces paramètres sont souvent notés sous forme d'un vecteur, dit vecteur de Stokes, et s'expriment en fonction de l'intensité totale du faisceau lumineux et des paramètres liés à la forme de l'ellipse de polarisation [15].

En optique, les seules quantités mesurables sont à dimension énergétique. Les détecteurs possèdent un temps d'intégration de l'ordre de la picoseconde, très supérieur à la période d'oscillation des ondes optiques. L'idée de Stokes fut d'introduire dans l'équation de l'ellipse non plus des termes d'amplitudes mais des termes relatifs à des intensités en moyennes temporelles. De ce fait, pour le cas d'une onde monochromatique, l'équation de l'ellipse (3.2) peut être réécrite sous la forme suivante:

$$\underbrace{\left(E_{0,x}^2 + E_{0,y}^2\right)^2}_{S_0^2} - \underbrace{\left(E_{0,x}^2 - E_{0,y}^2\right)^2}_{S_1^2} - \underbrace{\left(2E_{0,x}.E_{0,y}.\cos(\Delta\Phi)\right)^2}_{S_2^2} = \underbrace{\left(2E_{0,x}.E_{0,y}.\sin(\Delta\Phi)\right)^2}_{S_3^2} \qquad (3.10)$$

En introduisant la notion de la moyenne temporelle sur une durée d'intégration "T" du détecteur, notée $<\ >$, nous pouvons définir les paramètres de Stokes par les équations suivantes [16] :

$$S = \begin{pmatrix} S_0 \\ S_1 \\ S_2 \\ S_3 \end{pmatrix} = \begin{pmatrix} < E_{0,x}^2 + E_{0,y}^2 > \\ < E_{0,x}^2 - E_{0,y}^2 > \\ 2 < E_{0,x}.E_{0,y}.\cos(\Delta\Phi) > \\ 2 < E_{0,x}.E_{0,y}.\sin(\Delta\Phi) > \end{pmatrix} \qquad (3.11)$$

Dans le cas d'une onde partiellement polarisée, les paramètres de Stokes vérifient l'inégalité suivante :

$$S_0^2 > S_1^2 + S_2^2 + S_3^2 \qquad (3.12)$$

Pour le cas d'une onde complètement polarisée, les composantes du vecteur de Stokes vérifient l'égalité suivante :

$$S_0^2 = S_1^2 + S_2^2 + S_3^2 \qquad (3.13)$$

Donc, les paramètres de Stokes sont particulièrement adaptés à l'expérience car chaque paramètre correspond à une somme ou une différence d'intensités facilement mesurables. Ils permettent de décrire si la lumière est non polarisée, partiellement polarisée ou totalement polarisée.

Les vecteurs de Stokes relatifs aux états usuels de polarisation de la lumière sont les suivants :

$$
\begin{pmatrix} S_{HLP} \\ S_{VLP} \\ S_{+45\,LP} \\ S_{-45\,LP} \\ S_{RHCP} \\ S_{LHCP} \\ S_{UNP} \end{pmatrix} = \begin{pmatrix} 1 & 1 & 0 & 0 \\ 1 & -1 & 0 & 0 \\ 1 & 0 & 1 & 0 \\ 1 & 0 & -1 & 0 \\ 1 & 0 & 0 & 1 \\ 1 & 0 & 0 & -1 \\ 1 & 0 & 0 & 0 \end{pmatrix}
\tag{3.14}
$$

Avec:

S_{HLP}: vecteur de Stokes pour une polarisation linéaire horizontale,

S_{VLP}: vecteur de Stokes pour une polarisation linéaire verticale,

S_{+45LP}: vecteur de Stokes pour une polarisation linéaire à (+45°),

S_{-45LP}: vecteur de Stokes pour une polarisation linéaire à (-45°),

S_{RHCP}: vecteur de Stokes pour une polarisation circulaire droite,

S_{LHCP}: vecteur de Stokes pour une polarisation circulaire gauche,

S_{UNP}: vecteur de Stokes pour une non polarisation.

Les paramètres de Stokes normalisés sont donnés sous la forme de l'équation suivante :

$$
s_i = \frac{S_i}{S_0} \quad \text{avec} : i \in \{1, 2, 3\}
\tag{3.15}
$$

La sphère de Poincaré, conçue par Henri Poincaré en 1892, fournit une méthode commode pour représenter la lumière totalement ou partiellement polarisée [17].

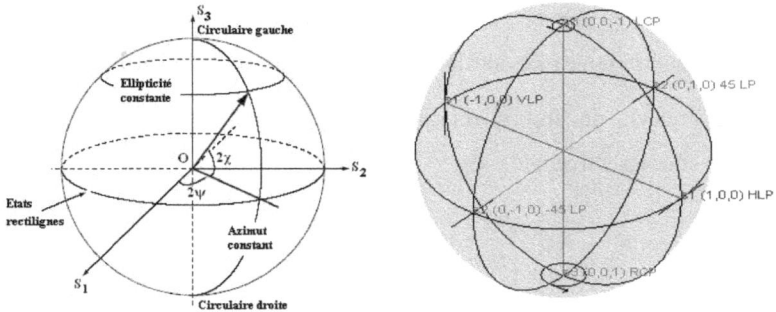

Figure 3.2 : Schéma de la sphère de Poincaré.

Les significations des différentes parties de la sphère sont indiquées dans la Figure 3.2. Les pôles sud et nord représentent une lumière polarisée circulairement, respectivement droite et gauche. Les points situés sur l'équateur sont des états de polarisation linéaires. Un point choisi arbitrairement sur l'équateur désigne une polarisation horizontale, et un point diamétralement opposé représente une polarisation verticale. Deux états de polarisation orthogonaux sont représentés par deux points diamétralement opposés. En général, le rayon de la sphère est choisi égal à l'unité.

D'après la représentation de la sphère de Poincaré, les paramètres de Stokes peuvent également s'exprimer en fonction des angles de l'azimut "ψ" et de l'ellipticité "χ" comme [16]:

$$S = S_0 \cdot \begin{pmatrix} 1 \\ s_1 \\ s_2 \\ s_3 \end{pmatrix} = S_0 \cdot \begin{pmatrix} 1 \\ \cos(2\psi).\cos(2\chi) \\ \sin(2\psi).\cos(2\chi) \\ \sin(2\chi) \end{pmatrix} \tag{3.16}$$

Les composantes (s_1, s_2, s_3) correspondent aux coordonnées cartésiennes d'un point situé à la surface d'une sphère de rayon "S_0". Donc, l'expression

(3.16) permet de représenter de façon unique sur la sphère de Poincaré n'importe quel état de polarisation d'une onde complètement polarisée.

Dans la représentation de la sphère de Poincaré illustrée dans la figure 3.2, les paramètres de Stokes décrivent un point ayant les coordonnés (s_1, s_2, s_3) sur ou à l'intérieur de la sphère. Le dit point se trouve sur la sphère pour le cas d'un champ d'onde totalement polarisé, à l'intérieur de la sphère pour le cas partiellement polarisé, et au centre de la sphère pour le cas d'un champ d'onde totalement non polarisé.

Comme pour le cas général, l'onde optique résulte de la superposition cohérente d'une onde complètement polarisée et d'une autre totalement non polarisée, le vecteur de Stokes peut aussi être décomposé en deux parties : polarisée et non polarisée, à savoir :

$$S = \underbrace{\begin{pmatrix} \sqrt{S_1^2 + S_2^2 + S_3^2} \\ S_1 \\ S_2 \\ S_3 \end{pmatrix}}_{\text{Polarisé}} + \underbrace{\begin{pmatrix} S_0 - \sqrt{S_1^2 + S_2^2 + S_3^2} \\ 0 \\ 0 \\ 0 \end{pmatrix}}_{\text{non polarisé}} \qquad (3.17)$$

L'intérêt essentiel des paramètres de Stokes est qu'ils permettent de déterminer le degré de polarisation (DOP), le degré de polarisation linéaire (DOLP) et le degré de polarisation circulaire (DOCP) de n'importe quel signal optique directement à partir des composantes de son vecteur de Stokes.

Le DOP est défini par l'équation suivante [18] :

$$DOP = \frac{\sqrt{S_1^2 + S_2^2 + S_3^2}}{S_0} = \sqrt{s_1^2 + s_2^2 + s_3^2} \qquad 0 \le DOP \le 1 \qquad (3.18)$$

Le DOP varie de la valeur nulle, qui correspond à un champ d'onde totalement non polarisé, jusqu'à l'unité, qui correspond à un champ d'onde totalement polarisé.

L'expression du degré de polarisation linéaire est donnée par [18]:

$$DOLP = \frac{\sqrt{S_1^2 + S_2^2}}{S_0} = \sqrt{s_1^2 + s_2^2} \qquad (3.19)$$

Le degré de polarisation circulaire est défini par [18]:

$$DOCP = \frac{S_3}{S_0} = s_3 \qquad (3.20)$$

Le formalisme de Stokes permet également de calculer le déphasage qui peut être écrit sous la forme suivante :

$$\Delta\Phi = \arctan\left(\frac{s_3}{s_2}\right) \qquad -\pi \le \Delta\Phi < \pi \qquad (3.21)$$

Après avoir défini son vecteur, Stokes énonce son « principe d'équivalence optique » : Deux faisceaux ayant le même vecteur de Stokes ne sont pas différenciables au regard de leur intensité, degré de polarisation et état de polarisation (mais peuvent l'être par leur géométrie, leur distribution spectrale en énergie, leur phase ou leurs fluctuations de phase) [15].

Il est intéressant aussi de déterminer les caractéristiques de l'ellipse de polarisation de la partie polarisée de l'onde optique par le biais des angles de l'azimut et l'ellipticité qui sont liés aux paramètres de Stokes par les équations suivantes :

$$\begin{cases} \psi = \frac{1}{2}\arctan\left(\frac{S_2}{S_1}\right) = \frac{1}{2}\arctan\left(\frac{s_2}{s_1}\right) \\ \chi = \frac{1}{2}\arcsin\left(\frac{S_3}{\sqrt{S_1^2 + S_2^2 + S_3^2}}\right) = \frac{1}{2}\arcsin\left(\frac{s_3}{\sqrt{s_1^2 + s_2^2 + s_3^2}}\right) \end{cases} \quad 0 \le \psi < \pi \quad -\frac{\pi}{4} \le \chi < \frac{\pi}{4}$$

$$(3.22)$$

3.2.3 Formalisme de Mueller

3.2.3.1 Caractéristiques d'une Matrice de Mueller

La matrice de Mueller est une matrice carrée d'ordre 4. Elle est introduite par Hans Mueller au début des années 1940. Elle est couramment utilisée pour traiter les vecteurs qui représentent la polarisation de la lumière incohérente [15]. Elle est définie par la relation suivante [19]:

$$S^{out} = M.S^{in} \tag{3.23}$$

Où : S^{in} et S^{out} sont les vecteurs de Stokes de la lumière, respectivement, incidente et à la sortie.

$$S^{in} = \begin{pmatrix} S_0^{in} \\ S_1^{in} \\ S_2^{in} \\ S_3^{in} \end{pmatrix} \quad ; \quad S^{out} = \begin{pmatrix} S_0^{out} \\ S_1^{out} \\ S_2^{out} \\ S_3^{out} \end{pmatrix} \tag{3.24}$$

"M" étant la matrice de Mueller, donnée par :

$$M = \begin{pmatrix} m_{00} & m_{01} & m_{02} & m_{03} \\ m_{10} & m_{11} & m_{12} & m_{13} \\ m_{20} & m_{21} & m_{22} & m_{23} \\ m_{30} & m_{31} & m_{32} & m_{33} \end{pmatrix} \tag{3.25}$$

L'effet d'un tel système optique sur la polarisation de la lumière peut être déterminé en construisant le vecteur de Stokes du signal d'entrée et en utilisant les matrices de Mueller, qui s'obtiennent par multiplication matricielle des constituants du système, pour obtenir le vecteur de Stokes du signal de sortie du système.

Pour le cas où nous obtiendrions expérimentalement la matrice de Mueller, il est intéressant de vérifier que les résultats obtenus sont bien cohérents. Ceci peut être vérifié à l'aide des critères donnés dans ce que suit [20]. A cet égard, une matrice hermitienne H(M) est définie et qui sera

151

associée à la matrice de Mueller mesurée M, comme est indiquée dans l'équation suivante :

$$H(M) = \begin{pmatrix} h_{11} & h_{12} & h_{13} & h_{14} \\ h_{21} & h_{22} & h_{23} & h_{24} \\ h_{31} & h_{32} & h_{33} & h_{34} \\ h_{41} & h_{42} & h_{43} & h_{44} \end{pmatrix} \tag{3.26}$$

Où :

$$h_{11} = m_{00} + m_{01} + m_{10} + m_{11}$$

$$h_{12} = m_{02} + m_{12} - j.(m_{03} + m_{13})$$

$$h_{13} = m_{20} + m_{21} - j.(m_{30} + m_{31})$$

$$h_{14} = m_{22} - m_{33} - j.(m_{23} + m_{32})$$

$$h_{21} = m_{02} + m_{12} + j.(m_{03} + m_{13})$$

$$h_{22} = m_{00} - m_{01} + m_{10} - m_{11}$$

$$h_{23} = m_{22} + m_{33} + j.(m_{23} - m_{32})$$

$$h_{24} = m_{20} - m_{21} - j.(m_{30} - m_{31})$$

$$h_{31} = m_{20} + m_{21} + j.(m_{30} + m_{31})$$

$$h_{32} = m_{22} + m_{33} - j.(m_{23} - m_{32})$$

$$h_{33} = m_{00} + m_{01} - m_{10} - m_{11}$$

$$h_{34} = m_{02} - m_{12} - j.(m_{03} - m_{13})$$

$$h_{41} = m_{22} - m_{33} + j.(m_{23} + m_{32})$$

$$h_{42} = m_{20} - m_{21} + j.(m_{30} - m_{31})$$

$$h_{43} = m_{02} - m_{12} + j.(m_{03} - m_{13})$$

$$h_{44} = m_{00} - m_{01} - m_{10} + m_{11}$$

Pour que la matrice M soit une matrice de Mueller physiquement acceptable, les valeurs propres de sa matrice de cohérence associée H(M) doivent être positives ou nulles. En effet, dans ce cas la matrice de Mueller peut être considérée comme la superposition incohérente des matrices de Mueller d'éléments purs (non dépolarisants).

Une matrice de Mueller doit satisfaire les conditions suivantes :

$$\begin{cases} m_{00} + \sqrt{m_{01}^2 + m_{02}^2 + m_{03}^2} \leq 1 \\ m_{00} + \sqrt{m_{10}^2 + m_{20}^2 + m_{30}^2} \leq 1 \end{cases} \tag{3.27}$$

De plus, Les matrices de Mueller sont explicitées pour des orientations particulières des composants dans le plan. Pour une orientation φ, la

152

matrice M(φ) se déduit de M(φ = 0) qui est égale à la matrice M donnée par l'expression (3.25), par :

$$M(\varphi) = U(\varphi).M(\varphi = 0).U(-\varphi) \tag{3.28}$$

U(φ) étant la matrice de rotation, qui est définie par :

$$U(\varphi) = \begin{pmatrix} 1 & 0 & 0 & 0 \\ 0 & \cos(2\varphi) & -\sin(2\varphi) & 0 \\ 0 & \sin(2\varphi) & \cos(2\varphi) & 0 \\ 0 & 0 & 0 & 1 \end{pmatrix} \tag{3.29}$$

Donc, la matrice M(φ) aura la forme présentée dans l'équation (3.30).

$$M(\varphi) = \begin{pmatrix} m_{00} & m_{01}^{\varphi} & m_{02}^{\varphi} & m_{03} \\ m_{10}^{\varphi} & m_{11}^{\varphi} & m_{12}^{\varphi} & m_{13}^{\varphi} \\ m_{20}^{\varphi} & m_{21}^{\varphi} & m_{22}^{\varphi} & m_{23}^{\varphi} \\ m_{30} & m_{31}^{\varphi} & m_{32}^{\varphi} & m_{33} \end{pmatrix} \tag{3.30}$$

Où :

$$\begin{cases} m_{01}^{\varphi} = m_{01}.\cos(2\varphi) - m_{02}.\sin(2\varphi) \\ m_{02}^{\varphi} = m_{01}.\sin(2\varphi) + m_{02}.\cos(2\varphi) \\ m_{10}^{\varphi} = m_{10}.\cos(2\varphi) - m_{20}.\sin(2\varphi) \\ m_{11}^{\varphi} = m_{11}.\cos^2(2\varphi) - (m_{21} + m_{12}).\sin(2\varphi).\cos(2\varphi) + m_{22}.\sin^2(2\varphi) \\ m_{12}^{\varphi} = m_{12}.\cos^2(2\varphi) + (m_{11} - m_{22}).\sin(2\varphi).\cos(2\varphi) - m_{21}.\sin^2(2\varphi) \\ m_{13}^{\varphi} = m_{13}.\cos(2\varphi) - m_{23}.\sin(2\varphi) \\ m_{20}^{\varphi} = m_{10}.\sin(2\varphi) + m_{20}.\cos(2\varphi) \\ m_{21}^{\varphi} = m_{21}.\cos^2(2\varphi) + (m_{11} + m_{22}).\sin(2\varphi).\cos(2\varphi) - m_{12}.\sin^2(2\varphi) \\ m_{22}^{\varphi} = m_{22}.\cos^2(2\varphi) + (m_{21} + m_{12}).\sin(2\varphi).\cos(2\varphi) + m_{11}.\sin^2(2\varphi) \\ m_{23}^{\varphi} = m_{13}.\sin(2\varphi) + m_{23}.\cos(2\varphi) \\ m_{31}^{\varphi} = m_{31}.\cos(2\varphi) - m_{32}.\sin(2\varphi) \\ m_{32}^{\varphi} = m_{31}.\sin(2\varphi) - m_{32}.\cos(2\varphi) \end{cases} \tag{3.31}$$

Toutefois, il est possible d'associer une matrice "N" hermitique[1] donc diagonalisable à toute matrice de Mueller. La matrice "N" peut être exprimée comme la somme incohérente pondérée d'au plus quatre sous matrice "N_i" à valeur propre unique "λ_i" comme suit :

$$N = \sum_{i=0}^{3} \lambda_i . N_i \qquad \text{avec} : |\lambda_0| \geq |\lambda_1| \geq |\lambda_2| \geq |\lambda_3| \tag{3.32}$$

3.2.3.2   Dichroïsme

Un élément optique dichroïque présente une anisotropie d'absorption, il modifie uniquement les amplitudes des composantes du champ électrique. Sa transmission en intensité dépend de l'état de polarisation incident. La première ligne de la matrice de Mueller M détermine complètement la transmission en intensité. Les transmissions maximale T_{max} et minimale T_{min} sont données par [21]:

$$\begin{cases} T_{max} = m_{00} + \sqrt{m_{01}^2 + m_{02}^2 + m_{03}^2} \\ T_{min} = m_{00} - \sqrt{m_{01}^2 + m_{02}^2 + m_{03}^2} \end{cases} \tag{3.33}$$

Le Dichroïsme est défini par l'équation suivante :

$$D = \frac{T_{max} - T_{min}}{T_{max} + T_{min}} \tag{3.34}$$

En utilisant l'équation (3.33), nous pouvons exprimer le dichroïsme en fonction des coefficients de la matrice de Mueller, comme suit :

$$D = \frac{1}{m_{00}} \sqrt{m_{01}^2 + m_{02}^2 + m_{03}^2} \tag{3.35}$$

Le Dichroïsme D varie entre la valeur nulle, qui correspond à un élément dont la transmission en intensité ne dépend pas de la polarisation

---

[1] *Une matrice est dite hermitique ou hermitienne, si elle est égale à son adjointe (matrice transposée conjuguée).*

incidente, comme le cas d'un déphaseur idéal par exemple et la valeur unité, qui correspond à un polariseur idéal (linéaire, circulaire ou elliptique). Etant donné que plusieurs éléments optiques peuvent avoir la même valeur de D, il est nécessaire donc pour les distinguer, d'introduire aussi les axes du dichroïsme. Les états propres de polarisation, pour lesquels la transmission vaut respectivement T_{max} et T_{min}, décrivent ces axes principaux.

Les vecteurs de Stokes S_{max} et S_{min} décrivant, respectivement, les états propres de polarisation associés à T_{max} et T_{min}, sont donnés par [22]:

$$S_{max} = \begin{pmatrix} 1 \\ m_{01} / \sqrt{m_{01}^2 + m_{02}^2 + m_{03}^2} \\ m_{02} / \sqrt{m_{01}^2 + m_{02}^2 + m_{03}^2} \\ m_{03} / \sqrt{m_{01}^2 + m_{02}^2 + m_{03}^2} \end{pmatrix} = \begin{pmatrix} 1 \\ m_{01} / m_{00}.D \\ m_{02} / m_{00}.D \\ m_{03} / m_{00}.D \end{pmatrix} \qquad (3.36)$$

$$S_{min} = \begin{pmatrix} 1 \\ -m_{01} / \sqrt{m_{01}^2 + m_{02}^2 + m_{03}^2} \\ -m_{02} / \sqrt{m_{01}^2 + m_{02}^2 + m_{03}^2} \\ -m_{03} / \sqrt{m_{01}^2 + m_{02}^2 + m_{03}^2} \end{pmatrix} = \begin{pmatrix} 1 \\ -m_{01} / m_{00}.D \\ -m_{02} / m_{00}.D \\ -m_{03} / m_{00}.D \end{pmatrix} \qquad (3.37)$$

Le vecteur de dichroïsme est défini par :

$$\vec{D} = D.\begin{pmatrix} m_{01} / m_{00}.D \\ m_{02} / m_{00}.D \\ m_{03} / m_{00}.D \end{pmatrix} = \begin{pmatrix} D_H \\ D_{45} \\ D_C \end{pmatrix} = \frac{1}{m_{00}}\begin{pmatrix} m_{01} \\ m_{02} \\ m_{03} \end{pmatrix} \qquad (3.38)$$

Cependant, nous pouvons constater que la première ligne de la matrice de Mueller correspond à son vecteur de dichroïsme.

Egalement, en se référent à l'expression de l'équation (3.30), nous pouvons constater que le dichroïsme est indépendant de l'orientation de la structure puisque nous avons :

$$D(\varphi) = D(\varphi') = D(0) = D \tag{3.39}$$

Le vecteur de dichroïsme peut être réécrit en fonction de ses coefficients de transmission sous la forme suivante :

$$\vec{D} = \begin{pmatrix} D_H \\ D_{45} \\ D_C \end{pmatrix} = \begin{pmatrix} \dfrac{T_H - T_V}{T_H + T_V} \\ \dfrac{T_{45} - T_{135}}{T_{45} + T_{135}} \\ \dfrac{T_R - T_L}{T_R + T_L} \end{pmatrix} = \frac{1}{m_{00}} \begin{pmatrix} m_{01} \\ m_{02} \\ m_{03} \end{pmatrix} \tag{3.40}$$

Où :

T_H : la transmission pour une lumière initialement polarisée horizontalement,

T_V : la transmission pour une lumière initialement polarisée verticalement,

T_{45} : la transmission pour une lumière initialement polarisée à 45°,

T_{135} : la transmission pour une lumière initialement polarisée à 135°,

T_R : la transmission pour une lumière initialement polarisée à droite,

T_L : la transmission pour une lumière initialement polarisée à gauche.

3.2.3.3   Perte dépendante de la polarisation

La perte dépendante de la polarisation (PDL), dite encore la dépendance du gain à la polarisation, est définie comme étant la variation maximale de la perte d'insertion lorsque l'état de la polarisation d'entrée varie. C'est un paramètre qui est déduit de la matrice de Mueller et il est donné par [23]:

$$PDL = -10.\log_{10}\left(\frac{T_{\min}}{T_{\max}}\right) \tag{3.41}$$

156

En se référant à l'équation (3.33), nous pouvons reformuler l'expression du paramètre PDL comme suit :

$$PDL = -10.\log_{10}\left(\frac{m_{00} - \sqrt{m_{01}^2 + m_{02}^2 + m_{03}^2}}{m_{00} + \sqrt{m_{01}^2 + m_{02}^2 + m_{03}^2}}\right)$$

$$= -10.\log_{10}\left(\frac{1 - \sqrt{m_{01}^2 + m_{02}^2 + m_{03}^2}\Big/m_{00}}{1 + \sqrt{m_{01}^2 + m_{02}^2 + m_{03}^2}\Big/m_{00}}\right) \tag{3.42}$$

Donc, d'après l'équation (3.34), la PDL peut être réécrite en fonction du Dichroïsme D, comme suit :

$$PDL = -10.\log_{10}\left(\frac{1 - D}{1 + D}\right) \tag{3.43}$$

3.2.3.4   Polarisance

Dans le cas d'une lumière incidente non polarisée, l'état de sortie est déterminé par la première colonne de la matrice de Mueller "M". La polarisance "P" est définie comme étant le degré de polarisation produit par un élément optique lorsque le faisceau incident est non polarisé [17]. Rappelons que le degré de polarisation est une propriété du faisceau, tandis que la polarisance P est une propriété de l'élément considéré. En effet, si la lumière incidente est partiellement polarisée, le degré de polarisation du faisceau sortant sera différent de la polarisance.

La polarisance s'écrit donc en fonction des coefficients de la matrice de Mueller, comme suit :

$$P = \frac{1}{m_{00}}.\sqrt{m_{10}^2 + m_{20}^2 + m_{30}^2} \tag{3.44}$$

Egalement, nous pouvons définir un vecteur de polarisance par la relation suivante [8]:

$$\vec{P} = P \cdot \begin{pmatrix} m_{10}/m_{00} \cdot P \\ m_{20}/m_{00} \cdot P \\ m_{30}/m_{00} \cdot P \end{pmatrix} = \begin{pmatrix} P_H \\ P_{45} \\ P_C \end{pmatrix} = \frac{1}{m_{00}} \begin{pmatrix} m_{10} \\ m_{20} \\ m_{30} \end{pmatrix} \tag{3.45}$$

Cependant, nous pouvons constater que la première colonne de la matrice de Mueller correspond à son vecteur de polarisance.

Par conséquent, en se référent à l'expression (3.30), nous pouvons constater que la polarisance est indépendante de l'orientation de la structure puisque nous avons :

$$P(\varphi) = P(\varphi') = P(0) = P \tag{3.46}$$

3.2.3.5   Indice de dépolarisation

Une dépolarisation consiste au couplage de la lumière polarisée en lumière non-polarisée. Physiquement, celle-ci est reliée entre autre au phénomène de diffusion, et trouve généralement son origine dans les variations rapides avec le temps, l'espace ou la longueur d'onde du retard et du dichroïsme.

Pour décrire les caractéristiques de dépolarisation d'une matrice de Mueller, un facteur de mérite est utile, c'est : l'indice de dépolarisation moyen du milieu "I_{dp}". Ce paramètre exprime le taux de dépolarisation d'un milieu optique et nous informe sur la faculté d'un milieu optique de préserver ou au contraire à dégrader l'état de polarisation de la lumière. Il est donné par [24] :

$$I_{dp} = \sqrt{\frac{\sum_{i=0}^{3}\sum_{j=0}^{3} m_{ij}^2 - m_{00}^2}{3 \cdot m_{00}^2}} \qquad 0 \le I_{dp} \le 1 \tag{3.47}$$
$$= \frac{1}{\sqrt{3} \cdot m_{00}} \sqrt{\sum_{i=0}^{3}\sum_{j=0}^{3} m_{ij}^2 - m_{00}^2}$$

Trois cas peuvent être distingués, à savoir :

- Si $I_{dp}=0$, alors le milieu est complètement dépolarisant.
- Si $0 < I_{dp} < 1$, le milieu dépolarise partiellement la lumière.
- Si $I_{dp}=1$, alors le milieu ne dépolarise pas.

Pour ce dernier cas ($I_{dp}=1$), nous pouvons définir une matrice de Mueller-Jones, qui est une matrice de Mueller non dépolarisante, à partir de laquelle nous pouvons déterminer les propriétés polarimétriques du milieu.

En se référant à l'équation (3.32), la matrice de Mueller peut donc être décomposée d'au plus de quatre matrices de Mueller-Jones, comme l'indique l'équation suivante :

$$M = \sum_{i=0}^{3} \frac{\lambda_i}{2} . M_i \tag{3.48}$$

Une condition nécessaire et suffisante pour que M soit une matrice de Mueller-Jones est que la matrice N, donnée par l'équation (3.32), ne possède qu'une seule valeur propre non nulle, c'est-à-dire : $\lambda_0 = 2.m_{00}$; $\lambda_1 = 0$; $\lambda_2 = 0$ et $\lambda_3 = 0$.

3.2.3.6   Décomposition d'une matrice de Mueller

La décomposition de toute matrice de Mueller est possible afin de déterminer le dichroïsme, le déphasage et la dépolarisation introduits par une telle structure ; cela est déjà démontrée par les auteurs Lu et Chipman [22]. Cette décomposition permet d'effectuer une réduction des données procurées par la mesure d'une matrice de Mueller.

La matrice de Mueller peut donc être décomposée comme suit :

$$M = m_{00} \begin{pmatrix} 1 & \vec{D}^T \\ \vec{P} & \begin{pmatrix} m_{11} & m_{12} & m_{13} \\ m_{21} & m_{22} & m_{23} \\ m_{31} & m_{32} & m_{33} \end{pmatrix} \end{pmatrix} \qquad (3.49)$$

Avec :

$$\vec{P}^T = \frac{1}{m_{00}} \begin{pmatrix} m_{10} & m_{20} & m_{30} \end{pmatrix} \text{ et } \vec{D}^T = \frac{1}{m_{00}} \begin{pmatrix} m_{01} & m_{02} & m_{03} \end{pmatrix} \qquad (3.50)$$

La matrice de Mueller M peut s'écrire par décomposition polaire comme le produit de trois matrices: un élément dichroïque M_D suivi par un déphaseur M_R puis par un dépolariseur M_ρ. Cependant, elle peut s'écrire sous la forme suivante :

$$M = M_\rho . M_R . M_D \qquad (3.51)$$

La matrice M_D est calculée à partir du vecteur de dichroïsme [17]:

$$M_D = m_{00} \begin{pmatrix} 1 & \vec{D}^T \\ \vec{D} & m_D \end{pmatrix} \qquad (3.52)$$

Avec:

$$m_D = \sqrt{1-D^2} . M_{id} + (1 - \sqrt{1-D^2}) . \hat{D} . \hat{D}^T \qquad (3.53)$$

Où : M_{id} est la matrice identité et $\hat{D} = \vec{D} / |\vec{D}|$ est le vecteur directeur unité de $\vec{D}$.

Cependant, la matrice m_D aura la forme suivante :

$$m_D = \begin{pmatrix} c_1^D + c_2^D . m_{01}^2 & c_2^D . m_{01} . m_{02} & c_2^D . m_{01} . m_{03} \\ c_2^D . m_{01} . m_{02} & c_1^D + c_2^D . m_{02}^2 & c_2^D . m_{03} . m_{02} \\ c_2^D . m_{01} . m_{03} & c_2^D . m_{03} . m_{02} & c_1^D + c_2^D . m_{03}^2 \end{pmatrix} \qquad (3.54)$$

Avec:

$$c_1^D = \sqrt{1-D^2} \text{ et } c_2^D = \left(\frac{1 - \sqrt{1-D^2}}{D^2 . m_{00}^2} \right) \qquad (3.55)$$

160

Ayant calculé la matrice du dichroïque M_D, nous pouvons déterminer la matrice de Mueller du dépolariseur M_ρ. Pour cela, la matrice M' doit être calculée, qui est donnée par:

$$M' = M.M_D^{-1} = M_\rho.M_R \tag{3.56}$$

La matrice M' peut s'écrire sous la forme suivante:

$$M' = \begin{pmatrix} 1 & 0 & 0 & 0 \\ \vec{P}_\rho & & m' & \\ & & & \\ & & & \end{pmatrix} \tag{3.57}$$

La matrice M_ρ peut s'écrire aussi sous la forme suivante [22, 25]:

$$M_\rho = \begin{pmatrix} 1 & 0 & 0 & 0 \\ \vec{P}_\rho & & m_\rho & \\ & & & \\ & & & \end{pmatrix} \tag{3.58}$$

La matrice m_ρ étant réelle et symétrique ; elle est donnée par [22] :

$$m_\rho = \pm \left[m'.(m')^T + (\sqrt{\lambda_1'.\lambda_2'} + \sqrt{\lambda_2'.\lambda_3'} + \sqrt{\lambda_3'.\lambda_1'}).M_{id} \right]^{-1}$$
$$\times \left[(\sqrt{\lambda_1'} + \sqrt{\lambda_2'} + \sqrt{\lambda_3'}).m'.(m')^T + \sqrt{\lambda_1'.\lambda_2'.\lambda_3'}.M_{id} \right] \tag{3.59}$$

Où : λ_1', λ_2', λ_3' sont les valeurs propres de $m'.(m')^T$.

La décomposition polaire de la matrice de Mueller s'achève par le calcul de la matrice du déphaseur M_R, par la relation suivante:

$$M_R = M_\rho^{-1}.M' \tag{3.60}$$

La décomposition de Lu et Chipman n'est valable que pour de faibles dépolarisations à cause des inévitables erreurs de mesure. La propagation des erreurs expérimentales a été étudiée par D. M. Hayes [26]. Elle a souligné le fait que l'équation (3.59) a été écrite en supposant que les valeurs propres de la matrice m_ρ ont le même signe. Il ne reste donc qu'une seule possibilité qui est dépendante du signe du déterminant de la matrice m'. Or, ce n'est que dans le cas où les effets de dépolarisation seraient faibles que cette hypothèse est valide. Elle a en effet montré, par une simulation, que lorsque la dépolarisation était grande, les erreurs dans le calcul de la dépolarisation et du retard étaient souvent très grandes, du fait du changement de signe des valeurs propres de la matrice de dépolarisation.

Pour la décomposition d'une matrice de Mueller-Jones "M_j", nous pouvons se baser sur celle de la matrice de Jones, représentée par l'équation (3.9), afin d'obtenir les propriétés de retard et de polarisation d'un tel système optique non dépolarisant donné. Ainsi, la matrice M_j peut être décomposée en un produit de deux matrices de Mueller "M_D" et "M_R" relatives, respectivement, à un diatténuateur elliptique (élément dichroïque) et un retardateur elliptique (déphaseur), comme suit :

$$M_j = M_R . M_D \qquad (3.61)$$

3.3 Etude et simulation de l'effet de rotation non linéaire de polarisation dans un SOA

3.3.1 Caractérisation analytique de l'azimut et l'ellipticité

Les paramètres de Stokes, qui permettent de décrire si la lumière est non polarisée, partiellement polarisée ou totalement polarisée, sont bien adaptés à la caractérisation de la rotation de polarisation dans un SOA depuis que chaque paramètre correspond à une somme ou une différence d'intensités facilement mesurables.

Les paramètres de Stokes sont donnés par :

$$\begin{pmatrix} S_0 \\ S_1 \\ S_2 \\ S_3 \end{pmatrix} = \begin{pmatrix} A_{TE}^2 + A_{TM}^2 \\ A_{TE}^2 - A_{TM}^2 \\ 2.A_{TE}.A_{TM}.\cos(\phi_{TM} - \phi_{TE}) \\ 2.A_{TE}.A_{TM}.\sin(\phi_{TM} - \phi_{TE}) \end{pmatrix} \qquad (3.62)$$

Comme d'un point de vue expérimental, seules les puissances optiques qui peuvent être mesurées ; alors, nous pouvons reformuler les paramètres de Stokes tout en posant :

$P_{TE} = A_{TE}^2$: Puissance optique de sortie de la composante TE du champ optique.

$P_{TM} = A_{TM}^2$: Puissance optique de sortie de la composante TM du champ optique.

$\Delta\Phi = \phi_{TM} - \phi_{TE}$: Déphasage entre les composantes TE et TM.

Ainsi, nous pouvons réécrire les paramètres de Stokes, d'après l'équation (3.62), sous la forme suivante :

$$\begin{pmatrix} S_0 \\ S_1 \\ S_2 \\ S_3 \end{pmatrix} = \begin{pmatrix} P_{TE} + P_{TM} \\ P_{TE} - P_{TM} \\ 2\sqrt{P_{TE}.P_{TM}}.\cos(\Delta\Phi) \\ 2\sqrt{P_{TE}.P_{TM}}.\sin(\Delta\Phi) \end{pmatrix} \qquad (3.63)$$

Dans cette partie, nous nous sommes intéressés à l'étude de l'influence des paramètres intrinsèques (gain différentiel et biréfringence) sur l'évolution de l'azimut et l'ellipticité [27].

Cependant, l'azimut et l'ellipticité peuvent être réécrits comme suit :

$$\psi = \frac{1}{2}\arctan\left(\frac{S_2}{S_1}\right) = \frac{1}{2}\arctan\left(\frac{2\sqrt{P_{TE}.P_{TM}}.\cos(\Delta\Phi)}{P_{TE} - P_{TM}}\right)$$
$$= \frac{1}{2}\arctan\left(\frac{2\sqrt{P_{TM}/P_{TE}}}{1 - P_{TM}/P_{TE}}\cos(\Delta\Phi)\right) \qquad (3.64)$$

$$\chi = \frac{1}{2}\arcsin\left(\frac{S_3}{S_0}\right) = \frac{1}{2}\arcsin\left(\frac{2\sqrt{P_{TE}.P_{TM}}.\sin(\Delta\Phi)}{P_{TE} + P_{TM}}\right)$$
$$= \frac{1}{2}\arcsin\left(\frac{2\sqrt{P_{TM}/P_{TE}}}{1 + P_{TM}/P_{TE}}\sin(\Delta\Phi)\right) \qquad (3.65)$$

Etant donné que P_{TE} et P_{TM} sont les puissances des modes à la sortie, donc nous pouvons écrire : $\dfrac{P_{TM}}{P_{TE}} = \dfrac{P_{TM}^{in}.G_{TM}}{P_{TE}^{in}.G_{TE}}$, avec P_{TE}^{in}, P_{TM}^{in} se sont les puissances des modes à l'entrée. Deux cas peuvent se présenter :

1er cas : si $P_{TE}^{in} = P_{TM}^{in}$, alors nous aurons: $\dfrac{P_{TM}}{P_{TE}} = \dfrac{G_{TM}}{G_{TE}}$.

Par conséquent, en posant $X = \dfrac{G_{TM}}{G_{TE}}$, l'azimut et l'ellipticité auront les formes suivantes :

$$\begin{cases} \psi = \dfrac{1}{2}\arctan\left(\dfrac{2\sqrt{X}}{1-X}\cos(\Delta\Phi) \right) \\[4mm] \chi = \dfrac{1}{2}\arcsin\left(\dfrac{2\sqrt{X}}{1+X}\sin(\Delta\Phi) \right) \end{cases} \tag{3.66}$$

Nous avons représenté l'azimut et l'ellipticité en fonction du rapport G_{TM}/G_{TE} pour plusieurs valeurs du déphasage $\Delta\Phi$, respectivement, dans la figure 3.3 et la figure 3.4. Nous remarquons que l'azimut présente une discontinuité de 90° ($\pi/2$) lorsque nous avons $G_{TM}=G_{TE}$ (c.-à-d. $\Delta G= G_{TM}-G_{TE} =0$). Puisque le déphasage est nul, alors cette discontinuité est due au gain différentiel et non pas à la biréfringence.

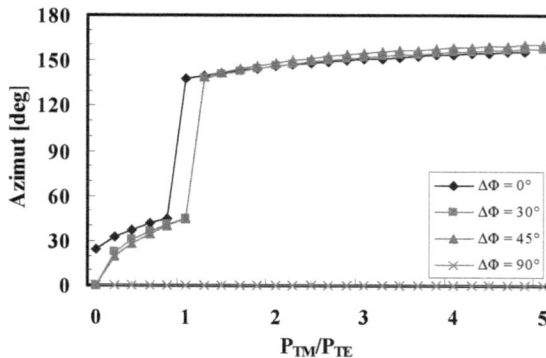

Figure 3.3 : Evolution de l'azimut en fonction de P_{TM}/P_{TE} et du déphasage $\Delta\Phi$.

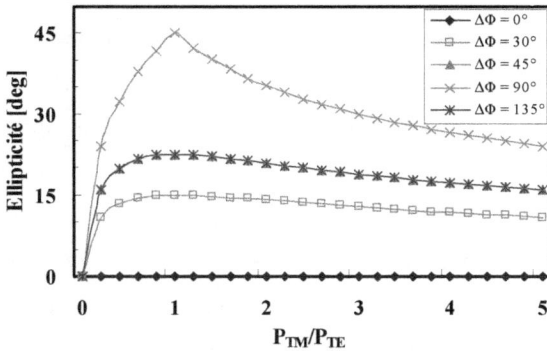

Figure 3.4 : Evolution de l'ellipticité en fonction de P_{TM}/P_{TE} et du déphasage $\Delta\Phi$.

Egalement, nous constatons que lorsque $\Delta G < 0$, l'ellipticité croît rapidement et elle atteint son maximum qui correspond à la moitié du déphasage pour $G_{TM} = G_{TE}$. Aussi, si $\Delta G > 0$, alors elle subit une faible variation, à l'exception pour un déphasage égal à 90°.

2ème cas : Cas général : $\begin{cases} P_{TE} = P_{in}.G_{TE}.\cos\theta \\ P_{TM} = P_{in}.G_{TM}.\sin\theta \end{cases}$ où θ est l'angle d'injection ($\theta \neq$ 0 et $\pi/2$).

L'azimut et l'ellipticité peuvent s'écrire comme suit :

$$\begin{cases} \psi = \dfrac{1}{2}\arctan\left(\dfrac{2\sqrt{X.tg\theta}}{1 - X.tg\theta}\cos(\Delta\Phi)\right) \\ \chi = \dfrac{1}{2}\arcsin\left(\dfrac{2\sqrt{X.tg\theta}}{1 + X.tg\theta}\sin(\Delta\Phi)\right) \end{cases} \tag{3.67}$$

En posant : $Y = X.tg\theta$, nous obtenons la forme suivante :

$$\begin{cases} \psi = \dfrac{1}{2}\arctan\left(\dfrac{2\sqrt{Y}}{1 - Y}\cos(\Delta\Phi)\right) \\ \chi = \dfrac{1}{2}\arcsin\left(\dfrac{2\sqrt{Y}}{1 + Y}\sin(\Delta\Phi)\right) \end{cases} \tag{3.68}$$

Cependant, l'analyse faite dans le premier cas reste identique ; sauf il reste à signaler que, pour ce cas, le déphasage subit un changement avec la même puissance injectée pour différents angles d'injection puisque les puissances des modes TE et TM n'auront pas la même influence sur la densité des porteurs.

D'après la figure 3.5, nous remarquons que la discontinuité de l'azimut, ayant une valeur égale à 90°, est obtenue pour $\Delta G < 0$ lorsque l'angle d'injection θ est supérieur à 45° ; tandis qu'elle est obtenue pour $\Delta G > 0$ lorsque l'angle θ est inférieur à 45°.

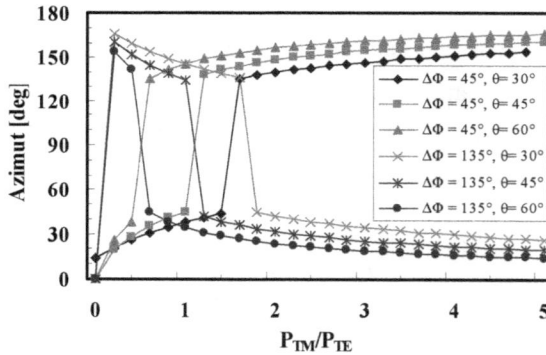

Figure 3.5 : Evolution de l'azimut en fonction de G_{TM}/G_{TE}, du déphasage $\Delta\Phi$ et de l'angle d'injection θ.

La figure 3.6 montre que l'ellipticité varie en changeant l'angle d'injection θ. Elle atteint un maximum qui correspond à la moitié du déphasage relatif à $\Delta G = 0$, qui est de 22,5°, quelque soit l'angle θ ($\theta \neq 0$ et $\pi/2$). Aussi, lorsque l'angle d'injection θ augmente, le maximum d'ellipticité, qui correspond aussi à la discontinuité de l'azimut, se décale vers la faible valeur du rapport G_{TM}/G_{TE} (c.-à-d. $\Delta G < 0$).

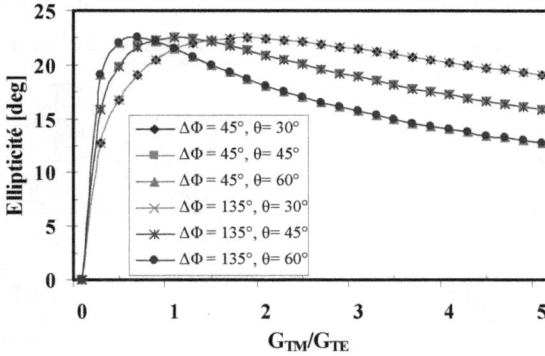

Figure 3.6 : Evolution de l'ellipticité en fonction de G_{TM}/G_{TE}, du déphasage $\Delta\Phi$ et de l'angle d'injection θ.

3.3.2 Résultats de simulation et discussion

Dans cette partie, nous présentons une analyse de l'effet de la rotation de polarisation dans un SOA dont les caractéristiques sont celles présentées dans le tableau 1.2 (cf. § simulation du premier chapitre). En effet, en injectant le signal d'entrée à des différents angles, nous analysons le changement de l'état de polarisation à la sortie de la structure SOA sur la base des mesures des paramètres de Stokes effectuées à l'aide d'un analyseur de polarisation. Eventuellement, nous nous focalisons sur l'impact de variation de la puissance optique injectée et le courant d'alimentation sur l'effet de la rotation non linéaire de polarisation.

L'état de polarisation à la sortie du SOA subit des changements selon la puissance injectée initialement et le courant d'alimentation, tel qu'il est montré par les courbes de l'ellipse de polarisation illustrées dans la figure 3.7. Le changement de la polarisation linéaire d'entrée en une polarisation elliptique à la sortie selon la puissance optique et le courant injecté, peut être caractérisé par les angles d'orientation (azimut) et d'ellipticité.

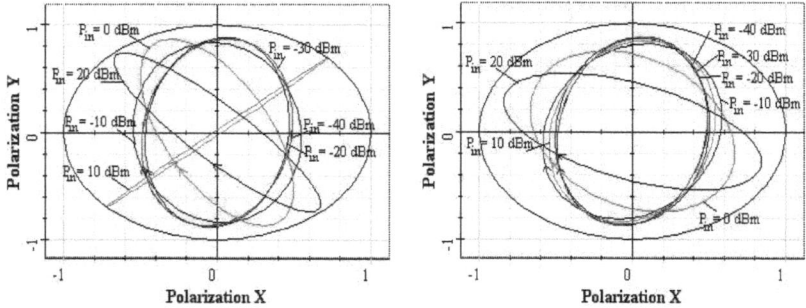

(a) : L= 500 μm, I_{bias}= 200 mA   (b) : L= 500 μm, I_{bias}= 225 mA

Figure 3.7 : Courbes représentatives de l'ellipse de polarisation pour différentes puissances injectées et en fonction du courant d'alimentation.

Nous représentons, dans la figure 3.8, l'évolution de l'azimut et de l'ellipticité du signal de sortie du SOA en fonction de la puissance optique d'entrée, injectée avec une polarisation linéaire d'orientation de 90°, pour différentes valeurs du courant d'alimentation. Nous constatons, pour une faible puissance injectée, que l'angle d'orientation (azimut) est inchangé (quasiment égal à 90°), qui est caractéristique d'un état de polarisation colinéaire à l'axe TM. En augmentant la puissance optique d'entrée, l'azimut décroît et par conséquent l'état de polarisation de sortie subit un changement selon le courant injecté. D'autre part, l'ellipticité connaît une légère augmentation, puis une décroissance lorsque la puissance optique injectée devient de plus en plus importante. Toutefois, nous pouvons constater qu'il y a eu une forte rotation de polarisation. Ce comportement est justifié par le fait que TE et TM ne sont pas des modes propres de la zone active du SOA simulé.

168

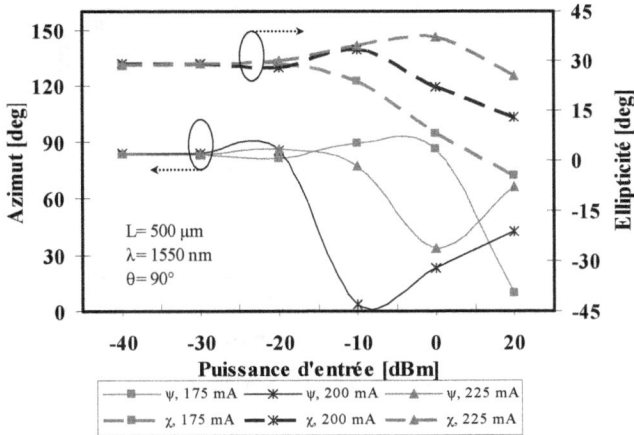

Figure 3.8 : Courbes de l'azimut (ψ) et de l'ellipticité (χ) du signal de sortie du SOA en fonction de la puissance d'entrée injectée avec une polarisation linéaire inclinée à 90° pour différentes valeurs du courant d'alimentation.

Afin d'analyser le comportement du SOA sous l'effet de la rotation non linéaire de polarisation selon les conditions d'injection d'entrée, nous représentons l'azimut et l'ellipticité du signal de sortie du SOA en fonction de la puissance d'entrée injectée avec des différents états de polarisation linéaire, à un courant d'alimentation I_{bias}= 200 mA.

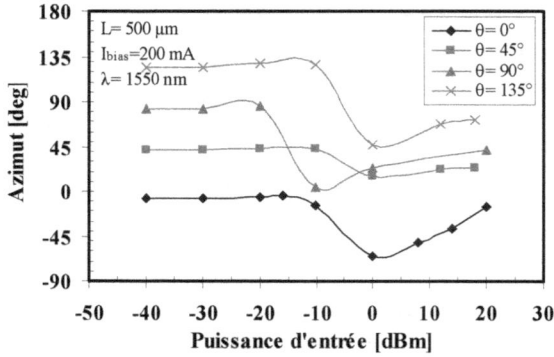

Figure 3.9 : Evolution de l'azimut en fonction de la puissance d'entrée injectée à un courant d'alimentation I_{bias}=200 mA avec différents états de polarisation.

Nous remarquons, d'après la figure 3.9, que pour les faibles puissances injectées, l'azimut du signal de sortie du SOA reste quasiment constant et inchangé par rapport à l'angle initial d'injection "θ". Il subit une décroissance et sa valeur devient de moins en moins importante avec l'augmentation de la puissance optique d'entrée.

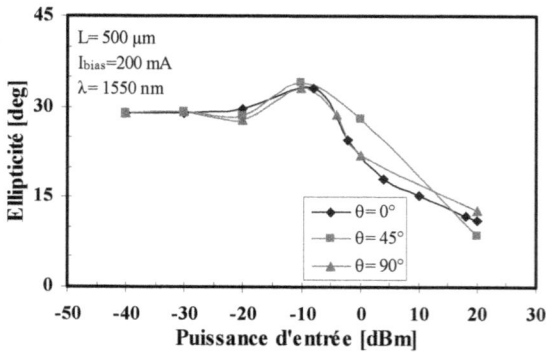

Figure 3.10 : Evolution de l'ellipticité en fonction de la puissance d'entrée injectée à un courant d'alimentation I_{bias}=200 mA avec différents états de polarisation.

L'ellipticité, illustrée dans la figure 3.10, est initialement constante pour les faibles puissances d'entrée. Elle connaît une augmentation, de plus en plus importante lorsque l'angle d'injection diminue ; puis, elle décroît lorsque la puissance optique injectée devient de plus en plus importante. Par conséquent, nous constatons que la polarisation linéaire d'entrée a été modifiée en une polarisation elliptique à la sortie. Ce changement de l'état de polarisation du signal de sortie se fait selon plusieurs paramètres tels que l'état de polarisation du signal d'entrée, la valeur de la puissance injectée et le courant d'alimentation.

La variation de l'azimut et de l'ellipticité en fonction des conditions d'injection est justifiée par le fait que la présence d'un signal optique injecté affecte la densité des porteurs et induit par lui-même des modifications de la biréfringence et du dichroïsme dans la zone active du composant SOA.

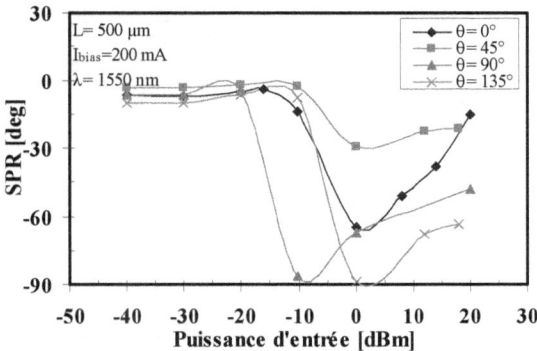

Figure 3.11 : Evolution de l'auto-rotation de polarisation en fonction de la puissance d'entrée et de l'angle d'injection pour un courant d'alimentation I_{bias}=200 mA.

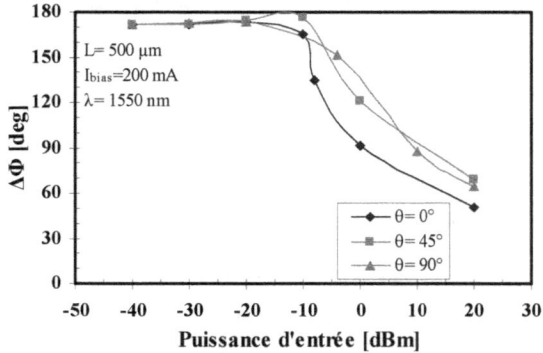

Figure 3.12 : Courbes représentatives de la différence de phase du signal de sortie du SOA en fonction de la puissance injectée à I_{bias}=200 mA avec des différents états de polarisation.

L'auto-rotation non linéaire de la polarisation (SPR) constatée est aussi représentée dans la figure 3.11 en fonction de la puissance optique injectée et de l'angle d'injection. Notons que les valeurs de SPR sont obtenues en retranchant l'azimut du signal d'entrée à celui de sortie. Cette rotation dépend non-linéairement du niveau de la puissance optique injectée en raison de la saturation non-linéaire du milieu amplificateur du composant SOA.

Notons aussi que le déphasage entre les composantes TE et TM, illustré dans la figure 3.12, subit des variations selon la puissance optique injectée et l'état de polarisation d'entrée. Cette différence de phase est traduite par le retard entre les composantes TE et TM du champ électrique, qui s'explique par la différence entre la vitesse de phase du mode TE et celle du mode TM, engendré par la présence de la biréfringence dans la structure SOA. En effet, nous remarquons que le déphasage reste quasiment constant pour les faibles puissances injectées, c'est-à-dire dans le cas où la densité des porteurs ne serait pas sensiblement modifiée. En revanche, lorsqu'il y a augmentation de la puissance d'entrée, qui correspond à une réduction de la densité des porteurs à cause de l'émission stimulée, le déphasage décroît. Cette variation est particulièrement significative dans la bande de gain et ce, d'autant plus que la puissance injectée est élevée, qui correspond au fonctionnement en régime de saturation. Aussi bien, elle s'explique à partir de la variation de la biréfringence induite par les variations de l'indice effectif avec la densité des porteurs.

Toutefois, nous remarquons, d'après les courbes d'évolution du gain différentiel du signal de sortie du SOA en fonction de la puissance optique du signal d'entrée injecté avec des différents états de polarisation, illustrées dans la figure 3.13, que l'insensibilité du gain vis-à-vis de la polarisation (c.-à-d. $\Delta G=0$) est obtenue pour quelques valeurs de la puissance injectée et selon l'état de polarisation d'entrée. En plus, la variation du gain différentiel est quasi-constante pour les faibles puissances optiques injectées ; elle devient importante au fur et à mesure que la puissance d'entrée augmente.

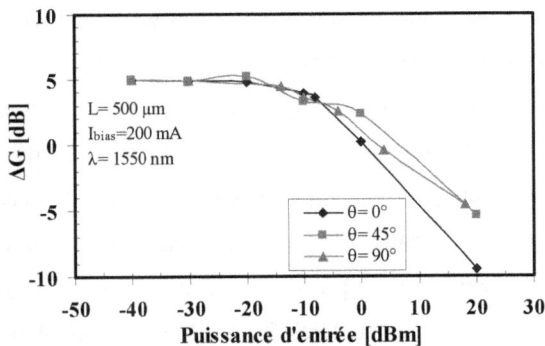

Figure 3.13 : Courbes représentatives du gain différentiel en fonction de la puissance d'entrée et de l'angle d'injection pour un courant d'alimentation I_{bias}=200 mA.

La forte inhomogénéité, qui a pour origine la saturation différente des axes propres du SOA, affecte considérablement les paramètres intrinsèques du milieu amplificateur et la densité des photons est ainsi modifiée. Par conséquent, la biréfringence sera fortement modifiée tout le long de la structure SOA en résultant une différence entre les indices effectifs pour les modes TE et TM.

Donc, le SOA présente des indices effectifs différents selon ses axes propres. Nous montrons, dans la figure 3.14, que cette variation d'indices effectifs dépend de la polarisation et de la puissance du signal optique injecté. En effet, les variations de la partie réelle et imaginaire d'indices effectifs deviennent de plus en plus importantes avec l'augmentation de la puissance injectée et du changement de l'état de polarisation à l'entrée.

Depuis que l'augmentation de la puissance injectée fait réduire fortement la densité des porteurs dans la région active du milieu amplificateur du SOA, il y aura donc une modification des indices effectifs.

La longueur du SOA est aussi un paramètre très intéressant à considérer. Elle modifie la dynamique de gain. En effet, lorsqu'elle augmente, il va y avoir une accélération de la transition inter-bande qui est produite par l'émission stimulée, l'émission spontanée et la recombinaison non radiative. De plus, le surgain devient plus important lorsque la longueur augmente et les temps de dynamique de gain varient fortement [28]. Afin d'étudier l'impact de variation de la longueur du SOA sur la rotation non linéaire de polarisation, nous présentons, dans ce qui suit, les résultats obtenus en comparant des structures SOAs de différentes longueurs pour une injection du signal d'entrée avec une polarisation linéaire orientée vers 135° par rapport à l'axe horizontal.

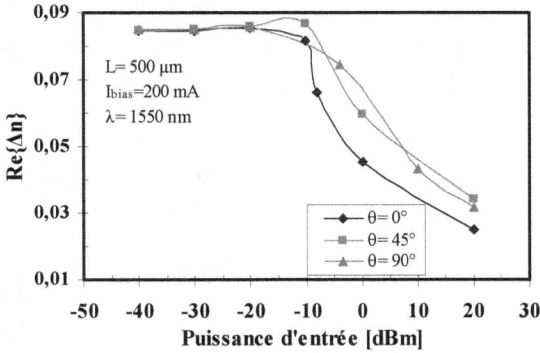

(a) : Partie réelle de la variation d'indices effectifs.

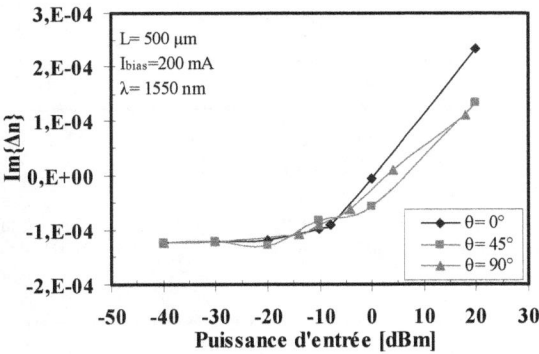

(b) : Partie imaginaire de la variation d'indices effectifs.

Figure 3.14 : Evolution de la différence d'indices effectifs en fonction de la puissance d'entrée injectée à I_{bias}=200 mA avec des différents états de polarisation.

D'après la figure 3.15, nous remarquons que l'azimut du signal de sortie du SOA reste quasi-constant pour les faibles puissances injectées ; il subit une décroissance, qui est plus significative pour les longs SOAs, avec l'augmentation de la puissance optique d'entrée.

175

Egalement, l'ellipticité, illustrée dans la figure 3.16, est quasi-constante pour les faibles puissances d'entrée. En augmentant cette dernière, l'ellipticité diminue de plus que la longueur du SOA est grande. Aussi, elle connaît une variation avec l'augmentation de la puissance optique injectée. Les valeurs de l'ellipticité sont comprises dans l'intervalle :]0°,45°[, qui correspond à une polarisation elliptique à gauche.

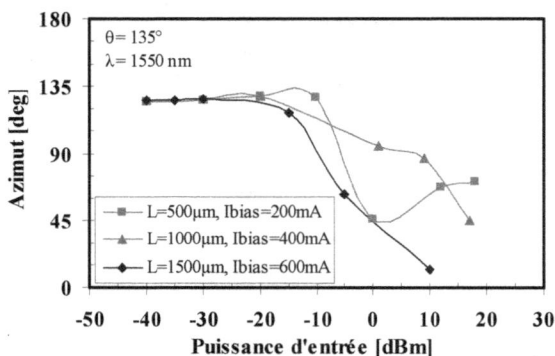

Figure 3.15 : Evolution de l'azimut du signal de sortie en fonction de la puissance injectée avec une polarisation linéaire orientée vers 135° pour différentes longueurs du SOA.

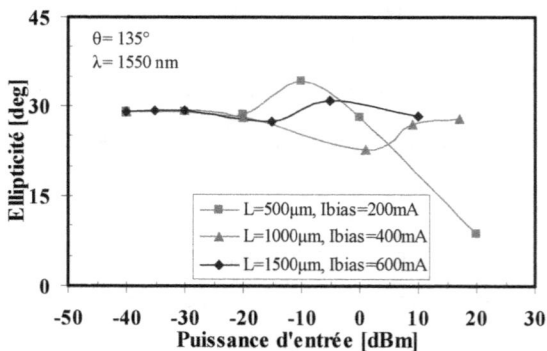

Figure 3.16 : Evolution de l'ellipticité du signal de sortie en fonction de la puissance injectée avec une polarisation linéaire orientée vers 135° pour différentes longueurs du SOA.

En conséquence, nous constatons que l'auto-rotation non linéaire de polarisation, d'après la représentation de la SPR illustrée dans la figure 3.17, est plus significative pour les longs SOAs que pour les courtes structures.

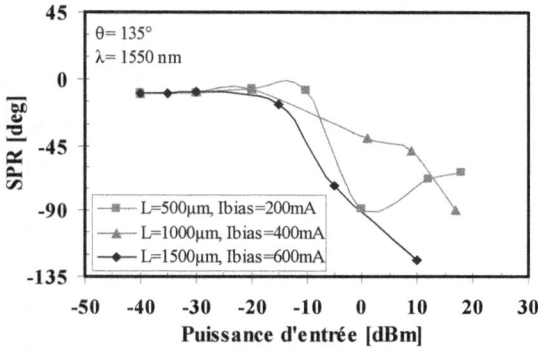

Figure 3.17 : Evolution de l'auto-rotation de polarisation en fonction de la puissance d'entrée injectée avec une polarisation linéaire orientée vers 135° pour différentes longueurs du SOA.

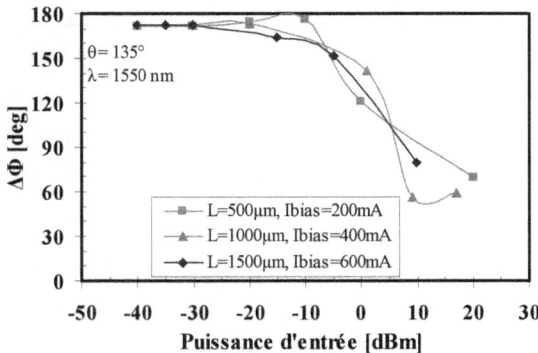

Figure 3.18 : Evolution de la différence de phase du signal de sortie en fonction de la puissance injectée avec une polarisation linéaire orientée vers 135° pour différentes longueurs du SOA.

D'après la figure 3.18 qui illustre la différence de phase du signal de sortie, qui est traduite par le retard entre les composantes TE et TM du champ électrique engendré par la présence de la biréfringence dans la structure SOA, nous remarquons que ce paramètre reste quasi-constant pour le cas où la puissance injectée serait faible, dans laquelle la densité des porteurs n'est pas sensiblement modifiée, et ceci indépendamment de la longueur du SOA utilisée. Nous constatons une variation du déphasage qui est particulièrement significative dans la bande de gain et ce, d'autant plus que la puissance injectée est élevée, qui correspond au fonctionnement en régime de saturation.

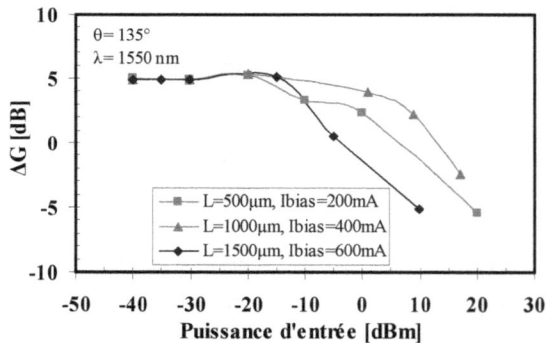

Figure 3.19 : Courbes représentatives du gain différentiel en fonction de la puissance injectée avec une polarisation linéaire orientée vers 135° pour différentes longueurs du SOA.

La figure 3.19 présente l'évolution du gain différentiel du signal de sortie du SOA en fonction de la puissance optique injectée avec une polarisation linéaire orientée vers 135°. Cette variation est quasi-constante pour les faibles puissances d'entrée ; elle devient remarquable au fur et à mesure que la puissance injectée augmente et la longueur du SOA soit importante.

3.4 Modélisation de la rotation de polarisation dans la structure SOA par la théorie des modes couplés

3.4.1 Introduction

Les modèles mathématiques sont requis pour la modélisation statique et dynamique des SOAs, la prédiction de leurs caractéristiques opérationnelles et l'analyse de leurs comportements. Plusieurs modèles théoriques et numériques ont été proposés dans la littérature [29-38]. La plupart de ces modèles sont inspirés de ceux appliqués aux lasers à semi conducteurs ou aux EDFAs après modification de certains paramètres. Une minorité des modèles proposés qui tiennent en compte de la dépendance en polarisation du gain du SOA et les effets de la rotation de polarisation.

Afin de mieux comprendre et caractériser le phénomène de la rotation non linéaire de polarisation dans les structures SOAs, identifier les facteurs intervenants à cet effet non-linéaire et étudier l'impact de variation des paramètres intrinsèques et/ou extrinsèques sur le comportement et la performance de la structure, il serait intéressant de développer un modèle capable de mettre en œuvre une caractérisation plus profonde du phénomène qui a très vite été exploité comme une nouvelle méthode tout-optique pour la réalisation des fonctions de traitement tout-optique du signal intéressantes.

C'est pour cette raison que nous proposons dans cette partie un modèle qui se base à la théorie des modes couplés (CMT). La motivation du choix de cette méthode, malgré qu'elle soit considérée parmi les plus anciennes méthodes appliquées à l'étude des systèmes d'optique intégrée, réside à son adaptation à l'étude du phénomène de couplage de modes TE/TM outre qu'elle peut souvent être utilisée pour trouver des expressions analytiques qui donnent une bonne indication de la dépendance qualitative de la performance optique sur les détails géométriques. Aussi, un avantage particulier lié à la CMT est qu'elle permet l'adoption des étapes variées de simplification en traitant les problèmes de transmission. De plus, l'analyse qualitative des structures guide d'ondes et leurs performances sont fortement liées au domaine de la méthode CMT. En effet, cette analyse est inspirée des méthodes de perturbation qui sont aussi utilisées souvent dans l'étude des problèmes de la mécanique quantique [39].

L'objet principal d'un modèle du SOA est de relier ses variables internes aux variables externes mesurables telles que la puissance du signal et son état de polarisation à l'entrée et la sortie, la puissance de saturation à la sortie, le spectre de l'ASE, etc.... La modélisation présentée de la structure SOA tiendra en compte de l'inhomogénéité de la répartition de la densité de porteurs tout le long du milieu amplificateur, du couplage entre les modes TE et TM, des effets de rotation de polarisation et de dépendance en polarisation du gain du SOA. Cette dépendance est traduite par le fait de considérer des facteurs de confinement différents pour les modes TE et TM.

3.4.2 Concept et mise en équations du modèle proposé

Le champ électromagnétique polarisé est décomposé en deux composantes situées dans le plan perpendiculaire à l'axe de propagation de l'onde "z", qui sont : une composante parallèle au plan de la jonction du milieu actif du SOA qui correspond au mode transverse électrique (TE) et une autre composante perpendiculaire au plan de la jonction qui correspond au mode transverse magnétique (TM). Ces deux polarisations se propagent le long de la direction des axes principaux $(\hat{x}, \hat{y})$ qui diagonalisent la propagation de l'onde dans la structure SOA. La figure 3.20 représente la structure de la zone active du SOA.

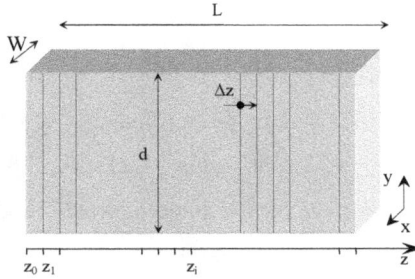

Figure 3.20 : Milieu amplificateur du SOA.

Pour éclairer les différents aspects de notre démarche, nous commencerons par rappeler le mode de fonctionnement de la structure. En effet, l'injection des porteurs dans le SOA, qui se présente en mode opérationnel de la structure, va modifier l'indice de réfraction de la zone active qui a pour conséquence la variation des indices effectifs qui affectent à leurs tours la distribution du champ optique. Ainsi, les deux modes de polarisation peuvent facilement se coupler et échanger de l'énergie.

Dans le modèle proposé, l'évolution du champ électromagnétique dans le milieu amplificateur du SOA est régit par les équations d'ondes couplées pour les modes TE et TM qui tiennent en compte la dépendance du gain en polarisation et qui sont similaires à celles développées par Gustavsson [40], données par:

$$\begin{cases} \dfrac{\partial A_{TE}}{\partial z} = \dfrac{1}{2} g_{TE}(z).A_{TE}(z) + C_1^{cpl}.A_{TM}(z).e^{-j.\Delta\beta.z} \\ \dfrac{\partial A_{TM}}{\partial z} = \dfrac{1}{2} g_{TM}(z).A_{TM}(z) - C_2^{cpl}.A_{TE}(z).e^{j.\Delta\beta.z} \end{cases} \tag{3.69}$$

avec :

$$g_{TE}(z) = \Gamma_{TE}.g_m(z) - \alpha_{TE} \tag{3.70}$$

$$g_{TM}(z) = \Gamma_{TM}.g_m(z) - \alpha_{TM} \tag{3.71}$$

181

$$g_m(z) = \frac{g_{m,0}}{1 + \left(\left|A_{TE}(z)\right|^2 + \left|A_{TM}(z)\right|^2\right)E_s^{-2}} \tag{3.72}$$

$$\Delta\beta = \beta_{TM} - \beta_{TE} \tag{3.73}$$

Où : Γ_{TE} et Γ_{TM} sont les facteurs de confinement, g_{TE} et g_{TM} sont les coefficients de gain, α_{TE} et α_{TM} sont les pertes effectives, β_{TE} et β_{TM} sont les constantes de propagation, respectivement pour les modes TE et TM ; C_1^{cpl} et C_2^{cpl} se sont les coefficients de couplage.

Dans le modèle proposé, nous avons choisi un coefficient de couplage qui varie en fonction de "z" et dépend des puissances TE et TM, et de la puissance de saturation du SOA, selon les cas suivantes :

1er cas : le coefficient de couplage est de la forme suivante :

$$C_i^{cpl}(z) = \kappa_i \left(1 - \left(1 + \frac{\left|A_{TE}(z)\right|^2 + \left|A_{TM}(z)\right|^2}{\left|E_s\right|^2}\right)^{-1}\right), \qquad i \in \{1,2\} \tag{3.74}$$

Où : "κ_i" est une constante.

Outre l'expression (3.74), nous avons reformulé le coefficient de couplage selon les expressions suivantes :

2ème cas : le coefficient de couplage est de la forme suivante:

$$C_i^{cpl}(z) = \kappa_i \left(1 - \left(1 + \frac{\left|A_{TE}(z)\right|^2 + \left|A_{TM}(z)\right|^2}{\left|E_s\right|^2}\right)^{-1} - \left(1 + \frac{\left|A_{TE}(z)\right|^2 + \left|A_{TM}(z)\right|^2}{\left|E_s\right|^2}\right)^{-2}\right) \tag{3.75}$$

3ème cas : le coefficient de couplage est de la forme suivante:

$$C_i^{cpl}(z) = \kappa_i \cdot \left(\begin{array}{l} 1 - \left(1 + \dfrac{\left|A_{TE}(z)\right|^2 + \left|A_{TM}(z)\right|^2}{\left|E_s\right|^2}\right)^{-1} - \left(1 + \dfrac{\left|A_{TE}(z)\right|^2 + \left|A_{TM}(z)\right|^2}{\left|E_s\right|^2}\right)^{-2} \\[3ex] - \left(1 + \dfrac{\left|A_{TE}(z)\right|^2 + \left|A_{TM}(z)\right|^2}{\left|E_s\right|^2}\right)^{-3} \end{array}\right) \tag{3.76}$$

La résolution du système d'équations (3.69) est assez complexe et elle ne peut pas se faire analytiquement. Pour cela, nous proposons une méthode numérique qui est présentée dans la section suivante.

3.4.3 Formulation numérique de la méthode pour le calcul des paramètres du SOA

Pour calculer le champ électromagnétique dans la structure SOA, le système d'équations (3.69) doit être résolu numériquement par la méthode d'intégration numérique. En effet, cette méthode consiste, en premier lieu, à utiliser une approximation linéaire pour l'intégration des puissances de modes sur un intervalle Δz ; pour ce faire le couplage non linéaire est supposé indépendant de l'amplitude du mode dans l'intervalle Δz et par conséquent les équations différentielles (3.69) sont réécrites sous la forme matricielle suivante :

$$- j \frac{\partial A(z)}{\partial z} = M_1(A(z)).A(z) \qquad (3.77)$$

avec :

$$M_1(A(z)) = \begin{pmatrix} \dfrac{-j}{2}.g_{TE}(z) & -j.C_1^{cpl}(z).e^{-j.\Delta\beta.z} \\ j.C_2^{cpl}(z).e^{j.\Delta\beta.z} & \dfrac{-j}{2}.g_{TM}(z) \end{pmatrix} \qquad (3.78)$$

$$A(z) = \begin{pmatrix} A_{TE}(z) \\ A_{TM}(z) \end{pmatrix} \qquad (3.79)$$

La solution initiale de l'équation matricielle (3.77) à une position $z_i + \Delta z$ est de la forme généralisée suivante :

$$A_0(z_i + \Delta z) = A(z_i).\exp(-j.M_1(A(z_i)).\Delta z) \qquad (3.80)$$

Pour traiter cette dernière équation, il y a deux méthodes possibles qui sont :

- La diagonalisation de la matrice $M_1(A(z_i))$,

- Le développement du terme exponentiel comme une sommation finie de termes de série de Taylor.

Notre choix s'est fixé sur cette dernière méthode. Donc, avec un développement du terme exponentiel comme une sommation finie de termes de série de Taylor, l'équation (3.80) s'écrit ainsi sous la forme suivante:

$$A_0(z_i + \Delta z) = \sum_{n=0}^{m} \frac{1}{n!}.(-j.\Delta z.M_1(A(z_i)))^n.A(z_i) + O^{m+1}(\Delta z) \qquad (3.81)$$

$O^{m+1}(\Delta z)$: Symbolise l'erreur à l'ordre m+1.

Afin de réduire le temps du calcul, nous avons opté à calculer l'enveloppe du champ électromagnétique du SOA d'une manière récursive selon la relation suivante :

$$\frac{1}{n!}.[-j.\Delta z.M_1(A(z_i))]^n.A(z_i) = \frac{\Delta z}{n!}.[-j.M_1(A(z_i))] * \frac{\Delta z^{n-1}}{(n-1)!}.[-j.M_1(A(z_i))]^{n-1}.A(z_i)$$

$$(3.82)$$

Lors de l'implémentation de la méthode, la série de Taylor est évaluée jusqu'au l'ordre 20.

Du fait que la matrice M_1 n'est pas constante dans l'intervalle Δz, il est nécessaire d'inclure un terme de correction dans l'expression de la solution finale. Donc, cette dernière va s'écrire sous la forme suivante :

$$A(z_i + \Delta z) = A_0(z_i + \Delta z) + A_c(z_i + \Delta z) \qquad (3.83)$$

Le terme de correction $A_c(z_i + \Delta z)$, qui est de premier ordre, est donné par :

$$A_c(z_i + \Delta z) = \frac{j.\Delta z}{2}[M_1(A(z_i + \Delta z)) - M_1(A(z_i))]\overline{A(z_i)} \qquad (3.84)$$

Avec $\overline{A(z_i)}$ est la moyenne de $A(z)$ dans l'intervalle [z_i, $z_i+\Delta z$].

Une fois que nous avons calculé le champ électromagnétique dans le SOA, nous pouvons utiliser le formalisme de Stokes afin de calculer les différents paramètres intervenants à la rotation de polarisation et déterminer l'état de polarisation à la sortie de la structure.

3.4.4 Reformulation des équations du modèle en utilisant le Formalisme de Stokes

Les amplitudes du champ électromagnétique A_{TE} et A_{TM} sont déterminées grâce à la méthode d'intégration numérique présentée dans la section précédente. En utilisant les équations (3.62), nous pouvons calculer les paramètres de Stokes et par la suite de recalculer le DOP, l'azimut et l'ellipticité en se référent respectivement aux équations (3.18) et (3.22) et de déduire par conséquent l'état de polarisation de sortie.

En se référent à l'expression (3.63), nous pouvons écrire :

$$\begin{cases} P_{TE} = \dfrac{S_0 + S_1}{2} \\ P_{TM} = \dfrac{S_0 - S_1}{2} \end{cases} \tag{3.85}$$

De même, nous pouvons accéder à l'information reliée à la biréfringence par le calcul du déphasage par l'équation (3.21) et des variations d'indices effectifs réelle et imaginaire qui sont données par :

$$\begin{cases} [\Delta n]_{\text{Re}} = \dfrac{\lambda.(\phi_{TM} - \phi_{TE})}{2.\pi.L} = \dfrac{\lambda}{2.\pi.L}.\arctan\left(\dfrac{s_3}{s_2}\right) \\ [\Delta n]_{\text{Im}} = \dfrac{-\lambda}{4.\pi.L}.Ln\left(\dfrac{P_{TM}}{P_{TE}}\right) = \dfrac{-\lambda}{4.\pi.L}.Ln\left(\dfrac{1-s_1}{1+s_1}\right) \end{cases} \tag{3.86}$$

3.4.5 Interprétations des résultats obtenus et leurs validations

Dans cette partie, nous présentons les résultats obtenus par le modèle développé traitant l'effet de la rotation non linéaire de polarisation dans la structure SOA. Les paramètres caractérisant le composant SOA utilisé sont récapitulés dans le tableau 3.1.

Tableau 3.1 : Paramètres du SOA utilisé dans le modèle.

Symbole	Description	Valeur
I_{bias}	Courant d'alimentation	200 mA
R_1	Réflectivité de la facette d'entrée	5e-005
R_2	Réflectivité de la facette de sortie	5e-005
L	Longueur de la zone active	500 µm
W	Largeur de la zone active	2.5 µm
d	Epaisseur de la zone active	0.2 µm
Γ_{TM}/Γ_{TE}	Rapport entre les facteurs de confinement optique des modes TM et TE.	0.6
v_g	Vitesse de groupe	75 000 000 m/s
N_0	Densité des porteurs	1.5e24 m^-3
n_r	Indice de réfraction	3.7

En effet, avec un signal optique d'entrée qui est injecté sous différents angles avec différentes puissances, l'analyse du changement de l'état de polarisation à la sortie de SOA est effectuée pour différents cas du coefficient de couplage. Les courbes obtenues pour le "cas 0" correspondent à un coefficient de couplage qui est donné par l'expression (3.74) avec une puissance de saturation de sortie fixée initialement à 15 dBm, celles obtenues pour le "cas1", "cas2" et "cas3" correspondent respectivement aux expressions du coefficient de couplage données par les équations (3.74), (3.75) et (3.76). Pour la validation du modèle proposé, nous présentons un comparatif entre les résultats obtenus avec ceux obtenus par expérimentation qui fera l'objet du prochain chapitre.

Les variations de l'azimut et de l'ellipticité en fonction des conditions d'injection sont justifiées par le fait que la présence d'un signal optique injecté affecte la densité des porteurs et induit par lui-même des modifications de la biréfringence et du dichroïsme dans le milieu actif du composant SOA. En effet, nous pouvons remarquer, d'après les figures

3.21 et 3.24, que pour les faibles puissances d'entrée, l'azimut du signal de sortie du SOA reste quasiment constant. Il subit une décroissance et sa valeur devient de moins en moins importante avec l'augmentation de la puissance optique injectée à l'entrée.

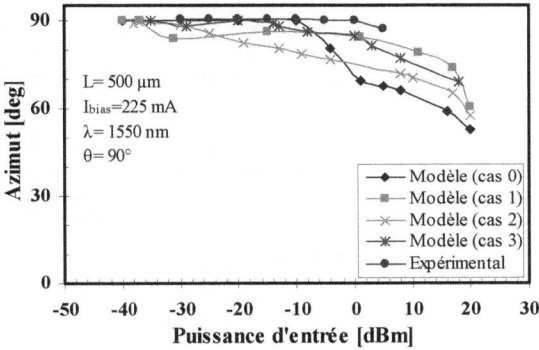

Figure 3.21 : Comparaison des résultats du modèle à la courbe expérimentale représentative de l'évolution de l'azimut en fonction de la puissance d'entrée injectée à I_{bias}=225 mA dans l'axe propre TM (90°).

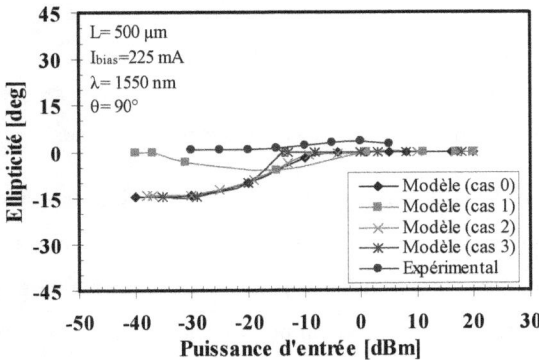

Figure 3.22 : Comparaison des résultats du modèle à la courbe expérimentale représentative de l'évolution de l'ellipticité en fonction de la puissance d'entrée injectée à I_{bias}=225 mA dans l'axe propre TM (90°).

Egalement, nous remarquons que l'ellipticité, illustrée dans les figures 3.22 et 3.25, est initialement constante pour les faibles puissances injectées. Elle connaît une augmentation légère puis une décroissance lorsque la puissance optique injectée devient de plus en plus importante. En conséquence, nous constatons qu'il y a un changement de l'état de polarisation du signal à la sortie qui se manifeste selon plusieurs paramètres tels que l'état de polarisation du signal d'entrée et la valeur de la puissance injectée.

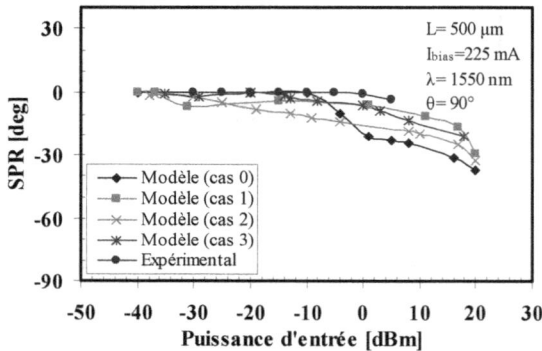

Figure 3.23 : Comparaison des résultats du modèle à la courbe expérimentale représentative de l'évolution de l'autorotation de polarisation en fonction de la puissance d'entrée injectée à I_{bias}=225 mA dans l'axe propre TM (90°).

L'auto-rotation non linéaire de polarisation (SPR) constatée est aussi représentée dans les figures 3.23 et 3.26 en fonction de la puissance optique d'entrée. Notant que cette rotation dépend non-linéairement du niveau de la puissance optique injectée en raison de la saturation non-linéaire du milieu amplificateur du composant SOA.

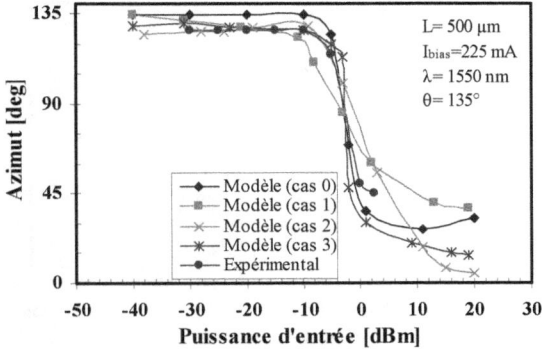

Figure 3.24 : Comparaison des résultats du modèle à la courbe expérimentale représentative de l'évolution de l'azimut en fonction de la puissance d'entrée injectée à I_{bias}=225 mA avec une polarisation linéaire orientée vers 135°.

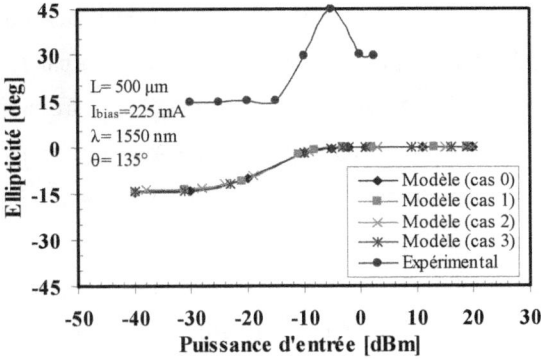

Figure 3.25 : Comparaison des résultats du modèle à la courbe expérimentale représentative de l'évolution de l'ellipticité en fonction de la puissance d'entrée injectée à I_{bias}=225 mA avec une polarisation linéaire orientée vers 135°.

189

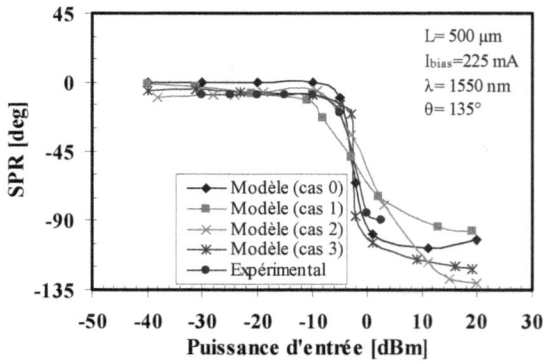

Figure 3.26 : Comparaison des résultats du modèle à la courbe expérimentale représentative de l'évolution de l'autorotation de polarisation en fonction de la puissance d'entrée injectée à I_{bias}=225 mA avec une polarisation linéaire orientée vers 135°.

Nous présentons, dans la figure 3.27, les allures des courbes de la différence de phase du signal de sortie, qui est traduite par le retard entre les composantes TE et TM du champ électrique engendré par la présence de la biréfringence dans la structure SOA. Nous pouvons remarquer que ce paramètre reste quasi-constant pour le cas où la puissance injectée serait faible, dans laquelle la densité des porteurs n'est pas sensiblement modifiée. Aussi, nous constatons qu'il y a une variation du déphasage qui est particulièrement significative dans la bande de gain et ce, d'autant plus que la puissance injectée est élevée, qui correspond au fonctionnement en régime de saturation.

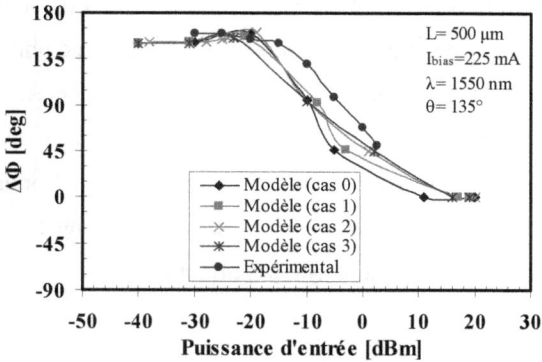

Figure 3.27 : Comparaison des résultats du modèle à la courbe expérimentale représentative de l'évolution du déphasage en fonction de la puissance d'entrée injectée à I_{bias}=225 mA avec une polarisation linéaire orientée vers 135°.

Nous pouvons constater qu'il y a une bonne concordance entre les résultats obtenus par le modèle développé et ceux expérimentaux.

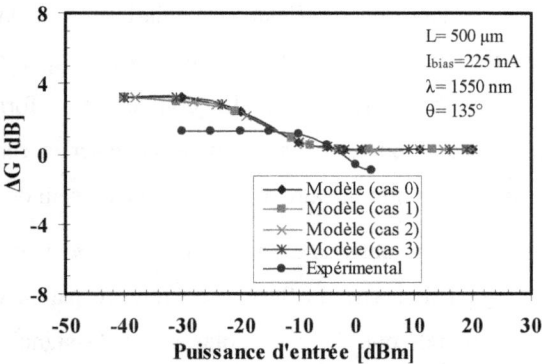

Figure 3.28 : Comparaison des résultats du modèle à la courbe expérimentale représentative de l'évolution du gain différentiel en fonction de la puissance d'entrée injectée à I_{bias}=225mA avec une polarisation linéaire orientée vers 135°.

191

La figure 3.28 illustre l'évolution du gain différentiel du signal de sortie du SOA en fonction de la puissance optique injectée avec une polarisation linéaire orientée vers 135°. Les allures des courbes présentées ressemblent aux courbes classiques de saturation du gain. Cependant, nous constatons qu'il y a une variation quasi-constante du gain différentiel pour les faibles puissances d'entrée ; nous relevons aussi sa saturation au fur et à mesure que la puissance injectée devient trop importante.

3.5 Conclusion

Ce chapitre a été consacré à l'étude et à la modélisation de l'effet de la rotation non linéaire de polarisation dans les SOAs. En effet, après avoir introduit et détaillé les différents formalismes couramment utilisés pour décrire ce phénomène, nous avons analysé, par simulation, l'impact de variation de certains paramètres caractéristiques du composant SOA et des conditions d'injection du signal d'entrée (état de polarisation, puissance optique) sur le changement de l'état de polarisation à la sortie du composant. Ensuite, nous avons proposé un modèle que nous avons développé, basé sur la théorie des modes couplés et le formalisme de Stokes. A l'aide de ce modèle, nous avons pu analyser et caractériser le phénomène de la rotation non linéaire de polarisation au sein du SOA.

L'analyse des résultats obtenus montre que le changement de l'état de polarisation du signal de sortie du SOA est influencé par la variation de plusieurs paramètres, tels que l'état de polarisation du signal d'entrée, la valeur de la puissance injectée et le courant d'alimentation, etc.... La rotation de polarisation constatée, qui est quantifiée par la variation de l'azimut et de l'ellipticité en fonction des conditions d'injection, est justifiée par le fait que la présence d'un signal optique injecté affecte la densité des porteurs et induit par lui-même des modifications de la biréfringence et du dichroïsme dans la zone active du composant SOA.

Afin de valider les résultats obtenus, nous avons présenté un comparatif entre les simulations par le modèle développé et l'expérimentation, que nous allons exposer son principe dans le prochain chapitre. Il montre qu'il y a une bonne concordance entre les résultats obtenus par les deux méthodes; ce qui justifie sans équivoque la validité de notre modèle si nous acceptons un faible taux d'erreur.

Bibliographie du chapitre

[1] L.Q. Guo and M.J. Connelly, "Signal-Induced Birefringence and Dichroism in a Tensile-Strained Bulk semiconductor optical amplifier and its Application to Wavelength Conversion," *IEEE J. Lightwave Technology*, vol. 23, no.12, pp. 4037–4045, Dec. 2005.

[2] M.F.C Stephens, M. Asghari, R.V. Penty, and I.H. White, "Demonstration of Ultrafast All-Optical Wavelength Conversion Utilizing Birefringence in a Semiconductor Optical Amplifier," *IEEE Photonics Technology Letters*, vol. 9, no.4, pp. 449–451, 1997.

[3] S. Diez, C. Schmidt, R. Ludwig, H.G. Weber, P. Doussière, and T. Ducellier, "Effect of Birefringence in a Bulk Semiconductor Optical Amplifier on Four-Wave Mixing," *IEEE Photonics Technology Letters*, vol. 10, no.2, pp. 212–214, 1998.

[4] C.S Wong and H.K Tsang, "Polarization-Independent Wavelength Conversion at 10 Gb/s Using Birefringence Switching in a Semiconductor Optical Amplifier," *IEEE Photonics Technology Letters*, vol. 15, no.1, pp. 87–89, 2003.

[5] H. Soto, C.A. Diaz, J. Topomondzo, D. Erasme, L. Schares, and G. Guekos, "All-optical AND gate implementation using cross-polarization modulation in a semiconductor optical amplifier," *IEEE Photonics Technology Letters*, vol. 14, no.4, pp. 498–500, Apr. 2002.

[6] L. Han, X. Teng, L. Hu, N. Hua, and H. Zhang, "All optical NOR and OR gates using cross polarization modulation in a single SOA," *In Lasers and Electro-Optics Society LEOS*, pp. 438–439, Oct. 2005.

[7] H. Soto, D. Erasme, and G. Guekos, "5-Gb/s XOR optical gate based on cross polarization modulation in semiconductor optical amplifiers," *IEEE Photonics Technology Letters*, vol. 13, no.4, pp. 335–337, Apr. 2001.

[8] H. Soto, E. lvarez, C.A. Daz, J. Topomondzo, D. Erasme, L. Schares, L. Occhi, G. Guekos, and M. Castro, "Design of an all-optical NOT XOR gate based on cross-polarization modulation in a semiconductor optical amplifier," *J. Optics Communications*, vol. 237, issue 1-3, pp. 121–131, Jul. 2004.

[9] H. Soto, J.C. Dominguez, D. Erasme, and G. Guekos, "Demonstration of an All-optical switch using cross-polarization modulation in semiconductor optical amplifiers," *Microw. and Optic. Technol. lett.*, vol. 29, no.3, pp. 205–209, 2001.

[10] H. Soto and A. Gutiérrez, "All-optical 2-to-4 level encoder based on cross polarization modulation in a semiconductor optical amplifier utilized to develop an all-optical 2 input digital multiplexer," *Optics Express*, vol. 14, pp. 9000–9005, 2006.

[11] J.P. Turkiewicz, G.D. Khoe, and H. de Waardt, "All-optical 1310 nm to 1550 nm OTDM Transmultiplexing," *Electron. Lett.* vol. 41, no.10, pp 605–607, 2005.

[12] Y. Dong, Z. Li, C. Lu, Y. Wang, and T.H. Cheng, "3R All-Optical regeneration and Wavelength conversion based on Cross Polarization Modulation Effect from a single semiconductor optical amplifier," *Lasers and Electro-Optics Society Annual Meeting-LEOS 1*, pp. 403–404, 2003.

[13] Y. Liu, M.T. Hill, E. Tangdiongga, H. de. Waardt, N. Calabretta, G.D. Khoe, and H.J.S. Dorren, "Wavelength converter using nonlinear polarization rotation in a single semiconductor optical amplifier," *IEEE Photonics Technology Letters*, vol. 15, pp. 90–92, 2003.

[14] S. Huard, *Polarisation de la lumière.* Paris: Masson, 1994.

[15] R.M.A. Azzam and N.M. Bashara, *Ellipsometry and Polarized Light.* North Holland, Amsterdam, Hollande, 1989.

[16] S.N. Savenkov and K.E. Yushtin, "Structure of generalized Muller matrix including isotropic depolarization," *in Proc. LFNM'2001*, Kharkiv, Ukraine, 2001, pp.156–158.

[17] W.A. Shurcliff, *Polarized light Production and use.* Cambridge, Massachussets: Havard University Press, 1962.

[18] M. Born and E. Wolf, *Principles of optics.* Cambridge: Cambridge University Press, 6th edition, 1998.

[19] V. Tuchin, *Tissue Optics, Light Scattering Methods and Instruments for Medical Diagnosis.* Washington, USA: SPIE Press, 2000.

[20] J.J. Gil, "Characteristic properties of Mueller matrices," *J. Optical Society of America A,* vol. 17, issue 2, pp. 328–334, 2000.

[21] R. Barakat, "Conditions for the physical realizability of polarisation matrices characterizing passive systems," *J. Modern Optics*, vol. 34, pp. 1535–1544, 1987.

[22] S. Lu and R.A. Chipman, "Interpretation of Mueller matrices based on polar decomposition," *J. Optical Society of America A,* vol. 13, issue 5, pp. 1106–1113, 1996.

[23] Y. Zhang, C. Yang, and S. Li, "Impact of polarization dependent loss on degree of polarization as feedback signal of polarization mode dispersion," *J. Chinese Optics Letters*, vol. 4, pp. 1–3, 2006.

[24] J.J. Gil and E. Bernabeu, "Depolarization and polarization indices of an optical system," *J. Modern Optics*, vol. 33, pp. 185-189, Feb. 1986.

[25] R.A. Chipman, *Handbook of optics.* Volume 2, Chapitre 22, Editeur M. Bass, Mc Graw-Hill, 1995.

[26] D.M. Hayes, "Error propagation in decomposition of Mueller matrices," *Proc. SPIE*, vol. 3121, pp. 112–123, 1997.

[27] M. Tariaki, "Étude des effets liés à la polarisation dans un amplificateur optique à semi-conducteurs (SOA) : applications à la réalisation de fonctions optiques pour les systèmes de télécommunications optiques," Thèse de doctorat, Université de Bretagne Occidentale, France, 2008.

[28] F. Ginovart and J.C. Simon, "Effets de longueur d'un amplificateur optique à semi-conducteur sur la dynamique de gain," *J. Phys. IV*, vol. 12, no.5, pp. 189-191, Jun. 2002.

[29] P. Brosson, "Analytical model of semiconductor optical amplifier," *IEEE J. Lightwave Technology*, vol. 12, no.1, pp. 49–54, 1994.

[30] A. Mecozzi and J. Mørk, "Saturation effects in non degenerate four wave mixing between pulses in semiconductor laser amplifiers," *IEEE J. Select. Topics Quantum Electron.*, vol. 3, no.5, pp. 1190–1207, Oct. 1997.

[31] G. Toptchiyski, S. Kindt, K. Petermann, E. Hilliger, S. Diez, and H.G. Weber, "Time-domain modeling of SOA for OTDM applications," *IEEE J. Lightwave Technology*, vol. 17, no.12, pp. 2577–2583, Dec. 1999.

[32] N.K. Das, Y. Yamayoshi, and H. Kawaguchi, "Analysis of basic four wave mixing characteristics in a semiconductor optical amplifier by the finite-difference beam propagation method," *IEEE J. Quantum Electronics*, vol. 36, no.10, pp. 1184–1191, Oct. 2000.

[33] M.J. Connelly, "Wideband semiconductor optical amplifier steady-state numerical model," *IEEE J. Quantum Electronics*, vol.37, no.3, pp. 439–447, Mar. 2001.

[34] R. Gutiérrez-Castrejón, L. Schares, L. Occhi, and G. Guekos, "Modeling and measurement of longitudinal gain dynamics in saturated semiconductor optical amplifiers of different length," *IEEE J. Quantum Electronics*, vol. 36, no.12, pp. 1476–1484, Dec. 2000.

[35] L. Occhi, L. Schares, and G. Guekos, "Phase modeling based on the α factor in bulk semiconductor optical amplifiers," *IEEE J. Select. Topics Quantum Electron.*, vol. 9, no.3, pp. 788–797, May 2003.

[36] H.J.S. Dorren, X. Yang, D. Lenstra, H. de Waardt, G. D. Khoe, T. Simoyama, H. Ishikawa, H. Kawashima, and T. Hasama, "Ultrafast refractive-index dynamics in a multiquantum-well semiconductor optical amplifier," *IEEE Photonics Technology Letters*, vol. 15, no.6, pp.792–794, 2003.

[37] R.G. Castrejón and M. Duelk, "Uni-Directional Time-Domain Bulk SOA Simulator Considering Carrier Depletion by Amplified Spontaneous Emission," *IEEE J. Quantum Electronics*, vol. 42, no.6, pp 581–588, Jun. 2006.

[38] W. Mathlouthi, P. Lemieux, M. Salsi, A. Vannucci, A. Bononi, and L.A. Rusch, "Fast and efficient dynamic WDM semiconductor optical amplifier model," *IEEE J. Lightwave Technology*, vol. 24, no.11, pp. 4353–4365, 2006.

[39] H. Hung-chia, *Coupled mode theory as applied to microwave and optical transmission*. Utrecht, Netherlands: VNU Science Press, 1984.

[40] M. Gustavsson, "Analysis of Polarization Independent Optical Amplifiers and Filters Based on Polarization Rotation in Periodically Asymmetric Waveguides," *IEEE J. Quantum Electronics*, vol. 29, no.4, pp. 1168–1178, April 1993.

Chapitre 4

Analyse Spectro-polarimétrique du SOA basée sur le formalisme de Mueller-Stokes : Etude Expérimentale

4.1 Introduction

Dans le présent chapitre, nous allons présenter une analyse spectro-polarimétrique expérimentale du composant SOA en utilisant le formalisme de Mueller-Stokes. Les principales motivations du choix de ce formalisme, tel que est discuté dans le troisième chapitre, pour la caractérisation du comportement du composant SOA, reposent sur le fait qu'il permet de traiter des ondes partiellement ou totalement polarisées et que les grandeurs exploitées sont réelles et directement mesurables. De plus, avec ce formalisme, nous pouvons en retirer l'ensemble des propriétés polarimétriques du SOA qui nous permet de comprendre un certain nombre de phénomènes liés à la rotation de polarisation sur lesquels se basent des fonctions tout-optiques très intéressantes pour les futures générations des réseaux optiques.

Les expérimentations ont été effectuées au sein du laboratoire RESO de l'école nationale d'ingénieurs de Brest (ENIB) en France.

4.2 Caractéristiques du SOA étudié

Le SOA utilisé en expérimentation est un composant massif mono-électrode, de structure "Ridge", fabriqué par la société OptoSpeed^{TM} dont les principales caractéristiques sont détaillées dans le tableau 4.1. La zone active du SOA étudié, dont le matériau est le GaInAsP, subit des contraintes mécaniques de la part des couches InP qui l'entourent, réalisant ainsi un composant dit "contraint" (*strained-bulk*). Il se présente sous la forme d'une puce qui est fixée au moyen d'une colle conductrice sur une embase métallique. La connexion électrique entre l'électrode et le plot d'alimentation est réalisée avec un fil d'or.

Afin de maintenir et effectuer le positionnement de l'embase, fournir l'alimentation électrique et incorporer un dispositif de régulation en température à effet Peltier[1], un support spécifique a été développé au laboratoire RESO.

Tableau 4.1 : Paramètres du SOA utilisé en expérimentation.

Désignation	Valeur
Référence	1550 CRI/P-SN 2106
Composition	InP/GaInAsP
Réflectivités	1e-005
Longueur de la zone active (L)	500µm
Largeur de la zone active (W)	2.5 µm
Epaisseur de la zone active (d)	0.2 µm
Facteur de confinement optique (Γ)	30%
Gain maximum (G_{max}) à un courant I= 225 mA et une puissance d'entrée P_{in}=-30 dBm	21 dB
Ondulation à G_{max}	0.1 dB
Sensibilité à la Polarisation à G_{max}	1.7 dB
Bande passante (B_0) à G_{max}	35 nm
Plage de fonctionnement à -3 dB à l'entour de G_{max}	1535-1570 nm
Puissance de saturation à la sortie à G_{max}	15 dBm

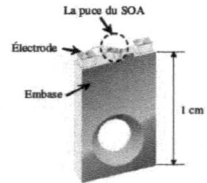

4.3 Caractéristiques du spectro-polarimètre de Mueller-Stokes

4.3.1 Description du dispositif expérimental utilisé

Le dispositif mis en place avec lequel les mesures expérimentales ont été effectuées consiste à un montage en espace libre d'un spectro-

---

[1] *C'est un phénomène physique de déplacement de chaleur en présence d'un courant électrique.*

polarimètre, représenté dans les figures 4.1 et 4.2. La température a été maintenue à 20°C.

Figure 4.1 : Photo du dispositif expérimental.

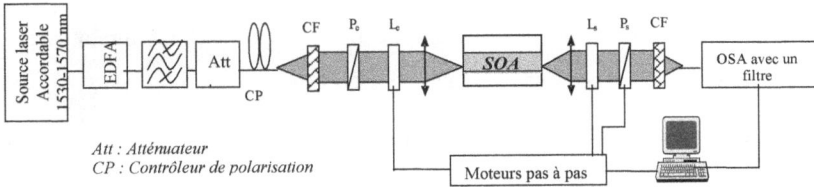

Figure 4.2 : Montage expérimental utilisé.

En effet, le spectro-polarimètre peut être décomposé en cinq blocs:

- un premier bloc qui comprend la source laser accordable et son dispositif de contrôle d'intensité.
- un deuxième bloc qui permet de contrôler la polarisation du signal d'entrée. Il est constitué d'un polariseur "P_e" et d'une lame quart

d'onde "L_e" qui est montée sur un moteur pas à pas, précis au millième de degré près et commandée par un programme sous LabVIEW^{TM}. Cette partie correspond à l'étage de codage en polarisation.

- un troisième bloc qui est composé des éléments permettant le couplage du signal à travers le SOA et sa récupération en sortie. Le composant étant positionné d'une façon à ce que ses axes TE et TM correspondent respectivement aux axes horizontal et vertical du référentiel du laboratoire.

- un quatrième bloc qui permet d'analyser l'état de polarisation de sortie. Il est composé d'une lame quart d'onde "L_s" et d'un polariseur "P_s" qui sont montés sur un moteur pas à pas, précis au millième de degré près et commandés par un programme sous LabVIEW^{TM}. Ce bloc représente l'étage de décodage en polarisation.

- un cinquième bloc qui est constitué d'un collimateur fibré "CF" et d'un analyseur de spectre optique (OSA) adapté à un filtre optique passe-bande ayant une largeur de bande égale à 0,07 nm afin de rejeter l'ASE produite par la structure SOA.

4.3.2 Principe de fonctionnement du spectro-polarimètre

4.3.2.1 Principe des mesures

Les mesures polarimétriques ont été effectuées en espace libre afin d'obtenir un meilleur contrôle et une meilleure préservation de l'état de polarisation du signal collecté. Le principe de fonctionnement du spectro-polarimètre est schématisé dans la figure 4.3. En effet, l'étage de codage en polarisation, dit aussi de mise en forme, est constitué d'un polariseur d'entrée qui est orienté horizontalement (TE) et d'une lame quart d'onde d'entrée qui est repérée par un angle θ que fait leur axe rapide avec l'axe horizontal (TE). De même, l'étage de décodage en polarisation (ou d'analyse polarimétrique) est composé d'un polariseur de sortie qui est orienté verticalement (TM) et d'une lame quart d'onde de sortie qui est repérée par un angle θ' que fait leur axe rapide avec l'axe horizontal.

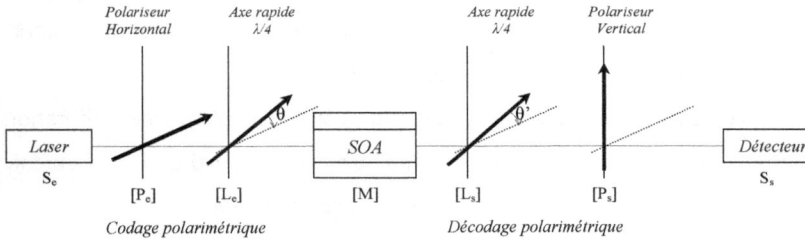

Figure 4.3 : Schéma synoptique de fonctionnement du polarimètre.

A la sortie du montage, nous mesurons, à l'aide d'un photodétecteur, une intensité égale à : S_s^0 donnée par l'expression suivante [1]:

$$
\begin{aligned}
S_s^0(\theta,\theta') = {} & m_{00} + m_{01}.\cos^2(2\theta) + m_{02}.\cos(2\theta).\sin(2\theta) + m_{03}.\sin(2\theta) \\
& - \left(m_{10} + m_{11}.\cos^2(2\theta) + m_{12}.\cos(2\theta).\sin(2\theta) + m_{13}.\sin(2\theta)\right)\cos^2(2\theta') \\
& - \left(m_{20} + m_{21}.\cos^2(2\theta) + m_{22}.\cos(2\theta).\sin(2\theta) + m_{23}.\sin(2\theta)\right)\cos(2\theta').\sin(2\theta') \\
& + \left(m_{30} + m_{31}.\cos^2(2\theta) + m_{32}.\cos(2\theta).\sin(2\theta) + m_{33}.\sin(2\theta)\right)\sin(2\theta')
\end{aligned}
$$

$$(4.1)$$

Etant donné que chaque élément est caractérisé par une matrice, alors le calcul du vecteur de Stokes à la sortie $\vec{S}_s$ sera de la manière suivante :

$$\vec{S}_s = [P_s][L_s][M][L_e][P_e]\vec{S}_e \qquad (4.2)$$

Après calcul, en développant l'expression de l'intensité détectée, tous les éléments de la matrice du milieu étudié apparaissent. Ainsi, avec 16 combinaisons angulaires (θ,θ') distinctes, nous pouvons obtenir les 16 coefficients "m_{ij}" de la matrice de Mueller. Cependant, en raison des erreurs aléatoires de mesure, la procédure choisie est de surdéterminer le système et de générer 64 combinaisons angulaires (θ, θ'); ce qui revient à mesurer 64 intensités. Les combinaisons angulaires sont choisies de telle sorte que les positions angulaires des lames d'entrée et de sortie soient multiples de 22,5°. De cette manière, nous choisissons 8 états de polarisation d'entrée particuliers, qui sont détaillés dans le tableau 4.2 ci-dessous présenté, et nous analysons la polarisation de la lumière après l'échantillon selon ces mêmes 8 états de polarisation.

Mais en réalité, l'équation (4.1) est plus complexe et qu'une calibration complète des éléments optiques du montage est nécessaire, afin d'obtenir des éléments de la matrice mesurés avec une grande précision.

Tableau 4.2 : Les 8 états de polarisation d'entrée.

Angle θ	Etat de polarisation d'entrée
0°	Rectiligne horizontal
22,5°	Elliptique gauche
45°	Circulaire gauche
67,5°	Elliptique gauche
90°	Rectiligne vertical
112,5°	Elliptique droit
135°	Circulaire droit
157,5°	Elliptique droit

4.3.2.2   Principe d'étalonnage du spectro-polarimètre

Afin de mieux optimiser les mesures, il est nécessaire de réduire l'influence des erreurs qui peuvent être classifiées en deux types:

- Erreurs aléatoires : elles proviennent des fluctuations de la source et du récepteur.
- Erreurs systématiques : elles sont liées à la qualité intrinsèque des éléments optiques constituant le polarimètre et à leurs défauts de

positionnement puisque les positionnements initiaux des éléments optiques ne sont pas suffisamment précis pour assurer l'alignement rigoureux des axes rapides des lames avec l'horizontale. Ce type d'erreurs est donc quantifiable et il est possible de le corriger à condition de faire une calibration complète des éléments du polarimètre.

Ces erreurs peuvent être estimées avec des mesures à vide, c.-à-d. sans échantillon depuis qu'ils conduisent à obtenir une matrice autre que la matrice identité. D'où l'importance du processus de calibration.

Par conséquent, les éléments "m_{ij}" de la matrice de Mueller seront affectés par les erreurs systématiques. Particulièrement, le défaut de retard de la lame quart d'onde d'entrée "L_e" intervient sur l'élément "m_{10}" et celui de la lame de sortie "L_s" sur le terme "m_{01}". D'autre part, les éléments "m_{12}" et "m_{21}" seront affectés par l'erreur d'alignement mécanique des lames. Ce problème est dû à une mauvaise précision mécanique dans le réglage des axes neutres des lames ; comme il implique le repérage de ces derniers indépendamment l'un de l'autre en recherchant le minimum d'intensité entre polariseurs croisés. En plus de ceci, les termes "m_{02}" et "m_{20}" seront affectés par l'erreur de la biréfringence elliptique ; cela est expliquée par le fait que chaque lame quart d'onde est composé de deux lames de quartz croisées (lame zéro-ordre compensé) et donc tout défaut d'alignement de ces dernières est tel que la lame quart d'onde résultante ne se comporte pas comme un élément biréfringent linéaire mais elliptique [1]. Ainsi, les éléments "m_{32}" et "m_{23}" seront affectés par le défaut de dichroïsme, qui agit de façon non corrélée entre les deux lames quart d'ondes.

Le principe d'étalonnage du spectro-polarimètre consiste à minimiser les erreurs aléatoires, puis à corriger l'influence des erreurs systématiques sur les éléments de la matrice de Mueller en tenant compte des caractéristiques réelles estimées des lames quart d'onde. Cependant, comme première étape d'étalonnage lors de l'expérimentation, nous avons procédé à l'alignement des faisceaux lumineux qui consiste à régler la position du support sur lequel est monté le SOA de telle sorte que nous avons une puissance maximale de l'ASE à la sortie du composant qui a été mesuré à l'aide d'un mesureur de puissance optique (OPM), sachant qu'aucun signal est injecté dans le SOA à cette étape.

Comme deuxième étape, l'alignement des éléments optiques (polariseurs et lames quart d'onde) a été accompli. En effet, en fixant le polariseur d'entrée, nous ajustons le contrôleur de polarisation afin d'avoir une position qui correspond à une puissance maximale et donc un alignement "parfait" est abouti. Cependant, le polariseur de sortie est ajusté puis fixé à un angle de -1,534° qui correspond à "l'angle zéro" à laquelle il y a un maximum de puissance. De même, les lames quart d'onde d'entrée et de sortie sont ajustées, respectivement, à un angle de 41,685° et de 4,571°. Ces angles repérés lors de la manipulation correspondent à la position initiale, dite "zéro mécanique".

Comme troisième étape, la calibration du polarimètre à vide a été effectuée. Par conséquent, suite à l'étalonnage du dispositif à une longueur d'onde égale à 1550 nm, nous avons obtenu la matrice de Mueller à vide suivante :

$$M_0 = \begin{pmatrix} 1,000 & -0.0001 & 0.0005 & 0.0125 \\ -0.0004 & 0.9990 & 0.0110 & 0.0102 \\ -0.0002 & 0.0036 & 1.0058 & 0.0153 \\ 0.0118 & -0.0113 & 0.0011 & 0.9995 \end{pmatrix} \qquad (4.3)$$

L'indice de dépolarisation trouvé correspond à une valeur égale à 1,0016.

4.4   Procédure de traitement des matrices de Mueller

Afin de remonter aux propriétés polarimétriques du SOA en se référent à la matrice de Mueller obtenue, un algorithme de traitement des matrices de Mueller expérimentales a été adopté. Cet algorithme, qui s'applique à tout type de milieu qu'il soit dépolarisant ou non, a été développé au laboratoire de spectrométrie et d'optique laser (LSOL) de l'université de Bretagne occidentale [2, 3]. Il permet non seulement de filtrer le bruit expérimental, en particulier de le distinguer de la dépolarisation éventuelle du milieu étudié, mais aussi de remonter aux propriétés optiques de ce dernier telles que le gain différentiel, le dichroïsme, les états propres, la biréfringence, etc. [1].

Le principe de l'algorithme de détection du type de dépolarisation du SOA est schématisé dans le diagramme suivant [1]:

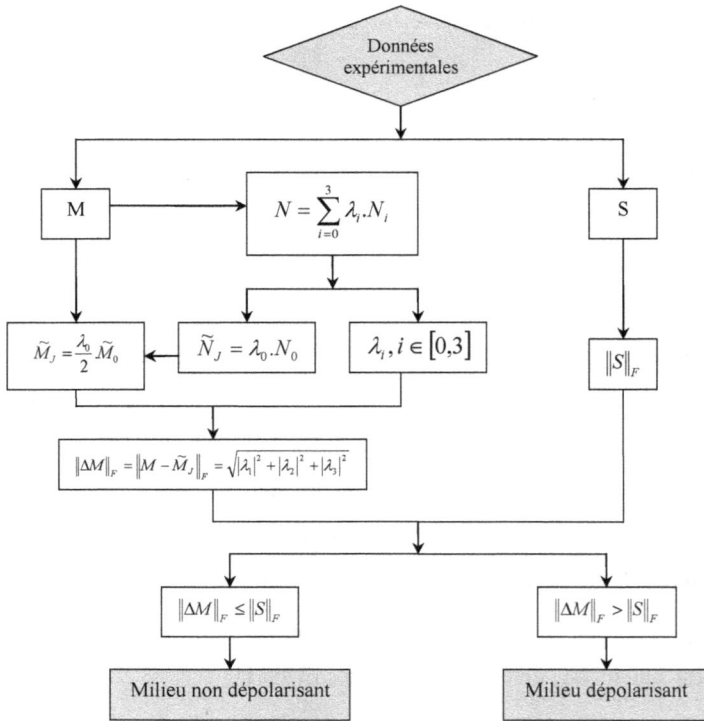

M : Matrice de Mueller du milieu.

$\widetilde{M}_J$: Matrice de Mueller-Jones estimée.

S : Matrice des écarts-type caractérisant les incertitudes sur les éléments m_{ij}.

$\| \ \|_F$: Norme de Frobenius, définie par : $\|X\|_F = \sqrt{\sum_{i=0}^{n-1} \sum_{j=0}^{n-1} |X_{ij}|^2}$.

Donc, il est possible de déterminer les propriétés polarimétriques d'un milieu non dépolarisant à partir de sa matrice de Mueller-Jones estimée, obtenue après filtrage du bruit expérimental. Cette analyse est basée sur l'algorithme de traitement des matrices de Mueller expérimentales dont le principe est schématisé dans le diagramme suivant [1]:

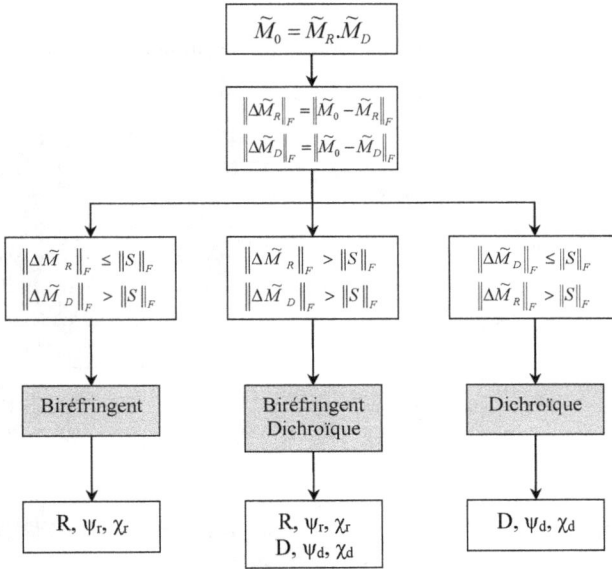

$$\tilde{M}_0 = \tilde{M}_R.\tilde{M}_D$$

$$\left\|\Delta\tilde{M}_R\right\|_F = \left\|\tilde{M}_0 - \tilde{M}_R\right\|_F$$
$$\left\|\Delta\tilde{M}_D\right\|_F = \left\|\tilde{M}_0 - \tilde{M}_D\right\|_F$$

$\left\|\Delta\tilde{M}_R\right\|_F \leq \|S\|_F$ $\left\|\Delta\tilde{M}_D\right\|_F > \|S\|_F$	$\left\|\Delta\tilde{M}_R\right\|_F > \|S\|_F$ $\left\|\Delta\tilde{M}_D\right\|_F > \|S\|_F$	$\left\|\Delta\tilde{M}_D\right\|_F \leq \|S\|_F$ $\left\|\Delta\tilde{M}_R\right\|_F > \|S\|_F$
Biréfringent	Biréfringent Dichroïque	Dichroïque
R, ψ_r, χ_r	R, ψ_r, χ_r D, ψ_d, χ_d	D, ψ_d, χ_d

Si le milieu est biréfringent, alors $\tilde{M}_R$ doit ressembler à $\tilde{M}_0$ et il sera caractérisé par la retardance "R", l'azimut "ψ_r" et l'ellipticité "χ_r" qui définissent l'axe rapide du retardateur. La diatténuation ou dichroïsme "D" doit alors être proche de la valeur nulle ; l'azimut "ψ_d" et l'ellipticité "χ_d" définissant l'axe de diatténuation représentent le bruit expérimental résiduel au filtrage.

Si le milieu est dichroïque, alors $\tilde{M}_D$ doit ressembler à $\tilde{M}_0$ et il sera caractérisé par la diatténuation "D", l'azimut "ψ_d" et l'ellipticité "χ_d" qui définissent l'axe du diatténuation. La retardance "R", l'azimut "ψ_r" et l'ellipticité "χ_r" définissant l'axe de rapide du retardateur représentent le bruit expérimental résiduel au filtrage.

Si le milieu est biréfringent et dichroïque, alors ni $\tilde{M}_R$ ni $\tilde{M}_D$ ne doivent ressembler à $\tilde{M}_0$ et il sera caractérisé par la diatténuation "D", l'azimut "ψ_d", l'ellipticité "χ_d", la retardance "R", l'azimut "ψ_r" et l'ellipticité "χ_r".

Le dit algorithme est utilisé lors de l'expérimentation sous LabVIEW^{TM}, comme est illustré dans la figure 4.4 suivante :

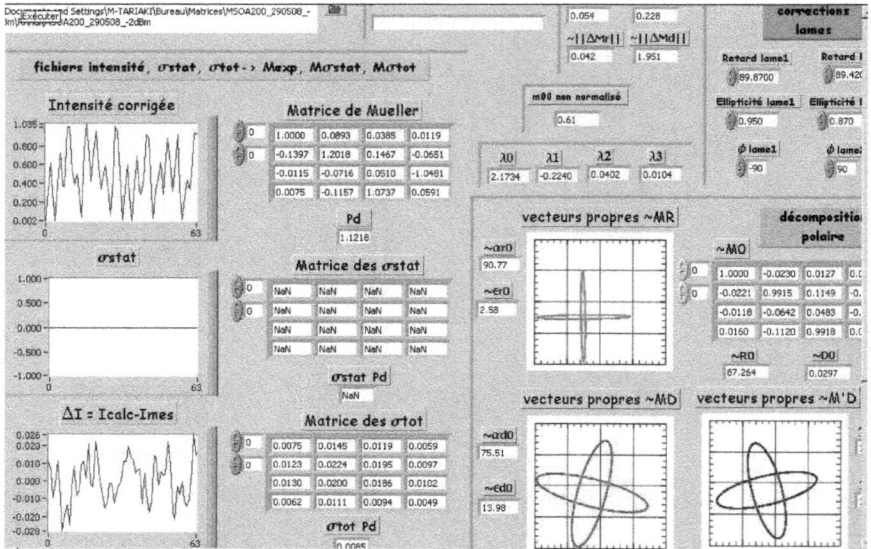

Figure 4.4 : Algorithme de détermination des propriétés d'une matrice de Mueller non dépolarisante sous LabVIEW^{TM}.

4.5   Validation des matrices de Mueller expérimentales

La validation physique des matrices de Mueller traitées au cours de l'expérimentation est une étape primordiale. En effet, si elles sont de type Mueller-Jones, elles sont valides.

La figure 4.5 montre l'évolution des valeurs propres de la matrice N associée à la matrice de Mueller du SOA en fonction de la puissance optique injectée. Nous remarquons que $\lambda_0 \approx 2.m_{00}$; $\lambda_1 \approx 0$; $\lambda_2 \approx 0$ et $\lambda_3 \approx 0$, qui correspondent aux valeurs propres d'un milieu non dépolarisant ; ce qui prouve que les matrices traitées sont de type Mueller-Jones.

De même, l'évolution du taux de dépolarisation du SOA (ou encore indice de dépolarisation I_{dp}) en fonction de la puissance optique injectée, qui est illustrée dans la figure 4.6, montre bien que le milieu est non dépolarisant depuis que I_{dp} est très proche de 1. Par conséquent, le milieu du SOA peut préserver l'état de polarisation de la lumière.

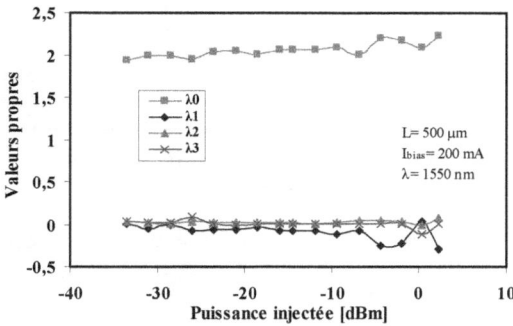

Figure 4.5 : Courbes représentatives des valeurs propres en fonction de la puissance injectée.

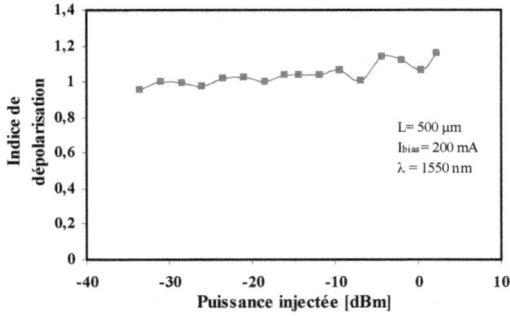

Figure 4.6 : Indice de dépolarisation en fonction de la puissance injectée.

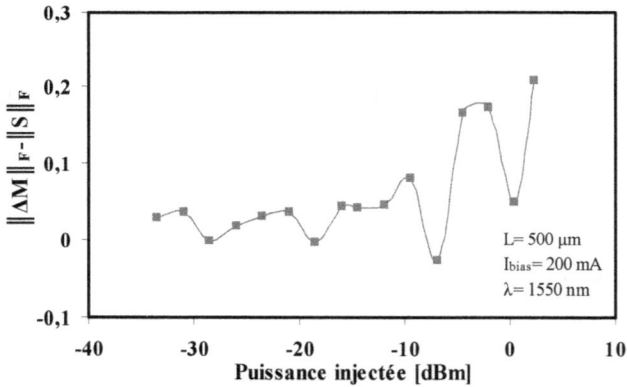

Figure 4.7 : Evolution de la différence des normes de Frobenius $\|\Delta M\|_F - \|S\|_F$ en fonction de la puissance injectée.

En analysant la figure 4.7 qui montre l'évolution de la différence des normes de Frobenius $\|\Delta M\|_F - \|S\|_F$ en fonction de la puissance optique injectée pour un courant d'alimentation égal à 200 mA, nous constatons que le milieu est non dépolarisant, qui est vérifié par la relation : $\|\Delta M\|_F \leq \|S\|_F$, si nous acceptons une précision du dixième sur la norme de Frobenius et que la puissance injectée ne dépasse pas -6,9 dBm. Cela est aussi confirmé sur la figure 4.6 dans laquelle l'indice de dépolarisation I_{dp} dépasse l'unité pour des fortes puissances injectées, ce qui est physiquement non réaliste.

4.6 Détermination expérimentale des propriétés polarimétriques du SOA

L'intérêt d'utilisation de la matrice de Mueller et sa capacité pour la détermination des propriétés polarimétriques du composant SOA ont été évoqués dans le chapitre précédent. Parmi ces propriétés, nous distinguons l'évolution des états propres de polarisation du SOA avec les conditions de fonctionnement. D'après leurs représentations pour différentes valeurs de la puissance injectée (P_{in}) et pour un courant d'alimentation I_{bias}=200 mA, dans la figure 4.8, les ellipses de polarisation associées aux modes propres obtenus tentent à s'aligner avec les axes TE et TM. Notamment, nous constatons que l'ellipticité croît lorsque la puissance injectée augmente avec un courant d'alimentation constant, en particulier lorsque le SOA commence à se saturer.

Parmi les propriétés polarimétriques que nous pouvons extraire de la matrice de Mueller expérimentale, nous distinguons la retardance, qui correspond au déphasage entre les états propres du composant. L'évolution de ce paramètre, en fonction de la puissance du signal d'entrée, est représentée dans la figure 4.9.

Ellipse associée au mode TM

Ellipse associée au mode TE

(a) : P_{in}=-33,5 dBm

(b) : P_{in}=-31 dBm

(c) : P_{in}=-28,5 dBm

(d) : P_{in}=-26 dBm

(e) : P_{in}=-23,5 dBm

(f) : P_{in}=-21 dBm

(g) : P_{in}=-18,5 dBm

(h) : P_{in}=-16 dBm

(i) : P_{in}=-14,4 dBm

(j) : P_{in}=-11,9 dBm

(k) : P_{in}=-9,4 dBm

(l) : P_{in}=-6,9 dBm

(m) : P_{in}=-4,4 dBm

(n) : P_{in}=-2 dBm

(o) : P_{in}=0,4 dBm

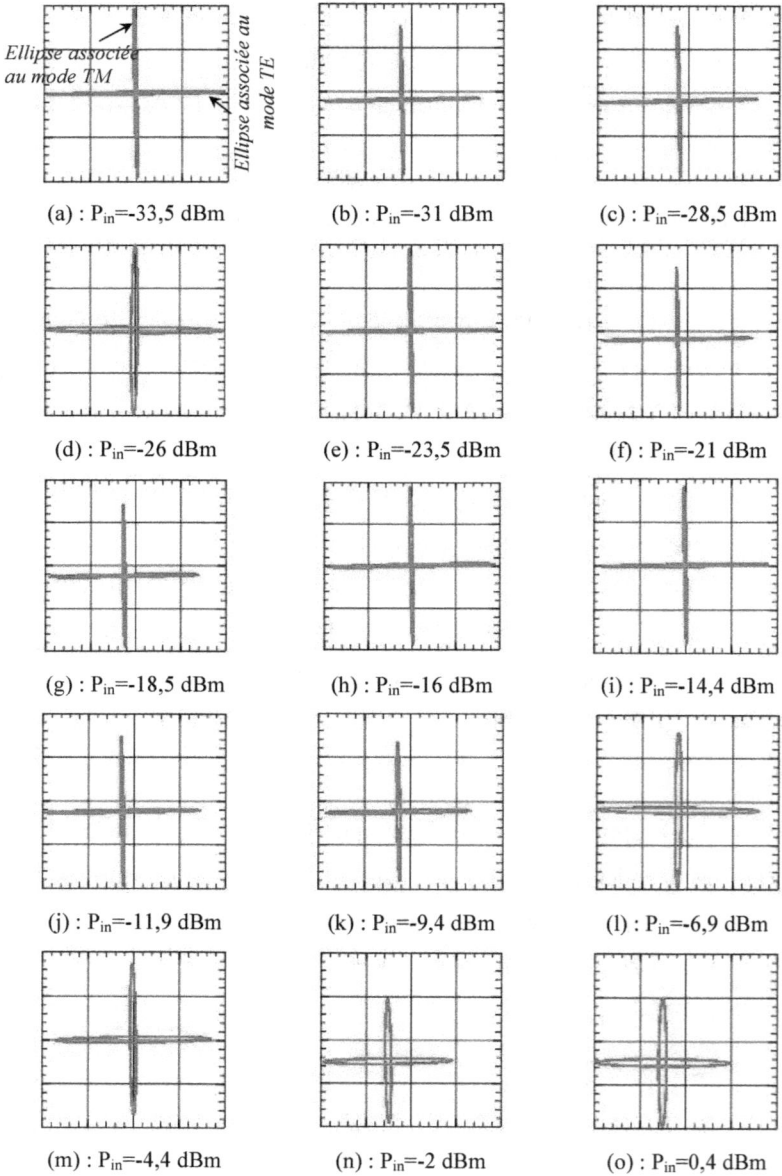

Figure 4.8 : Evolution des ellipses associées aux modes propres (I_{bias}=200 mA, λ=1550 nm).

Nous remarquons que lorsque la puissance optique incidente est très faible, la densité des porteurs n'est pas sensiblement modifiée et la retardance reste presque constante. Lorsque la puissance d'entrée devient suffisamment forte, la densité des porteurs sera réduite à cause de l'émission stimulée, la retardance décroît et par conséquent il va y avoir une saturation.

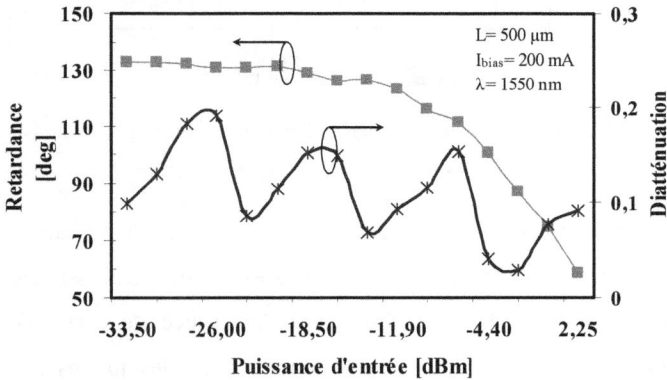

Figure 4.9 : Evolution de la Retardance et la Diatténuation en fonction de la puissance injectée.

La diatténuation "D" traduit le changement relatif des amplitudes des composantes orthogonales du champ traversant la structure SOA. Elle varie généralement entre la valeur nulle, qui correspond à un élément dont la transmission en intensité ne dépend pas de la polarisation incidente, comme le cas d'un déphaseur idéal par exemple et la valeur unité, qui correspond à un polariseur idéal (linéaire, circulaire ou elliptique). D'après la courbe représentée dans la figure 4.9, nous remarquons que le maximum de la diatténuation est de 19,13% qui correspond à une puissance optique injectée de -26 dBm et sa valeur minimale est de 2,97% pour une puissance d'entrée égale à -2 dBm.

215

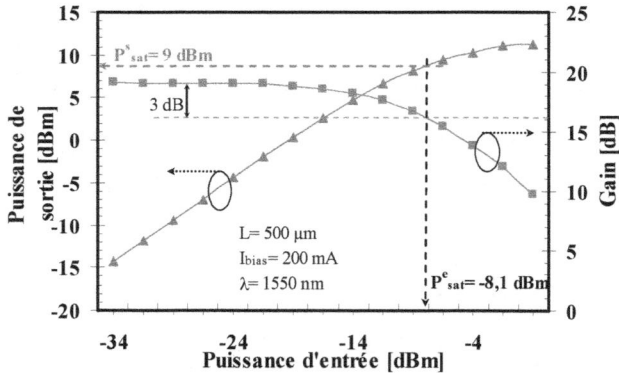

Figure 4.10 : Courbes représentatives de la fonction de transfert et du gain du SOA
obtenues par des mesures expérimentales.

L'évolution de la puissance de sortie en fonction de la puissance optique
d'entrée du SOA, obtenue par des mesures expérimentales, est représentée
dans la figure 4.10. Elle montre que la puissance de sortie augmente
proportionnellement à la puissance d'entrée pour des faibles puissances
injectées ; c'est le régime "petit signal", dans lequel le gain est quasi-
constant et égal à 19,12 dB. Nous constatons par contre qu'il y a apparition
du phénomène de saturation aux puissances plus élevées, qui se traduit par
une diminution du gain en fonction de la puissance d'entrée. Le phénomène
de saturation, déjà évoqué dans le premier chapitre, s'explique par le fait
qu'à partir d'une certaine puissance optique dans le milieu du SOA, la forte
intensité de l'émission stimulée entraîne une réduction de l'inversion de
population, ce qui réduit le gain optique. La puissance optique d'entrée qui
correspond à la saturation du composant SOA, obtenue pour une réduction
de gain petit signal de 3 dB, est $P^e_{sat}= -8,1$ dBm, qui se coïncide à une
puissance de saturation à la sortie égale à $P^s_{sat}= 9$ dBm.

D'après la figure 4.10, qui représente aussi l'évolution du gain du SOA obtenu par des mesures expérimentales, nous constatons que lorsque la puissance d'entrée est très faible, la densité des porteurs n'est pas sensiblement modifiée et le gain reste constant. En faisant augmenter la puissance optique incidente, l'émission stimulée devient prépondérante, réduisant sensiblement la densité des porteurs ; par conséquent le gain décroît et il y aura la saturation du SOA.

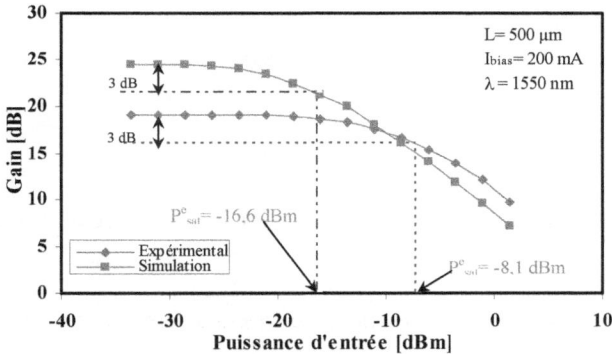

Figure 4.11 : Comparaison de l'évolution du gain en fonction de la puissance d'entrée.

Nous représentons dans les figures 4.11, 4.12 et 4.13 un comparatif entre les résultats obtenus expérimentalement et par simulation, de l'évolution du gain et de la fonction de transfert du SOA. Nous remarquons que les courbes obtenues pour les deux cas ont les mêmes tendances. Cette bonne concordance entre les résultats justifie sans équivoque la validité de la méthode spectro-polarimétrique traitée dans ce chapitre. De plus, les écarts observés sont justifiés par le fait que les paramètres intrinsèques des deux SOAs, utilisés en expérimentation et en simulation, ne sont pas réellement identiques, à part les erreurs de mesure tant systématiques qu'aléatoires qui peuvent survenir surtout à une expérimentation faite en espace libre.

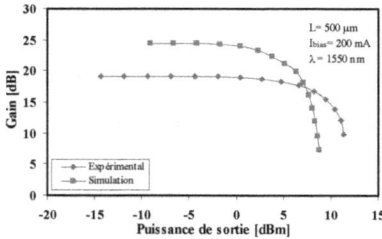

Figure 4.12 : Comparaison de l'évolution du gain en fonction de la puissance de sortie.

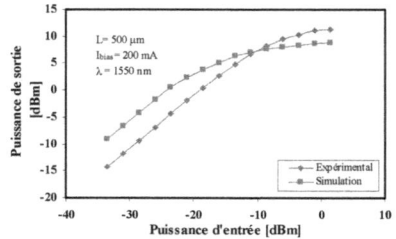

Figure 4.13 : Comparaison de l'évolution de la fonction de transfert du SOA.

4.7 Analyse expérimentale de la rotation non linéaire de polarisation dans le SOA

Dans cette partie, nous présentons les résultats obtenus en exploitant les matrices de Mueller qui ont été mesurées expérimentalement en utilisant le dispositif expérimental déjà représenté dans la figure 4.2. En effet, nous analysons l'impact de variation de la puissance du signal d'entrée et son état de polarisation sur le comportement du SOA et nous caractérisons notamment l'effet de la rotation non linéaire de polarisation. Les différents états de polarisation envisagés sont : une polarisation linéaire horizontale colinéaire avec l'axe TE, une polarisation linéaire verticale colinéaire avec l'axe TM, une polarisation linéaire à +45° (LP+45°), une polarisation linéaire à -45° (LP-45°), une polarisation circulaire droite (RHCP) et une polarisation circulaire gauche (LHCP).

La figure 4.14 illustre l'évolution du gain différentiel, qui est souvent appelé : gain dépendant de la polarisation (PDG), en fonction de la puissance optique du signal d'entrée injectée avec différents états de polarisation. Les allures des courbes montrent que le SOA est quasiment insensible à la polarisation pour les faibles puissances injectées puisque le PDG est quasiment nul. Lorsque la puissance injectée devient trop importante, le PDG subit une variation selon l'état de polarisation en entrée. La variation maximale du PDG est de 4,73 dB, qui correspond à une injection d'une puissance en entrée de -9,4 dBm selon un angle de 90°. Ainsi, nous constatons que l'injection de la puissance optique selon une polarisation linéaire à un angle +45° en entrée du SOA présente une variation minimale du gain différentiel.

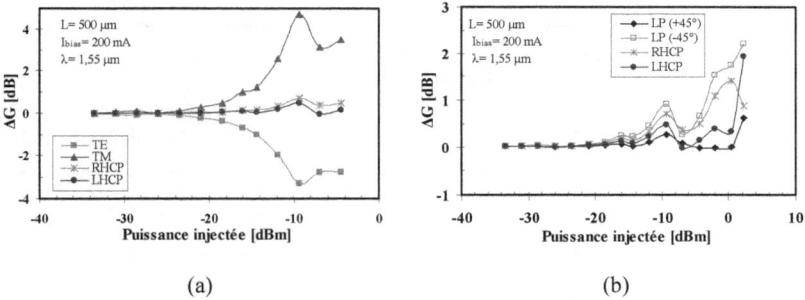

(a)   (b)

Figure 4.14 : Evolution du PDG en fonction de la puissance d'entrée injectée à un courant d'alimentation I_{bias}=200 mA avec différents états de polarisation.

De même, la différence de phase est représentée, dans la figure 4.15, en fonction de la puissance du signal d'entrée injectée avec différents états de polarisation. Nous constatons que pour les faibles puissances injectées, c.-à-d. la densité des porteurs n'est pas sensiblement modifiée, le déphasage reste quasiment constant. Lorsque la puissance d'entrée devient suffisamment forte, la densité des porteurs sera réduite à cause de l'émission stimulée, le déphasage subit une décroissance. Ce comportement peut s'expliquer à partir de la variation de la biréfringence induite par les variations de l'indice effectif avec la densité des porteurs. De plus, ce changement de déphasage est principalement significatif dans la bande de gain et ce, d'autant plus que la puissance injectée est élevée, qui correspond au fonctionnement en régime de saturation.

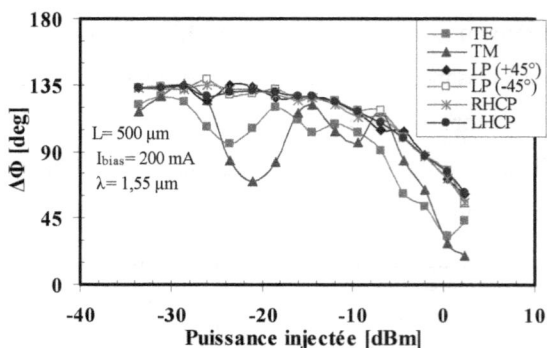

Figure 4.15 : Evolution du déphasage en fonction de la puissance du signal d'entrée injectée à un courant d'alimentation I_{bias}=200 mA avec différents états de polarisation.

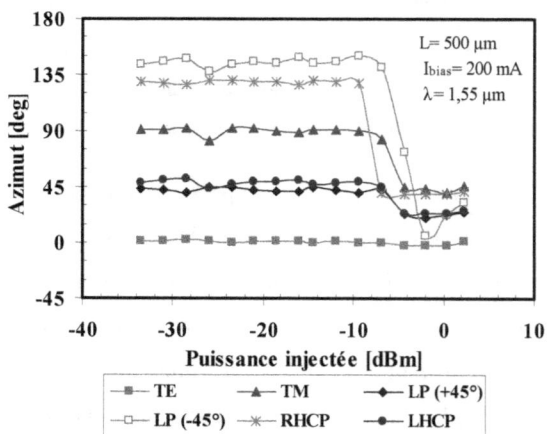

Figure 4.16 : Evolution de l'azimut en fonction de la puissance d'entrée injectée à un courant d'alimentation I_{bias}=200 mA avec différents états de polarisation.

Afin d'analyser l'effet de la rotation non linéaire de polarisation selon les conditions d'injection, nous représentons l'azimut et l'ellipticité du signal de sortie du SOA, respectivement dans les figures 4.16 et 4.17, en fonction de la puissance d'entrée injectée avec différents états de polarisation, à un courant d'alimentation I_{bias}= 200 mA. La variation de ces deux paramètres en fonction des conditions d'injection est justifiée par le fait que la présence d'un signal optique injecté affecte la densité des porteurs et induit par lui-même des modifications de la biréfringence et du dichroïsme dans le milieu amplificateur du SOA. Toutefois, nous pouvons constater que le changement de l'état de polarisation est principalement significatif dans la bande de gain et ce, d'autant plus que la puissance injectée est élevée, qui correspond au fonctionnement en régime de saturation.

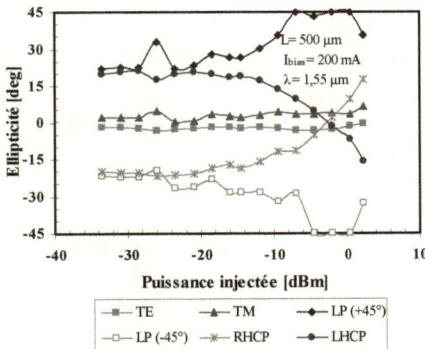

Figure 4.17 : Evolution de l'ellipticité en fonction de la puissance d'entrée injectée à un courant d'alimentation I_{bias}=200 mA avec différents états de polarisation.

Le changement de l'état de polarisation à la sortie du SOA suivant les conditions d'injection adoptées peut être déduit à partir du degré de polarisation circulaire (DOCP) et du degré de polarisation linéaire (DOLP)

221

qui sont représentés en fonction de la puissance injectée, respectivement, dans les figures 4.18 et 4.19.

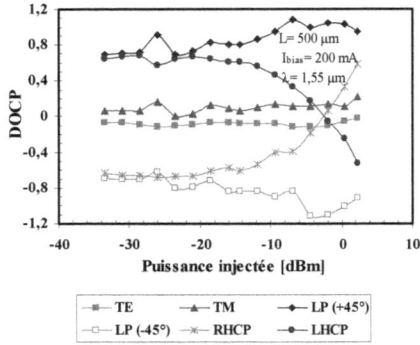

Figure 4.18 : Evolution du DOCP en fonction de la puissance d'entrée injectée à un courant d'alimentation I_{bias}=200 mA avec différents états de polarisation.

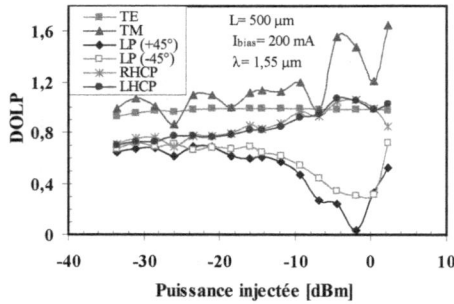

Figure 4.19 : Evolution du DOLP en fonction de la puissance d'entrée injectée à un courant d'alimentation I_{bias}=200 mA avec différents états de polarisation.

Parmi les autres propriétés polarimétriques que nous pouvons extraire à partir de la matrice de Mueller, nous distinguons la Polarisance, le Dichroïsme et la perte dépendante de la polarisation (PDL), dite encore la variation maximale de la perte d'insertion lorsque l'état de la polarisation d'entrée varie, qui sont représentés dans la figure 4.20. La Polarisance, qui est définie comme étant le degré de polarisation produit par le SOA lorsque le faisceau incident est non polarisé, subit des variations entre 10% et 20%. Nous remarquons aussi que le minimum du dichroïsme est de 3,73 % qui correspond à une puissance optique injectée de -14,4 dBm et sa valeur maximale est de 22,14 % pour une puissance d'entrée de -26 dBm. Également, la courbe de la PDL présente un minimum égal à 0,32 dB pour une puissance d'entrée P_{in}= -14,4 dBm ; le maximum de la PDL est de 1,95 dB pour P_{in}= -26 dBm.

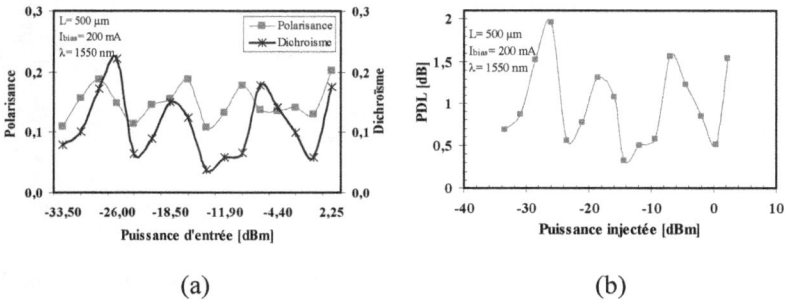

(a)   (b)

Figure 4.20 : Evolution de la Polarisance, du Dichroïsme et de la PDL en fonction de la puissance injectée.

4.8   Analyse expérimentale de la rotation non linéaire de polarisation dans un long SOA

4.8.1 Montage expérimental

La longueur de la zone active du SOA est un paramètre qui peut modifier la dynamique de gain. Si cette longueur augmente, alors nous allons y avoir une accélération de la transition inter-bande, le surgain devient important et les temps de dynamique de gain varient fortement. Afin d'analyser expérimentalement l'effet de variation de la longueur de la zone active sur le comportement du SOA et en particulier l'effet de la rotation de polarisation dans une longue structure et vu la non disponibilité des longs composants dans le laboratoire qui peuvent être montés en espace libre, nous avons adopté un dispositif expérimental similaire à l'utilisation d'une cascade de deux SOAs identiques. La figure 4.21 symbolise le principe du montage expérimental utilisé.

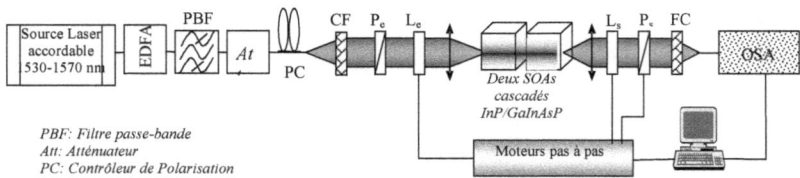

Figure 4.21 : Montage expérimental.

4.8.2 Résultats et interprétations

Nous présentons les résultats correspondants à l'analyse de l'effet de la rotation non linéaire de polarisation dans un long SOA. Notamment, nous étudions l'impact de variation de la puissance du signal d'entrée sur le comportement de la structure pour différents états de polarisation, à savoir : une polarisation linéaire horizontale (connue par la polarisation TE), une polarisation linéaire verticale (dite aussi polarisation TM), une polarisation linéaire à +45° (LP+45°), une polarisation linéaire à -45° (LP-45°), une polarisation circulaire droite (RHCP) et une polarisation circulaire gauche (LHCP).

Nous pouvons remarquer, d'après la figure 4.22, que le croisement des courbes du gain TE et TM (c.-à-d. un gain différentiel nul) est obtenu pour quelques faibles puissances injectées ; ce qui prouve que l'ensemble des deux SOAs cascadés est insensible à la polarisation sur la plage de puissance indiquée. Ce comportement est intrinsèquement lié à la structure massive contrainte du matériau amplificateur et révélateur de l'anisotropie du gain matériau. De plus, le gain différentiel (PDG) subit une variation selon l'état de polarisation d'entrée lorsque la puissance optique injectée augmente. Ainsi, nous constatons que l'injection de la puissance optique selon une polarisation circulaire gauche en entrée du SOA présente une variation minimale du gain différentiel. La variation maximale du PDG est de 1,236 dB, qui correspond à une injection d'une puissance en entrée égale à -16 dBm selon un angle de 90°.

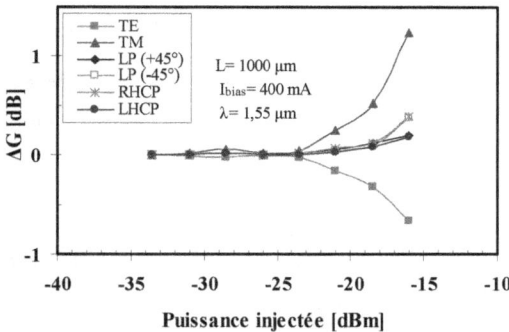

Figure 4.22 : Evolution du gain différentiel en fonction de la puissance injectée avec différents états de polarisation en entrée (L =1000 µm).

Egalement, le déphasage est représenté, dans la figure 4.23, en fonction de la puissance injectée pour différents états de polarisation à l'entrée. Cependant, nous pouvons signaler qu'il y a une décroissance du déphasage au fur et à mesure que la puissance optique du signal incident augmente. Ce comportement correspond à la variation de la biréfringence induite par le changement de la densité des porteurs dans le SOA, subséquent à la variation de la puissance. De plus, ce changement de déphasage est particulièrement significatif dans la bande de gain et ce, d'autant plus que la puissance injectée est élevée, qui correspond au fonctionnement en régime de saturation.

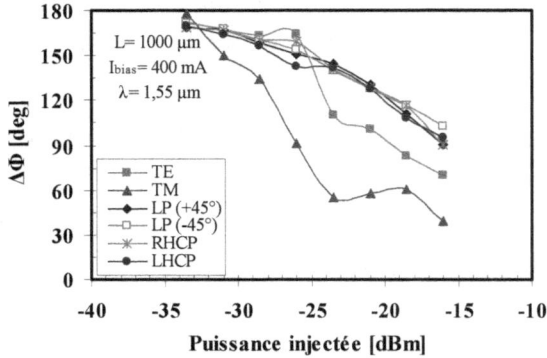

Figure 4.23 : Evolution du déphasage en fonction de la puissance injectée avec différents états de polarisation en entrée (L =1000 μm).

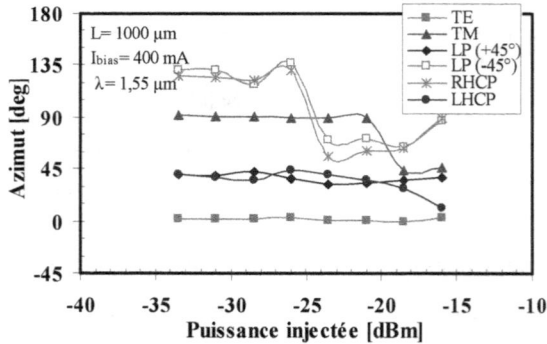

Figure 4.24 : Evolution de l'azimut en fonction de la puissance injectée avec différents états de polarisation en entrée (L =1000 μm).

L'évolution de l'azimut et de l'ellipticité en fonction des conditions d'injection est illustrée, respectivement, dans les figures 4.24 et 4.25. Leurs variations sont justifiées par le fait que la présence d'un signal optique injecté affecte la densité des porteurs et induit par lui-même des modifications de la biréfringence et du dichroïsme dans le milieu actif du SOA.

Nous constatons que l'azimut, à la sortie du SOA, reste quasiment constant pour les faibles puissances injectées. Toutefois, nous relevons une décroissance de ce paramètre avec l'augmentation de la puissance optique d'entrée.

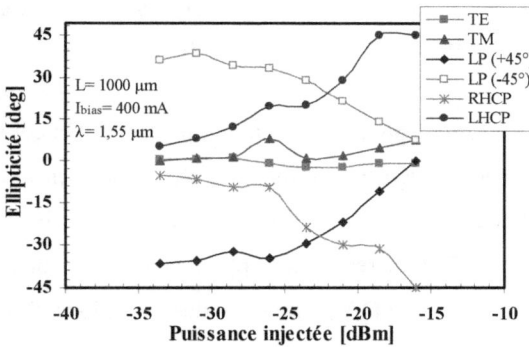

Figure 4.25 : Evolution de l'ellipticité en fonction de la puissance injectée avec différents états de polarisation en entrée (L =1000 µm).

Egalement, l'ellipticité, illustrée dans la figure 4.25, est quasi-constante pour les faibles puissances injectées. Aussi, elle connaît une variation significative en augmentant la puissance optique d'entrée.

En comparant les résultats obtenus dans les figures 4.17 et 4.25, nous pouvons constater qu'en augmentant la puissance d'entrée, la variation de l'ellipticité pour le cas d'un long SOA (1000 µm pour notre cas) est plus significative que celle correspondante à un court SOA (ayant une longueur de 500 µm).

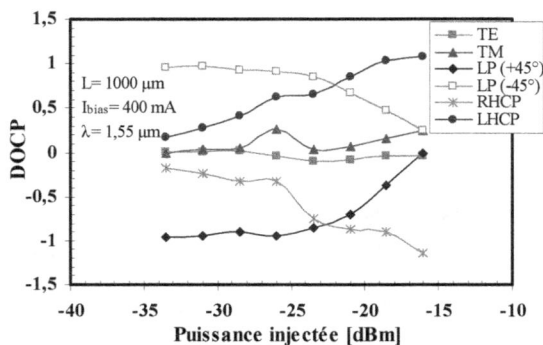

Figure 4.26 : Evolution du DOCP en fonction de la puissance injectée avec différents états de polarisation en entrée (L =1000 µm).

L'évolution du degré de polarisation circulaire (DOCP) et celle du degré de polarisation linéaire (DOLP) en fonction de la puissance injectée pour différents états de polarisation sont représentées, respectivement, dans les figures 4.26 et 4.27. Ces résultats expliquent bien le changement de la polarisation à la sortie du SOA en fonction des conditions d'injection.

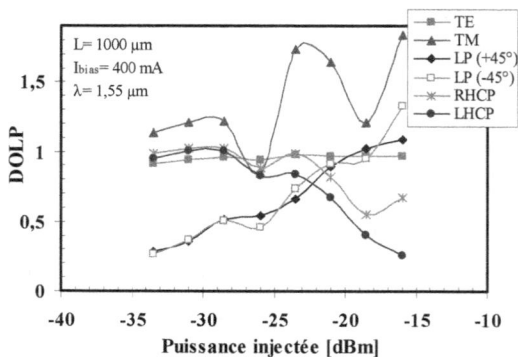

Figure 4.27 : Evolution du DOLP en fonction de la puissance injectée avec différents états de polarisation en entrée (L =1000 µm).

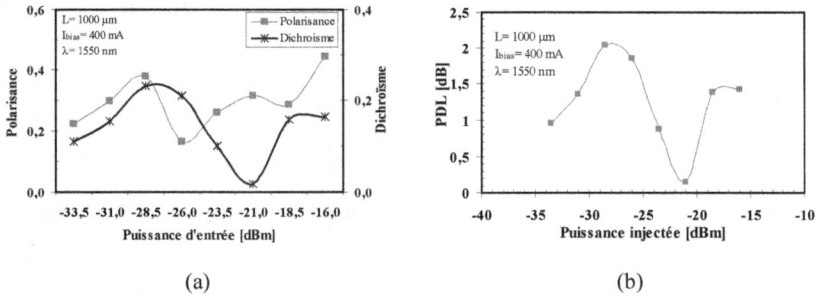

(a)   (b)

Figure 4.28 : Evolution de la Polarisance, du Dichroïsme et de la PDL en fonction de la puissance injectée (L =1000 μm).

De même, les autres propriétés polarimétriques extractibles de la matrice de Mueller (Polarisance, Dichroïsme et PDL) sont représentées dans la figure 4.28. Nous remarquons que la valeur minimale de la Polarisance est de 16,36 % pour une puissance optique d'entrée P_{in}= -26 dBm; sa valeur maximale est de 44,46 % pour P_{in}= -16 dBm. Également, le minimum du dichroïsme est de 1,63 % qui correspond à une puissance optique injectée de -21 dBm et sa valeur maximale est de 23% pour une puissance optique d'entrée égale à -28,5 dBm. La courbe donnée par la figure 4.28.c montre que la variation maximale de la perte d'insertion lorsque l'état de la polarisation d'entrée varie est minimale (~ 0,14 dB) pour une puissance optique injectée de -21dBm ; elle présente un maximum de 2,04 dB pour P_{in}= -28,5 dBm.

4.9   Application de la rotation non linéaire de polarisation pour la réalisation des fonctions tout optiques

4.9.1 Montage expérimental pour le blocage du signal de sortie

Dans cette partie, nous avons adopté le même montage expérimental initial avec quelques modifications aux étages de codage et de décodage en polarisation. Le nouveau dispositif expérimental utilisé est schématisé dans la figure 4.29. En effet, le spectro-polarimètre comprend les blocs suivants:

- un premier bloc qui comprend la source laser accordable et son dispositif de contrôle d'intensité.

- un bloc correspondant à l'étage de codage en polarisation, qui permet de contrôler la polarisation du signal d'entrée. Il est constitué d'un contrôleur de polarisation "CP", d'un collimateur fibré "CF" et d'un polariseur "P_e". Il permet d'imposer un état de polarisation linéaire au signal optique injecté dans le SOA.

- un bloc qui comprend les éléments permettant le couplage du signal d'entrée et sa récupération en sortie du composant SOA, qui est positionné d'une façon à ce que ses axes TE et TM correspondent, respectivement, aux axes horizontal et vertical du référentiel du laboratoire.

- un bloc représentant l'étage de décodage en polarisation, qui permet d'analyser l'état de polarisation de sortie. Il est composé d'une lame quart d'onde ($\lambda/4$) et une lame demi onde ($\lambda/2$) montées en espace libre, qui sont semblables ensemble à un contrôleur de polarisation ; et d'un polariseur "P_s". Cet étage permet de réaliser manuellement l'extinction de la puissance du signal en sortie du dispositif, quel que soit son état de polarisation.

- un dernier bloc qui comprend un collimateur fibré "CF" et un analyseur de spectre optique (OSA) adapté à un filtre optique passe-bande ayant une largeur de bande égale à 0,07 nm afin de rejeter l'ASE produite par le SOA.

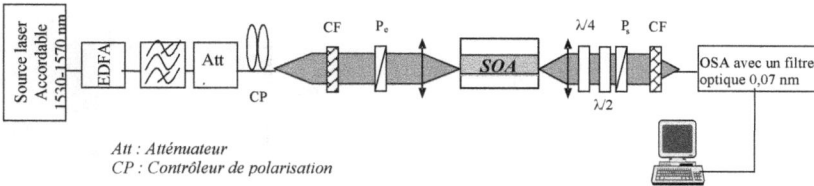

Figure 4.29 : Montage expérimental utilisé pour le blocage du signal de sortie.

Le polariseur d'entrée P_e étant fixé à un angle de 135° par rapport à l'axe horizontal (TE) afin d'injecter une polarisation linéaire tout en assurant une égalité des deux puissances TE et TM. La linéarisation se fait avec le contrôleur de polarisation de sortie qui est composé d'une lame quart d'onde ($\lambda/4$) et d'une autre lame demi onde ($\lambda/2$). Tandis que le blocage du signal se fait avec le polariseur de sortie P_s autour d'une puissance dite de blocage. La variation des deux lames quart d'onde ($\lambda/4$) et demi onde ($\lambda/2$) a été faite de telle sorte que nous obtenons la puissance la plus faible possible à la sortie.

4.9.2 Résultats expérimentaux et discussion

Après plusieurs tests, nous avons choisi une puissance de blocage du dispositif ayant une valeur égale à -2 dBm, qui est située au coeur du régime de saturation du composant, puisqu'elle permet d'obtenir une forte variation de la puissance de sortie pour une variation plus faible de la puissance d'entrée. Autrement dit, elle permet une très bonne amélioration du taux d'extinction du signal injecté. L'évolution de la fonction de transfert du SOA suite au blocage du signal de sortie à une puissance d'entrée P_{in}=-2 dBm pour un courant d'alimentation I_{bias}= 150 mA et I_{bias}= 200 mA est illustrée dans la figure 4.30.

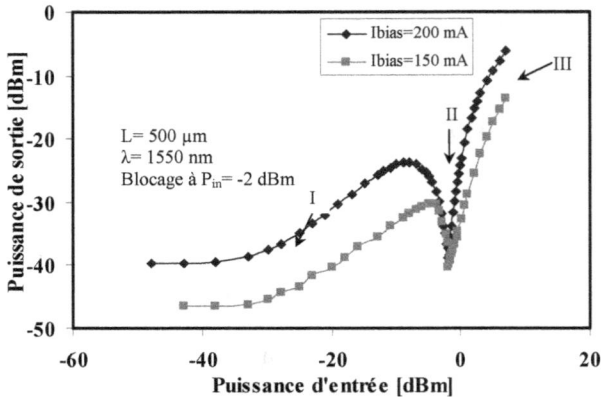

Figure 4.30 : Evolution de la fonction de transfert du SOA suite au blocage du signal de sortie à une puissance d'entrée P_{in}=-2 dBm.

Nous remarquons que la puissance de sortie du SOA prend des valeurs beaucoup plus significatives lorsque le courant injecté augmente qui correspond à une contribution faible de l'ASE. Nous constatons aussi que la courbe de la fonction de transfert du SOA peut exhiber trois différents régimes : I, II et III selon la puissance optique injectée. Le premier régime correspond à une croissance "lente" de la puissance de sortie en augmentant la puissance d'entrée. Le deuxième régime fait référence à une décroissance rapide de la puissance de sortie suite au blocage. Dans le régime III, la puissance de sortie du SOA devient de plus en plus importante avec l'augmentation de la puissance optique injectée.

La figure 4.31 illustre l'évolution du gain en fonction de la puissance injectée et du courant d'alimentation pour le cas d'un blocage du signal de sortie à une puissance d'entrée P_{in}=-2 dBm. Nous remarquons que la valeur maximale du gain correspond à ce point de blocage. Au-delà de ce point, le gain décroît et par conséquent il y aura une saturation de gain ; cela correspond bien à une réduction de la densité des porteurs.

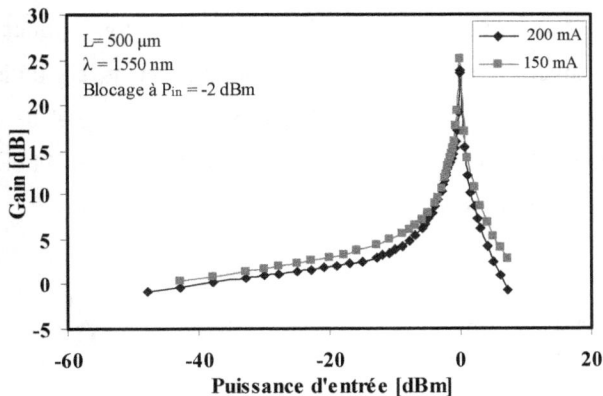

Figure 4.31 : Gain du SOA suite au blocage du signal de sortie à une puissance d'entrée P_{in}=-2 dBm.

4.9.3 Régénération 2R et Conversion en longueur d'onde tout-optique inversée et non inversée en exploitant la SPR

Les SOAs présentent de nombreux attraits pour les applications de conversion en longueurs d'ondes et de régénération, celui-ci a constitué le cœur des fonctions optiques étudiées. En effet, la conversion en longueurs d'ondes utilisant les SOAs est une technologie mature, très intéressante pour les nouvelles générations des réseaux optiques et en particulier les réseaux WDM. Plusieurs méthodes ont été proposées dans la littérature pour la conversion en longueur d'onde inversée ou non inversée [4-7] ; chacune a ses avantages et ses inconvénients. Outre la configuration utilisée ou l'effet non linéaire exploité du SOA, la conversion en longueur d'onde simultanée inversée et non inversée pourrait s'avérer très attrayante et avantageuse en la comparant à une conversion simple. Bien qu'elle a été déjà exhibée par l'adoption d'une cascade de deux SOAs [8], ou d'une configuration basée sur l'effet XPM du SOA [9, 10], nous montrons, dans la figure 4.32, que la conversion en longueur d'onde tout optique inversée ou/et non inversée peut être assurée simultanément en utilisant une configuration plus simple, par un simple blocage du signal de sortie du SOA. Cette configuration a été réalisée en exploitant la XPolM du SOA en configuration pompe-sonde [11].

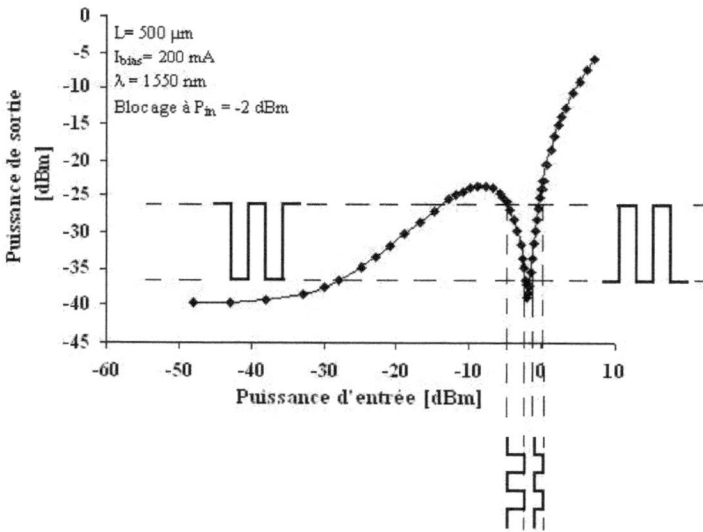

Figure 4.32 : Schéma de principe de la conversion en longueur d'onde inversée et non inversée en exploitant la SPR.

Nous pouvons souligner qu'en exploitant la rotation non linéaire de polarisation, nous pouvons réaliser soit une conversion inversée soit non-inversée, selon le choix de la valeur de la puissance moyenne du signal à injecter (pompe). En effet, si la valeur de cette dernière est inférieure à la puissance de blocage, une conversion de longueur d'onde inversée est accomplie ; pour le cas contraire, une conversion non inversée est achevée. D'où l'intérêt et l'importance du choix de la valeur de la puissance de blocage pour sélectionner la caractéristique de transfert la mieux adaptée à l'application que nous souhaitons la réaliser.

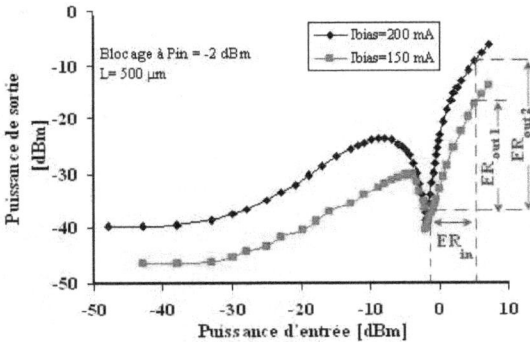

Figure 4.33 : Evolution de la fonction de transfert statique utilisée pour la régénération 2R tout-optique en fonction du courant injecté dans le SOA.

Dans la figure 4.33, nous représentons la fonction du transfert statique du SOA pour une puissance de blocage de -2 dBm pour deux différentes valeurs du courant injecté (150 mA et 200 mA). Nous remarquons que le taux d'extinction (ER) à la sortie est nettement supérieur à celui d'entrée ($ER_{in} < ER_{out}$). De plus, nous pouvons constater que nous obtenons un ER plus élevé lorsqu'un courant plus fort est utilisé. Donc, en exploitant la SPR, il est possible de réaliser la régénération 2R tout-optique d'un signal incident tout en garantissant une bonne efficacité.

235

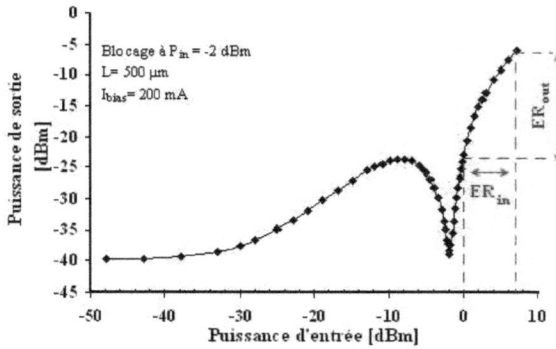

Figure 4.34 : Régénération 2R tout-optique en exploitant la SPR.

D'après la figure 4.34, nous pouvons constater que l'amélioration du taux d'extinction, donnée par la différence (ER_{out}-ER_{in}), est de l'ordre de 11 dB si la puissance d'entrée est fixée à 0 dBm. Afin de se bénéficier de cette amélioration d'une manière optimale, il faut que la puissance correspondant au niveau bas du signal à régénérer soit légèrement supérieure à celle de la puissance de blocage et que la puissance correspondant à son niveau haut ne soit pas trop élevée, pour limiter la saturation de la structure SOA.

4.9.4 Réalisation des portes logiques tout-optiques

Nous nous intéressons, dans cette section, à démontrer la possibilité de la réalisation des fonctions tout-optiques, en exploitant la rotation non linéaire de polarisation dans le SOA, plus particulièrement les portes logiques tout-optiques (NAND, OR, NOR, XOR, XNOR) qui sont nécessaires pour le routage et la réalisation de certaines fonctions optiques essentielles pour la commutation de paquet dans les réseaux optiques transparents.

4.9.4.1   Réalisation des portes logiques tout-optiques : NAND

Nous montrons la faisabilité de réalisation des portes logiques tout-optiques NAND en exploitant la rotation non linéaire de polarisation dans la structure SOA, dans la figure 4.35.

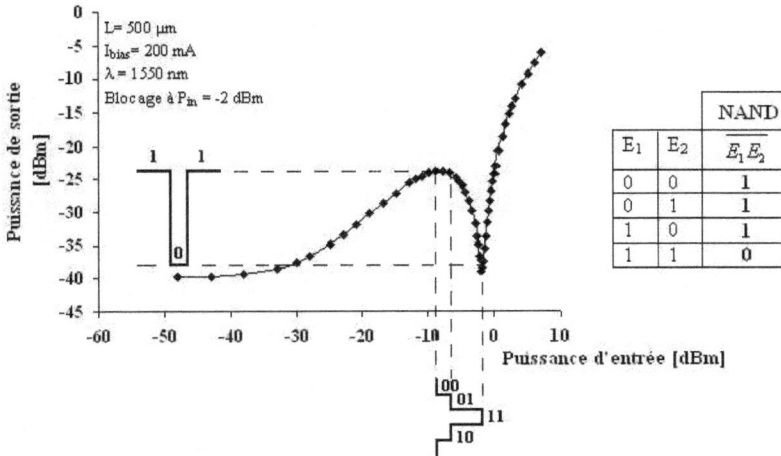

Figure 4.35 : Réalisation d'une porte logique optique NAND.

D'après la fonction de transfert statique donnée par la figure 4.35, la même configuration peut être exploitée pour assurer une porte logique optique NAND, dont le principe de fonctionnement est comme suit : la pompe va se composer de deux signaux E_1 et E_2 jouant le rôle d'entrées logiques. Le signal de sonde en sortie ($E_s = \overline{E_1 . E_2}$) du dispositif sert, lui, de sortie logique. Les trois signaux E_1, E_2 et E_s sont simultanément injectés dans le SOA. Nous ajustons l'étage de sortie du dispositif afin de bloquer le signal lorsque les deux signaux de pompe sont à leur puissance maximale, ce qui correspond au niveau logique haut (11), ce qui donne en sortie un niveau logique bas (0). Les autres cas correspondent au niveau logique haut

(1). Ce qui prouve que la fonction logique optique obtenue dans ce cas est bien la fonction NAND.

4.9.4.2   Réalisation des portes logiques tout-optiques : OR et NOR

Les figures 4.36 et 4.37 représentent, respectivement, la fonction de transfert statique des portes logiques OR et NOR. Elles démontrent la faisabilité de réalisation de ces fonctions.

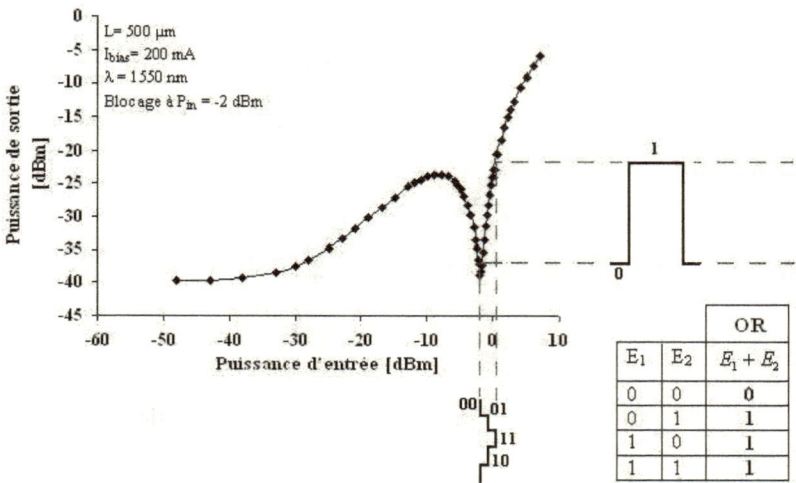

Figure 4.36 : Réalisation d'une porte logique optique OR.

Le principe de fonctionnement de la porte logique OR est le suivant : nous considérons que la pompe se compose de deux signaux E_1 et E_2 jouant le rôle d'entrées logiques pour la porte logique. Le signal de sonde en sortie ($E_s = E_1 + E_2$) du dispositif sert, lui, de sortie logique. Les trois signaux E_1, E_2 et E_s sont simultanément injectés dans le SOA. Ensuite, l'étage de sortie du dispositif est ajusté afin de bloquer le signal lorsque les deux signaux de pompe sont à leur puissance minimale, ce qui correspond au niveau logique bas (00), ce qui donne en sortie un niveau logique bas (0). Les autres cas correspondent au niveau logique haut (1). D'où l'accomplissement de la fonction logique optique OR.

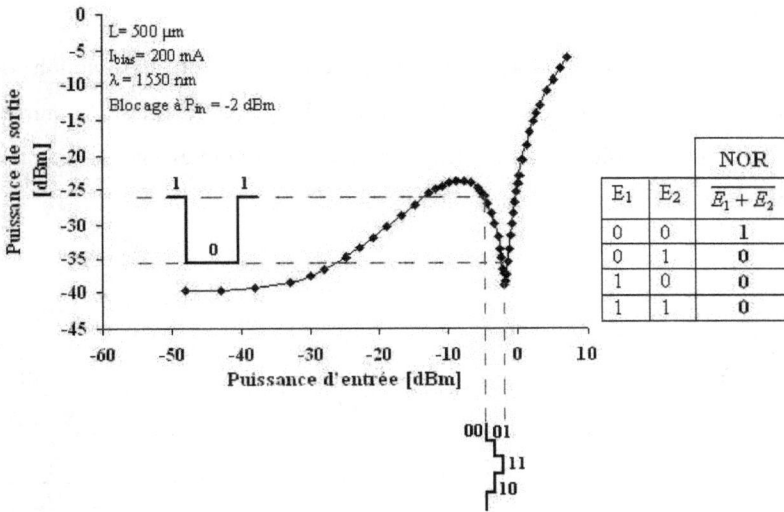

Figure 4.37 : Réalisation d'une porte logique optique NOR.

Le principe de fonctionnement de la porte logique NOR, ayant la fonction de transfert statique représentée dans la figure 4.37, est comme suit : la pompe va se composer de deux signaux E_1 et E_2 jouant le rôle d'entrées logiques pour la porte logique. Nous considérons aussi que le signal de sonde en sortie ($E_s = \overline{E_1 + E_2}$) du dispositif sert, lui, de sortie logique. Les trois signaux E_1, E_2 et E_s sont simultanément injectés dans le SOA. Nous ajustons l'étage de sortie du dispositif pour bloquer le signal lorsqu'un parmi les deux signaux de pompe est à sa puissance maximale, c'est-à-dire, lorsqu'une des deux entrées logiques est au niveau logique haut (01 ou 10 ou 11), ce qui donne en sortie un niveau logique bas (0). L'autre cas correspond au niveau logique haut (1). Ce qui justifie que la fonction logique optique obtenue dans cette situation est bien la

239

fonction NOR.

4.9.4.3   Réalisation des portes logiques tout-optiques : XOR et XNOR

Les figures 4.38 et 4.39 illustrent, respectivement, la fonction de transfert statique pour les portes logiques XOR et XNOR. Elles démontrent la faisabilité de réalisation de ces fonctions. tout-optiques en exploitant la rotation non linéaire de polarisation du SOA.

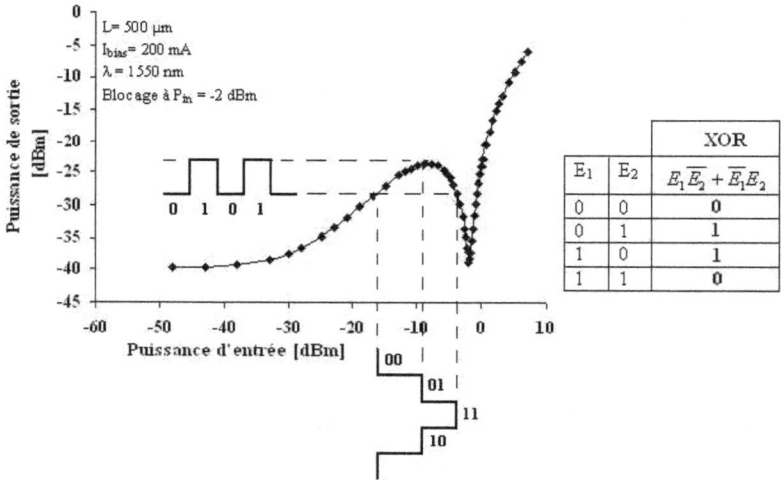

Figure 4.38 : Réalisation d'une porte logique optique XOR.

Le principe de fonctionnement de la porte logique XOR est le suivant : la pompe va se composer de deux signaux E_1 et E_2 jouant le rôle d'entrées logiques pour la dite porte logique. Nous considérons aussi que le signal de sonde en sortie ($E_s = E_1\overline{E_2} + \overline{E_1}E_2$) du dispositif sert, lui, de sortie logique. Tout d'abord, nous allons injecter simultanément les trois signaux E_1, E_2 et E_s dans la structure SOA. Ensuite, nous ajustons l'étage de sortie du dispositif afin de bloquer le signal lorsque les entrées logiques sont toutes les deux soit au niveau bas (00), soit au niveau haut (11), ce qui donne en sortie un niveau logique bas (0). Les autres cas correspondent au niveau logique haut (1). D'où l'accomplissement de la fonction logique optique XOR.

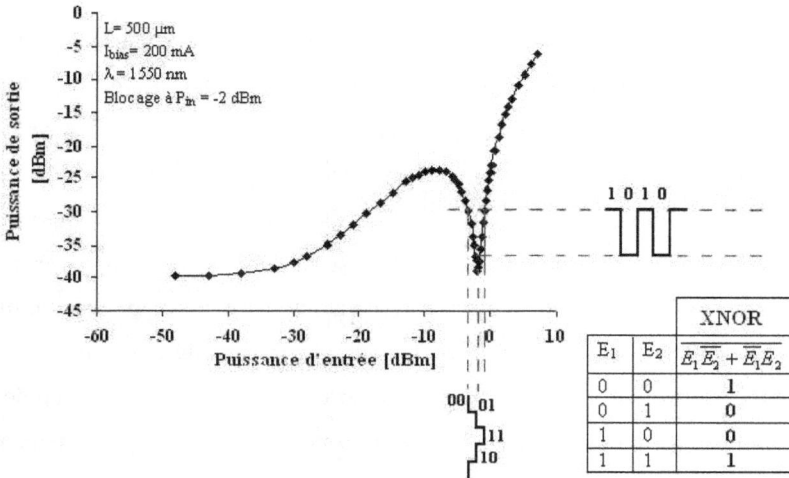

Figure 4.39 : Réalisation d'une porte logique optique XNOR.

Le principe de fonctionnement de la porte logique XNOR, ayant la fonction de transfert statique représentée dans la figure 4.39, est comme suit : nous considérons que la pompe va se composer de deux signaux E_1 et E_2 jouant le rôle d'entrées logiques pour la dite porte logique. De même, le signal de sonde en sortie ($E_s = \overline{E_1\overline{E_2} + \overline{E_1}E_2}$) du dispositif sert, lui, de sortie logique. Au premier lieu, nous injectons simultanément les trois signaux E_1, E_2 et E_s dans le SOA. Ensuite, nous ajustons l'étage de sortie du dispositif afin de bloquer le signal lorsqu'un et un seul parmi les deux signaux de pompe est à sa puissance maximale, c'est-à-dire, lorsqu'une et une seule, des deux entrées logiques est au niveau logique haut (01 ou 10), ce qui donne en sortie un niveau logique bas (0). Les autres cas correspondent au niveau logique haut (1). D'où l'accomplissement de la fonction logique optique XNOR.

4.10 Conclusion

Dans ce chapitre, nous avons mis l'accent sur une analyse spectro-polarimétrique du composant SOA, basée sur le formalisme de Mueller-Stokes, qui a été menée expérimentalement moyennant un spectro-polarimètre de haute précision, développé dans le laboratoire RESO de l'ENIB, spécifiquement adapté aux échantillons de type SOA. Les mesures expérimentales ont été effectuées en espace libre afin d'autoriser un meilleur contrôle et une meilleure préservation de l'état de polarisation du signal collecté. En effet, cette analyse nous a permis de connaître d'une manière plus profonde, en traitant les matrices de Mueller, l'évolution des propriétés polarimétriques du SOA avec les conditions de fonctionnement et de déterminer leurs caractéristiques utiles.

Egalement, nous avons montré que la mise en œuvre des fonctions optiques : portes logiques, régénérateur 2R, convertisseur en longueur d'onde (conversion inversée ou non inversée), peut être effectuée en exploitant l'effet de rotation non linéaire de polarisation au sein du SOA et ce en utilisant la même configuration expérimentale. Nous avons compris à la lecture de ce chapitre que la mise en évidence de l'efficacité des fonctions optiques obtenues dépend des paramètres du composant SOA et plus particulièrement des conditions d'injection liées principalement à la l'état de polarisation et la puissance du signal injecté.

Bibliographie du chapitre

[1] A. Sharaiha, B. Boulbry, B. Le Jeune, F. Bentivegna, F. Boulvert, F. Pellen, J. Cariou, J. Le Bihan, J. Topomondzo, M. Amaya, M. Guégan, M. Tariaki, P. Morel, and Y. Boucher, "Analyse polarimétrique d'un amplificateur optique à semi-conducteurs (SOA)," rapport du projet PRIR opération n° A3CAN4, programme 211-B1-8, laboratoires LSOL et RESO, ENIB, France, sept. 2006.

[2] F. Le Roy-Brehonnet, "Application de décompositions de matrices de Mueller à la caractérisation et à la classification des cibles," Thèse de doctorat, Université de Bretagne Occidentale, France, 1996.

[3] F. Boulvert, "Analyse des milieux fortement diffusants par polarimétrie de Mueller et méthodes optiques cohérentes : Application à l'étude du syndrome cutané d'irradiation aigue," Thèse de doctorat, Université de Bretagne Occidentale, France, 2006.

[4] Y. Liu, M.T. Hill, E. Tangdiongga, H. de. Waardt, N. Calabretta, G.D. Khoe and H.J.S. Dorren, "Wavelength converter using nonlinear polarization rotation in a single semiconductor optical amplifier," *IEEE Photonics Technology Letters*, vol. 15, pp. 90-92, 2003.

[5] M. Menif, P. Lemieux, W. Mathlouthi and L.A. Rusch, "Incoherent-to-coherent wavelength conversion using semiconductor optical amplifier," *IEEE International Conference on Communications*, Jun. 2004, vol. 3, pp. 1740-1744.

[6] G. Contestabile, N. Calabretta, M. Presi, and E. Ciaramella, "Single and multicast wavelength conversion at 40 Gb/s by means of fast nonlinear polarization switching in an SOA," *IEEE Photonics Technology Letters*, vol. 17, no.12, pp. 2652–2655, Dec. 2005.

[7] C. Politi, D. Klonidis, and M. J. O'Mahony, "Dynamic behavior of wavelength converters based on FWM in SOAs," *IEEE J. Quantum Electronics*, vol. 42, no.2, pp.108-125, Feb. 2006.

[8] Ali Hamié, Ammar Sharaiha, Mikael Guégan, and Jean Le Bihan, " All-optical inverted and non-inverted wavelength conversion using two cascaded semiconductor optical amplifiers," *IEEE Photonics Technology Letters*, vol. 17, no.6, pp. 1229-1231, 2005.

[9] S. Fu, J. Dong, P. Shum, and L. Zhang, "Experimental demonstration of both inverted and non-inverted wavelength conversion based on transient cross phase modulation of SOA," *Opt. Express*, vol. 14, no.17, pp. 7587-7593, Aug. 2006.

[10] J. Dong, X. Zhang, S. Fu, P. Shum, and D. Huang, "40 Gb/s Simultaneous inverted and non-inverted wavelength conversion based on SOA using transient cross phase modulation," *Optoelectronics, 2006 Optics Valley of China International Symposium on*, Nov. 2006, pp.37-40.

[11] M. Tariaki, A. Sharaiha, M. Guégan, F.F.L. Bentivegna, and M. Amaya, "All-Optical Inverted and Non-Inverted Wavelength Conversion Based on Cross Polarization Modulation in a Semiconductor Optical Amplifier," *IEEE International Conference on Information and Communication Technologies: from Theory to Applications IEEE-ICTTA '08*, Damascus- Syria, 2008, pp. 1-6.

Chapitre 5

Applications des SOAs aux Réseaux Optiques Avancés à Très Haut Débit

5.1 Introduction

Les SOAs présentent des avantages non négligeables, principalement en termes de multifonctionnalité, d'intégration à grande échelle, de coût et d'encombrement grâce au faible volume de leurs puces, qui les favorisent par rapport aux autres types d'amplificateurs pour être utilisés dans les futurs réseaux de télécommunications. Cependant, pour la raison de leur importance au niveau du processus d'amplification et leurs caractéristiques non linéaires attrayantes pour assurer des fonctions tout optiques diverses, les structures SOAs ou celles intégrées avec d'autres composants optiques peuvent être utilisées dans les réseaux d'accès, les réseaux métropolitains, les réseaux longue distance ou cœur des réseaux et les réseaux se basant sur la technologie de multiplexage en longueur d'onde à faible densité ou Coarse WDM (CWDM). En effet, les SOAs peuvent être exploités dans les réseaux d'accès, non seulement pour l'amplification en ligne, mais aussi pour la pré- et la post-amplification, voire comme module émetteur (pour le cas d'un SOA réflectif) chez l'abonné. Par conséquent, l'usage diversifié des SOAs selon l'application à mettre en œuvre dans les réseaux de communications optiques les rend très attractifs et compétitifs.

Nous nous intéressons dans ce chapitre à l'étude de faisabilité et de mise en œuvre des systèmes à base des SOAs pour des applications à très haut débit dédiées aux réseaux longue distance, aux réseaux métropolitains et aux réseaux d'accès.

5.2 Application des SOAs en amplification optique

5.2.1 Généralités sur l'usage des SOAs dans les architectures des réseaux optiques

L'usage des SOAs en amplification en ligne a reçu un intérêt renouvelé depuis la pénétration de la gestion des réseaux optiques dans le marché métropolitain. En effet, l'utilisation d'un SOA comme un préamplificateur à la réception est une approche importante pour la pré-amplification optique puisqu'il peut être intégré facilement avec un photo-détecteur. De même, un réseau (*array*) de SOAs peut être utilisé aussi comme un égaliseur compact du canal dans lequel les canaux des longueurs d'ondes peuvent être égalisés par l'ajustement du gain de leurs amplificateurs individuels. En plus, les SOAs montrent leur importance dans des applications pour la transmission à haut débit dans l'environnement métropolitain.

Vu leurs faibles coûts et leur potentiel élevé d'intégration, les SOAs sont considérés aussi comme étant la technologie d'amplification optique la plus appropriée pour le CWDM qui est connu comme une des solutions bas coût envisagée pour les réseaux d'accès optiques et dont l'intérêt par rapport au DWDM réside à un espacement spectral important (à l'ordre de 20 nm) autorisant une dérive en longueur d'onde d'émission des lasers ainsi qu'une dérive en fréquence des multiplexeurs. En effet, le CWDM est bien adapté quand la ressource fréquentielle optique est très surdimensionnée. Egalement, il permet d'utiliser des lasers non refroidis et beaucoup moins précis ainsi que des multiplexeurs en circuits planaires à base de réseaux de guides (AWG) athermiques également non contrôlés en température, depuis qu'un espacement spectral très fin entre les canaux exige au laser d'être régulé en température pour pouvoir garder une longueur d'onde d'émission très précise et fixe, puisqu'une légère dérive en longueur d'onde fait changer le canal emprunté dans le multiplexeur.

Une largeur de bande la plus grande possible, une puissance de saturation à la sortie la plus élevée et un facteur de bruit réduit se sont, en général, les caractéristiques demandées pour l'application d'un SOA en CWDM.

5.2.2 Etude et simulation de l'amplification en ligne en utilisant un SOA dans un système de transmission par soliton

Les fibres optiques monomodes standards "SMF" sont les plus déployées dans les réseaux métro de nos jours. Leurs caractéristiques sont déjà définies par la recommandation G.652 de l'Union Internationale de Télécommunications (UIT). Les valeurs limites de leur dispersion dans la bande de transmission à 1310 nm sont représentées dans la figure 5.1 [1]. Tandis que leur valeur de dispersion à 1550 nm est environ de 17 ps/nm.Km.

Nous constatons, d'après la figure 5.1, que la valeur de dispersion de la fibre SMF dans la bande 1306-1319 nm est plus faible dix fois que celle à 1550 nm. D'où l'intérêt d'exploiter la fenêtre de transmission à 1310 nm dans les réseaux métro.

Les réseaux métro se sont développés actuellement avec une vitesse à l'ordre de 10 Gbit/s en utilisant la bande O ~ [1300 -1360 nm]. Afin de mettre à jour et améliorer un réseau existant précédemment installé en fibres optiques SMF standard, la seule façon qui nous parait possible consiste à exploiter la fenêtre optique de 1310 nm en utilisant un SOA. Notons que les fibres à saut d'indices ont une longueur d'onde de dispersion nulle dans cette fenêtre.

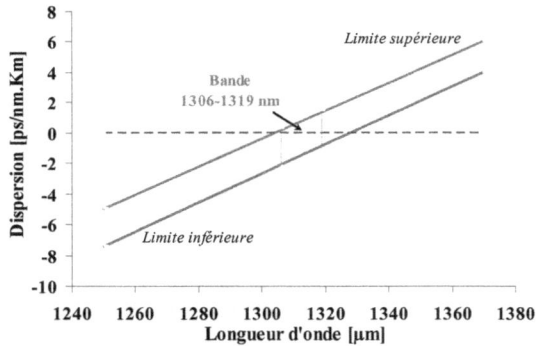

Figure 5.1 : les valeurs de dispersion recommandées, d'après l'UIT.

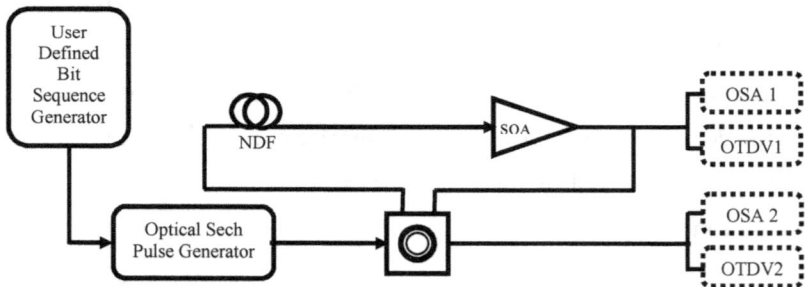

Figure 5.2 : Amplification en ligne dans un système de transmission par soliton en utilisant un SOA.

La transmission par soliton s'inscrit parmi les nouvelles techniques développées dans le cadre de la 5ème génération des systèmes de transmission optique. Nous nous intéressons dans cette partie à étudier et simuler une configuration, illustrée dans la figure 5.2, pour l'amplification en ligne dans un système de transmission par soliton à 10 Gbit/s en utilisant un SOA ayant les caractéristiques détaillées dans le tableau 5.1.

Notant que la simulation a été faite avec les caractéristiques suivantes [2] : la longueur de la fibre optique à dispersion non linéaire (NDF) est de 50 Km, le coefficient d'atténuation est égal à 0,4 dB/Km, la section effective A_{eff}= 62,8 µm² et l'indice de réfraction n_2= 2,6 .10^{-20} m²/W.

Tableau 5.1 : Paramètres de simulation du SOA utilisé en amplification en ligne.

Symbole	Description	Valeur
I_{bias}	Courant d'alimentation	43 mA
L	Longueur de la zone active	500 µm
W	Largeur de la zone active	3 µm
d	Epaisseur de la zone active	0,08 µm
Γ	Facteur de confinement optique	25 %
A	Coefficient de recombinaison non- radiative	143 000 000 1/s
B	Coefficient de recombinaison spontanée	1e-016 m^3/s
C	Coefficient de recombinaison d'Auger	3e-041 m^6/s
a_N	Gain différentiel	2,78e-20 m^2
N_0	Densité des porteurs à la transparence	1,4e+024 m^-3
α_N	Coefficient de modulation de phase	5
N	Densité initiale des porteurs	3e+024 m^-3

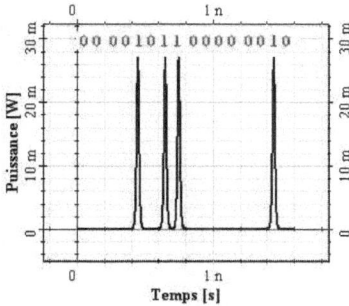

(a) Signal initial et la séquence binaire utilisée.

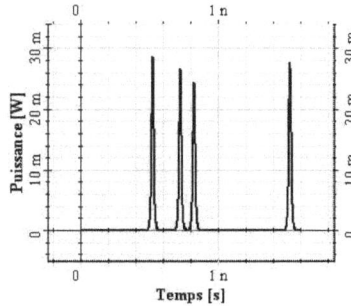

(b) Signal détecté au niveau du visualiseur optique (OTDV_1) juste à la sortie du SOA.

Figure 5.3 : Evolution du signal initial et celui détecté à la sortie du SOA.

La puissance utilisée au niveau du générateur optique est de 27,1 mW à une longueur d'onde égale à 1310 nm. L'amplification périodique est assurée par le SOA après chaque tronçon de fibre SMF de longueur égale à 50 Km. Le signal d'entrée utilisé, qui est schématisé dans la figure 5.3, ait la séquence binaire suivante : 000010110000001000.

Nous représentons, dans la figure 5.4, l'évolution du signal après avoir être amplifié périodiquement par le SOA après chaque tronçon de 50 Km sur une longueur totale de 500 Km de fibre optique SMF.

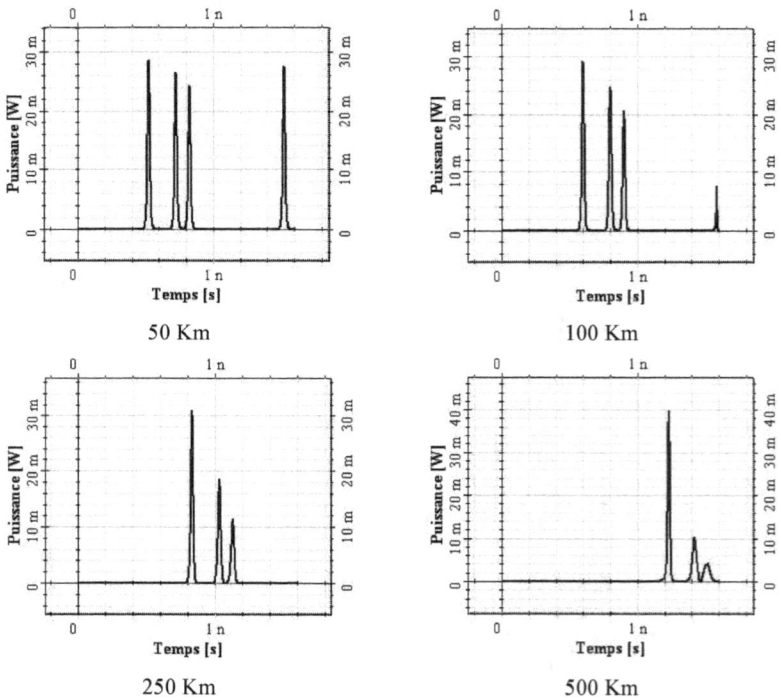

Figure 5.4 : Evolution d'impulsions du signal de sortie, visualisé à l'aide du visualiseur optique (OTDV_2), après chaque tronçon de fibre optique.

Cependant, nous pouvons remarquer, d'après la figure 5.4, qu'il y a une inégalité d'amplification d'impulsions ; cela montre l'existence de l'effet de pattern qui conduit à une réduction du gain des impulsions. Ainsi, nous pouvons conclure qu'en plus du problème d'interférence non linéaire [3] associé aux systèmes d'amplification en ligne en utilisant les SOAs, il y a apparition de l'effet de pattern qui est une conséquence directe des propriétés de saturation du gain du SOA.

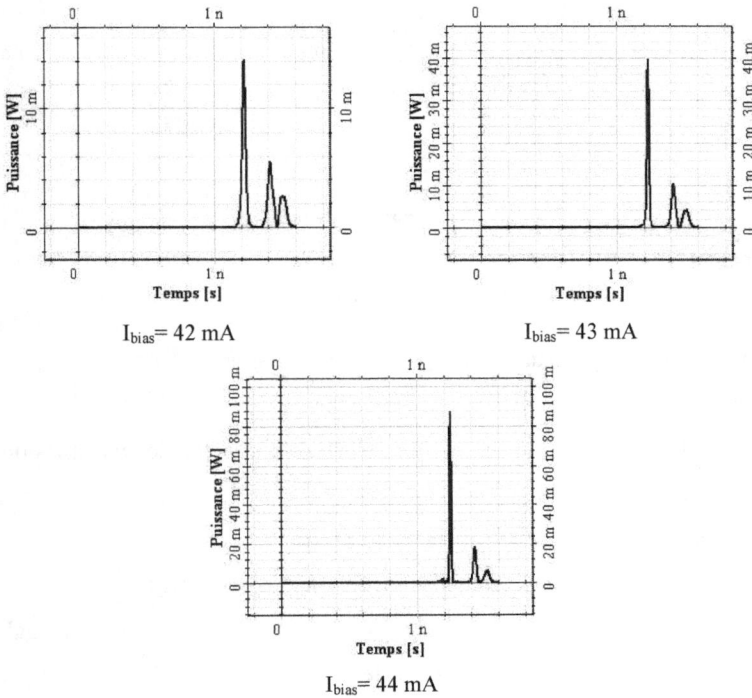

I_{bias}= 42 mA I_{bias}= 43 mA

I_{bias}= 44 mA

Figure 5.5 : Evolution d'impulsions du signal de sortie à une longueur de fibre SMF égale à 500 Km pour différentes valeurs du courant d'alimentation du SOA.

D'après les figures 5.5 et 5.6 qui représentent, respectivement, l'évolution d'impulsions et l'évolution du spectre du signal à la sortie pour une fibre optique ayant une longueur égale à 500 Km, nous remarquons qu'une très légère variation du courant d'alimentation du SOA peut engendrer une augmentation très importante de la puissance du signal.

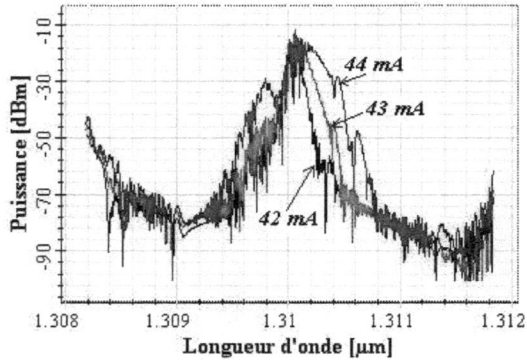

Figure 5.6 : Spectre du signal détecté au niveau de l'analyseur de spectre optique (OSA_2) pour différentes valeurs du courant d'alimentation du SOA.

Donc, les avantages d'utilisation d'un tel SOA en amplification optique en ligne sont :

- la faible dispersion de la fibre SMF à la fenêtre de transmission à 1310 nm.
- les caractéristiques attrayantes du SOA.

En outre, cette solution présente les inconvénients suivants :

- les effets de saturation du gain, qui amènent à une inégalité d'amplification d'impulsions (effet de pattern).
- le chirp que l'impulsion acquiert après l'amplification.

5.2.3 Simulation d'un canal de transmission en fibre SMF standard à 40 Gbit/s utilisant un SOA comme préamplificateur

Une approche importante pour la pré-amplification optique consiste à l'utilisation du composant SOA comme un préamplificateur à la réception puisqu'il peut être intégré facilement avec un photo-détecteur. Donc, il est possible d'améliorer nettement la sensibilité de détection d'une liaison par fibre optique (c.-à-d. un minimum de puissance pour un taux d'erreur donné) en pré-amplifiant le signal optique reçu à l'extrémité de la fibre à l'aide d'un SOA placé devant une photodiode. Nous allons nous focaliser et détailler encore plus cette approche en utilisant une configuration basée sur un canal de transmission en fibre SMF standard à 40 Gbit/s pour différents types de modulation (RZ, NRZ, CSRZ).

Tableau 5.2 : Paramètres des fibres à dispersion non linéaire utilisées.

Description	Fibre SMF	Fibre DCF
Longueur	50 Km	10 Km
Coefficient d'atténuation : α	0,2 dB/Km	0,5 dB/Km
Section effective : A_{eff}	80 μm^2	20 μm^2
Indice de réfraction : n_2	2,6 10^{-20} m^2/W	2,6 10^{-20} m^2/W
Constante de délai de groupe	4 900 000 ps/Km	4 900 000 ps/Km
Coefficient de dispersion de vitesse de groupe (GVD) : D	16 ps/nm/Km	-80 ps/nm/Km
Coefficient de la pente de dispersion	0,08 ps/nm^2/Km	0,08 ps/nm^2/Km

La ligne de transmission est composée d'une fibre optique monomode standard SMF (NDF1) suivie d'un amplificateur (EDFA1) pour compenser les pertes linéaires, après chaque tronçon de longueur égale à 50 Km ; et une fibre à compensation de dispersion DCF (NDF2) suivie d'un amplificateur (EDFA2) pour post-compenser les pertes linéaires. Les caractéristiques des fibres SMF et DCF sont données par le tableau 5.2 ; les amplificateurs EDFA1 et EDFA2 se caractérisent par un facteur de bruit NF= 6 dB et un gain, respectivement, égal à G= 10 dB et G= 5 dB.

Egalement, les caractéristiques du SOA utilisé comme un préamplificateur sont récapitulées dans le tableau 5.3.

Tableau 5.3 : Paramètres du SOA utilisé en pré-amplification.

Symbole	Description	Valeur
I_{bias}	Courant d'alimentation	250 mA
L	Longueur de la zone active	500 µm
W	Largeur de la zone active	2,7 µm
d	Epaisseur de la zone active	0,2 µm
Γ	Facteur de confinement optique	30 %
A	Coefficient de recombinaison non- radiative	143 000 000 1/s
B	Coefficient de recombinaison spontanée	1e-016 m^3/s
C	Coefficient de recombinaison d'Auger	3e-041 m^6/s
a_N	Gain différentiel	2,78e-20 m^2
N_0	Densité des porteurs à la transparence	1,4e+024 m^-3
α_N	Coefficient de modulation de phase	5
N	Densité initiale des porteurs	3e+024 m^-3

Etant donné que le format RZ est un format de modulation impulsionnel utilisé classiquement dans les réseaux optiques pour les transmissions à très longue distance de type Soliton, nous allons caractériser, en premier lieu, le processus de pré-amplification en utilisant un SOA avec un signal RZ en entrée. La configuration adoptée est schématisée dans la figure 5.7.

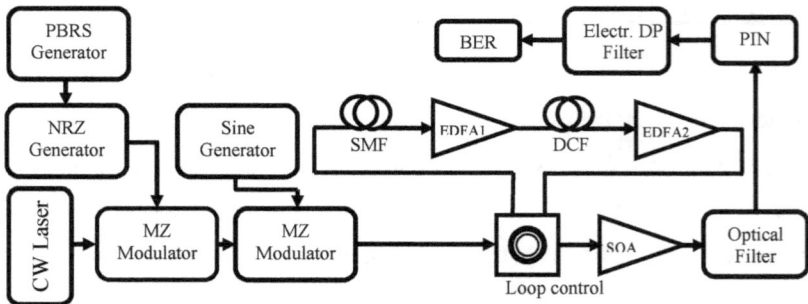

Figure 5.7 : Pré-amplification à base du SOA en utilisant une modulation de type RZ.

Pour générer des signaux optiques RZ, nous avons utilisé un générateur de séquence binaire PRBS (Séquence pseudo-aléatoire), un générateur de signal NRZ, un laser continu (CW), deux modulateurs Mach-Zehnder et un générateur de signal sinusoïdal électrique. En réception, nous avons utilisé un SOA suivi d'un filtre optique de type Bessel. Le signal est détecté par une photodiode à laquelle est connecté un filtre électrique passe-bas (Bessel d'ordre 4) qui permet de prendre en compte la bande passante du récepteur. Ainsi, l'analyse des signaux est effectuée par l'analyseur BER et l'analyseur du diagramme de l'œil.

Il existe des différents critères pour définir la qualité d'une transmission optique. Les principaux critères de qualité d'un signal transmis sont : le diagramme de l'œil, le taux d'erreur binaire et le facteur de qualité.

Le diagramme de l'œil représente la superposition de tous les symboles binaires du signal émis. Il est obtenu dans le domaine électrique après détection par une photodiode, un oscilloscope à échantillonnage, et une synchronisation à la fréquence de l'horloge.

Les indications fournies par le diagramme de l'œil sont :

- L'épaisseur de la paupière qui est un indicateur de la présence et de l'écart type du bruit additif.
- L'ouverture de l'œil qui nous permet de savoir si la détection sera aisée ou non (immunité au bruit).
- La commissure de l'œil qui nous permet de savoir si le signal présente de la gigue, c'est à dire si l'on est parfaitement synchronisé ou non.

Le diagramme de l'œil n'a toute fois qu'une valeur qualitative, le critère qui permet réellement d'évaluer de manière quantitative la qualité du signal est le taux d'erreur binaire (BER).

Le moyen quantitatif d'évaluer la qualité d'une transmission consiste à évaluer la probabilité d'erreur par élément binaire, qui correspond à la probabilité de prendre une décision erronée sur un élément binaire. Le BER est défini comme étant le rapport entre le nombre de bits erronés et le nombre de bits émis. Le récepteur prend une décision sur la présence d'un symbole '1' ou '0' selon le niveau de signal reçu. Cette décision est prise à l'instant d'échantillonnage et à l'aide d'une bascule de décision pour laquelle la tension reçue au dessus d'un seuil est considérée comme un symbole '1', et au-dessous de ce seuil comme un symbole '0'. Si les fluctuations d'amplitude et celles temporelles sont importantes, la tension d'un symbole '1' peut passer au-dessous du seuil et la tension d'un symbole '0' au-dessus du seuil, des erreurs sont alors commises.

Le BER communément accepté dans le milieu des télécommunications optiques est de 10^{-9}, correspondant à une erreur commise sur un milliard de bits lus. Plus que le BER est faible, plus le temps de mesure est long pour une même précision sur la mesure. A cet effet, puisque le BER est trop faible pour être mesuré, un autre paramètre sera introduit : c'est le facteur de qualité (Q). Il est défini comme étant le rapport signal sur bruit électrique en entrée du circuit de décision du récepteur. Ce paramètre est donc relié au taux d'erreur binaire, dans l'hypothèse où la distribution de la puissance des symboles est gaussienne, par la relation suivante :

$$BER_{min} = \frac{1}{2}.erfc\left(\frac{Q}{\sqrt{2}}\right) = \frac{1}{\sqrt{\pi}}\int_{Q/\sqrt{2}}^{+\infty}e^{-y^2}dy \approx \frac{e^{Q^2/2}}{Q.\sqrt{2\pi}} \qquad (5.1)$$

La figure 5.8 représente l'évolution du facteur Q et du BER en fonction de la puissance injectée pour différentes longueurs de fibre SMF avec la présence ou non du composant SOA. Egalement, nous représentons, dans la figure 5.9, le diagramme de l'œil pour chacun des cas où le facteur Q serait maximum pour une modulation de type RZ à un débit égal à 40 Gbit/s.

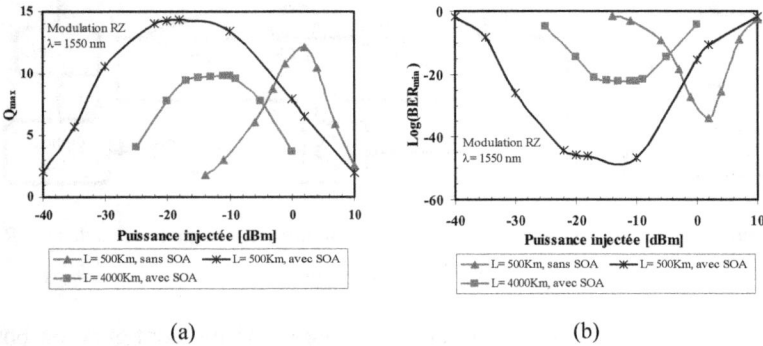

(a)   (b)

Figure 5.8 : Evolution du facteur de qualité (Q) et du taux d'erreur binaire (BER) en fonction de la puissance injectée pour le cas d'une modulation RZ à 40 Gbit/s.

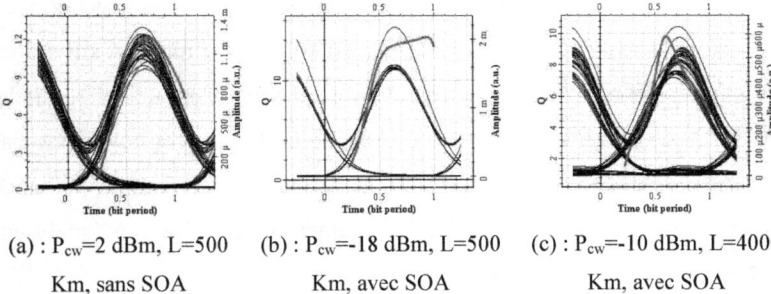

(a) : P_{cw}=2 dBm, L=500   (b) : P_{cw}=-18 dBm, L=500   (c) : P_{cw}=-10 dBm, L=4000

Km, sans SOA   Km, avec SOA   Km, avec SOA

Figure 5.9 : Diagramme de l'œil pour le cas d'un facteur de qualité Q maximum pour une modulation RZ à 40 Gbit/s.

Cependant, nous pouvons constater que, pour une modulation RZ, le facteur Q correspondant à un système de pré-amplification utilisant un SOA est nettement supérieur à celui relevant à la même configuration en absence du SOA. De même, nous pouvons noter que le facteur de qualité diminue lorsque la longueur de la fibre SMF est très grande.

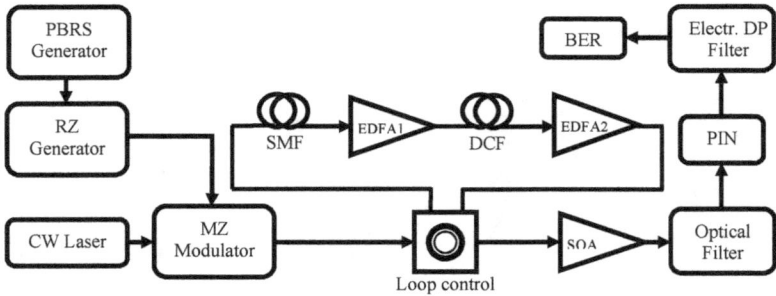

Figure 5.10 : Pré-amplification à base du SOA en utilisant une modulation de type RZ ($2^{\text{ème}}$ configuration).

Nous proposons, dans la figure 5.10, une deuxième configuration pour la pré-amplification à base du SOA en utilisant une modulation de type RZ. L'émetteur est composé d'un générateur de séquence binaire PRBS, d'un générateur de signal RZ et d'un laser continu qui sont connectés à un modulateur Mach-Zehnder. Le récepteur est constitué d'un SOA suivi d'un filtre optique de type Bessel. Le signal est ainsi détecté par une photodiode. A la sortie de ce dernier composant, il existe un filtre électrique passe-bas (de type Bessel d'ordre 4) qui permet de prendre en compte la bande passante du récepteur. Le signal est finalement caractérisé par l'analyseur BER et l'analyseur du diagramme de l'œil.

Nous représentons, dans la figure 5.11, l'évolution du facteur Q et du BER en fonction de la puissance injectée pour différentes longueurs de fibre SMF avec la présence ou non du SOA. Nous pouvons remarquer qu'avec cette deuxième configuration de pré-amplification à base du SOA, nous obtenons des valeurs de Q plus grandes ; et donc une qualité du signal plus meilleure, comparée à la première configuration étudiée.

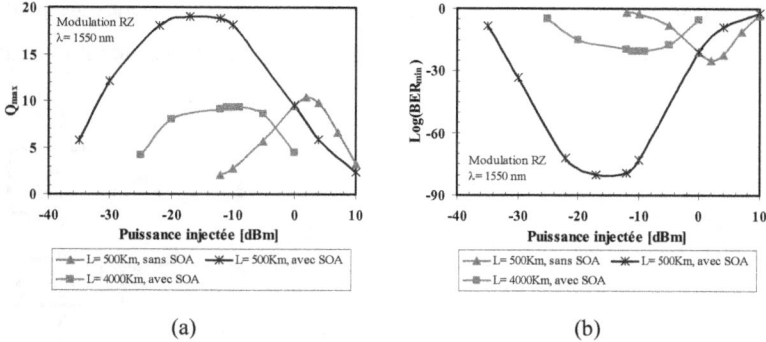

(a)   (b)

Figure 5.11 : Evolution du facteur de qualité (Q) et du taux d'erreur binaire (BER) en fonction de la puissance injectée pour le cas d'une modulation RZ (2ème configuration) à 40Gbit/s.

La figure 5.12 illustre les courbes représentatives du diagramme de l'œil qui correspondent à une valeur maximale du facteur de qualité Q pour une modulation de type RZ à un débit égal à 40 Gbit/s.

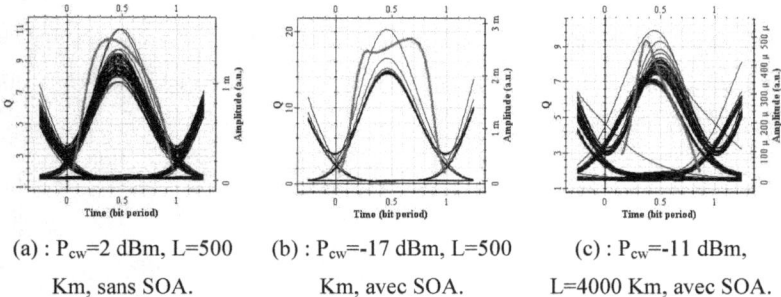

(a) : P_{cw}=2 dBm, L=500   (b) : P_{cw}=-17 dBm, L=500   (c) : P_{cw}=-11 dBm,
Km, sans SOA.   Km, avec SOA.   L=4000 Km, avec SOA.

Figure 5.12 : Diagramme de l'œil pour le cas d'un facteur de qualité Q maximum pour une modulation RZ (2ème configuration) à 40 Gbit/s.

Nous proposons dans la figure 5.13, une troisième configuration qui correspond à l'adoption d'une modulation NRZ. Ce type de modulation est considéré comme étant un format de modulation standard sur les liaisons optiques à 10 Gbit/s. L'émetteur est composé d'un générateur de séquence binaire PRBS, d'un générateur de signal NRZ et d'un laser continu qui sont connectés à un modulateur Mach-Zehnder. Le récepteur est identique aux cas précédents.

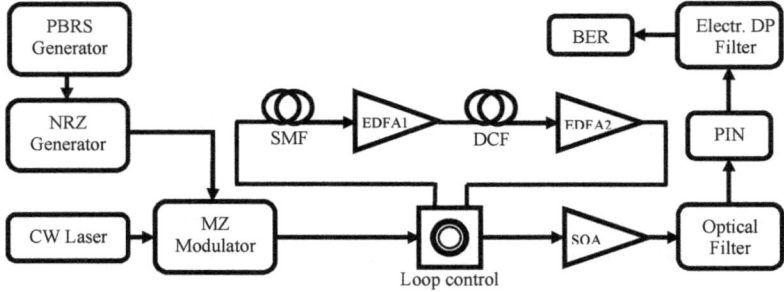

Figure 5.13 : Pré-amplification à base du SOA en utilisant une modulation de type NRZ.

Nous pouvons constater, d'après la figure 5.14, qu'en utilisant une configuration de pré-amplification à base du SOA avec une modulation de type NRZ, les valeurs du facteur Q obtenues sont intéressantes et comparables à celles obtenues avec une configuration utilisant une modulation de type RZ.

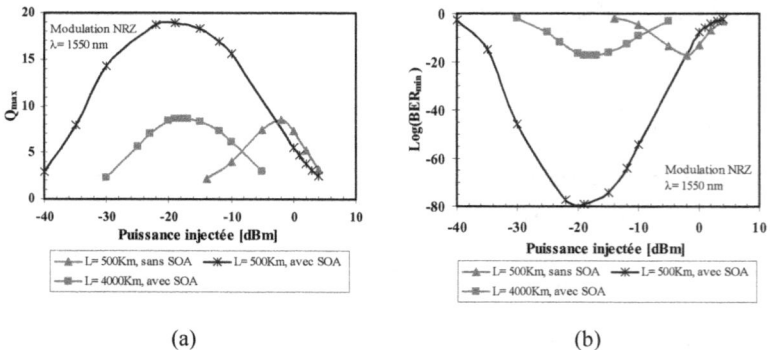

(a)   (b)

Figure 5.14 : Evolution du facteur de qualité (Q) et du taux d'erreur binaire (BER) en fonction de la puissance injectée pour le cas d'une modulation NRZ à 40 Gbit/s.

260

Les courbes représentatives du diagramme de l'œil correspondantes à une valeur maximale du facteur de qualité Q pour une modulation de type NRZ à un débit égal à 40 Gbit/s, sont représentées dans la figure 5.15.

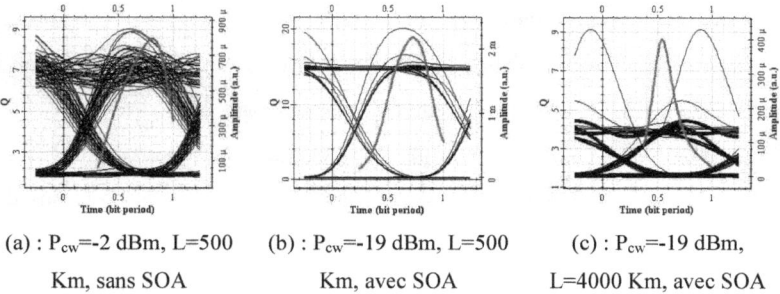

(a) : P_{cw}=-2 dBm, L=500 Km, sans SOA   (b) : P_{cw}=-19 dBm, L=500 Km, avec SOA   (c) : P_{cw}=-19 dBm, L=4000 Km, avec SOA

Figure 5.15 : Diagramme de l'œil pour le cas d'un facteur de qualité Q maximum pour une modulation NRZ à 40 Gbit/s.

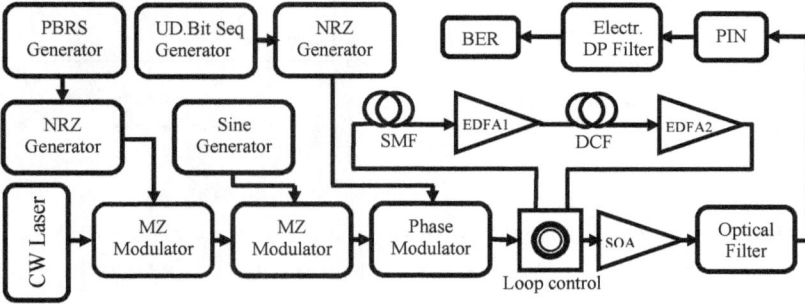

Figure 5.16 : Pré-amplification à base du SOA en utilisant une modulation avancée de type CSRZ.

Nous proposons dans la suite une configuration de pre-amplification à base du SOA en utilisant une modulation avancée de type CSRZ. Son schéma est représenté dans la figure 5.16. L'émetteur est composé d'un générateur de séquence binaire PRBS, deux générateurs de signal NRZ, un laser continu, deux modulateurs Mach-Zehnder, un générateur de signal sinusoïdal électrique et un modulateur de phase. Le récepteur est identique aux cas précédents.

Nous pouvons constater, d'après la figure 5.17, qu'en utilisant une configuration de pré-amplification à base du SOA avec une modulation de type CSRZ, les valeurs du facteur Q obtenues sont comparables à celles obtenues avec la première configuration utilisant la modulation RZ. De plus, lorsque la puissance injectée devient importante, nous obtenons des valeurs de Q très intéressantes avec la même configuration en absence du SOA.

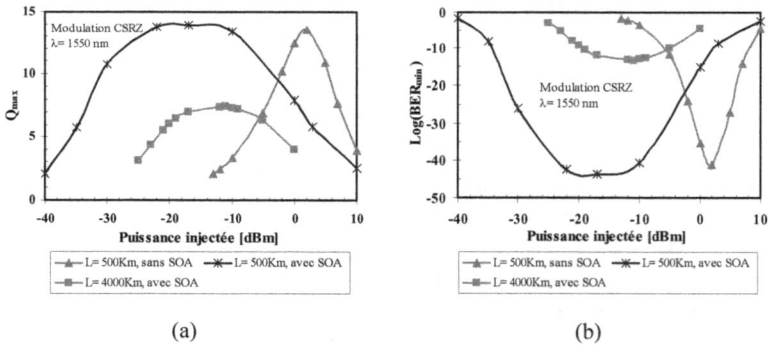

(a)   (b)

Figure 5.17 : Evolution du facteur de qualité (Q) et du taux d'erreur binaire (BER) en fonction de la puissance injectée pour le cas d'une modulation CSRZ à 40 Gbit/s.

Les courbes représentatives du diagramme de l'œil correspondantes à une valeur maximale du facteur Q pour une modulation de type CSRZ à un débit égal à 40 Gbit/s, sont représentées dans la figure 5.18.

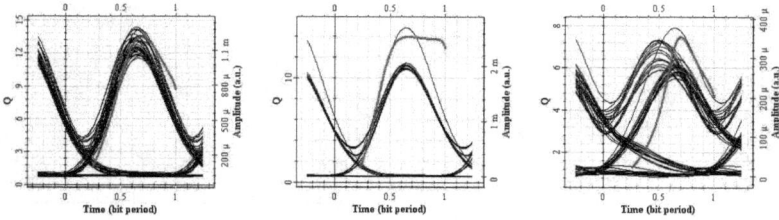

(a) : P_{cw}=2 dBm, L=500 Km, sans SOA

(b) : P_{cw}=-17 dBm, L=500 Km, avec SOA

(c) : P_{cw}=-11 dBm, L=4000 Km, avec SOA

Figure 5.18 : Diagramme de l'œil pour le cas d'un facteur de qualité Q maximum pour une modulation CSRZ à 40 Gbit/s.

Les figures 5.19 et 5.20 représentent un comparatif entre les différentes configurations de pré-amplification à base de SOA utilisées à 40 Gbit/s (RZ, NRZ, CSRZ).

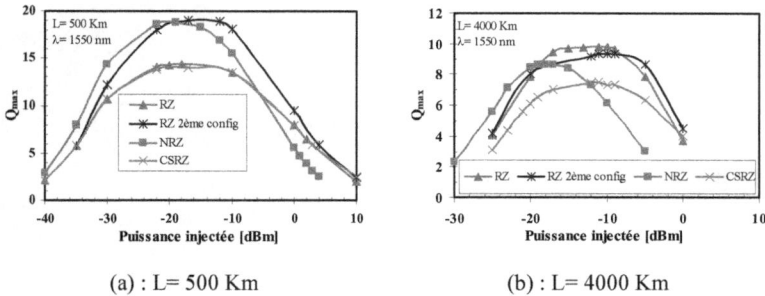

(a) : L= 500 Km

(b) : L= 4000 Km

Figure 5.19 : Evolution du facteur de qualité (Q_{max}) en fonction de la puissance injectée et de la longueur de la fibre SMF pour différents types de modulation à 40 Gbit/s.

Il ressort globalement de cette étude que la pré-amplification avec un SOA dépend des caractéristiques de ce composant et essentiellement de la puissance injectée. En effet, l'utilisation d'une modulation NRZ est favorisée pour des puissances injectées faibles et celle basée sur la modulation RZ est intéressante pour des puissances quasiment élevées.

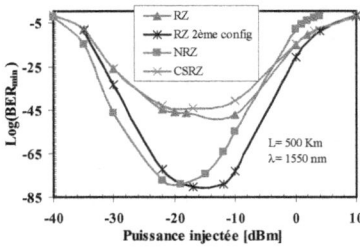 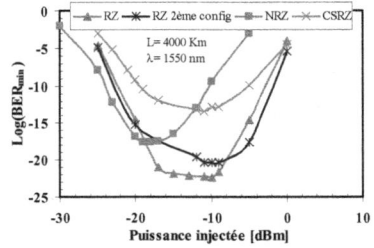

(a) : L= 500 Km   (b) : L= 4000 Km

Figure 5.20 : Evolution du taux d'erreur binaire (BER$_{min}$) en fonction de la puissance injectée et de la longueur de la fibre SMF pour différents types de modulation à 40 Gbit/s.

5.3 Usage des portes logiques à base des SOAs dans les réseaux longue distance et les réseaux métro

Pour surmonter le goulot d'étranglement électronique au niveau de la commutation et du routage, des grandes matrices de commutation comportant des portes logiques basées sur les SOAs ont été mises en œuvre afin de profiter du gain du SOA pour réduire les pertes d'insertion. La vitesse de réponse rapide (à l'ordre de 100 ps) peut être exploitée efficacement pour la commutation des paquets.

Parmi les composants clefs des réseaux métro, nous pouvons distinguer le multiplexeur à insertion- extraction optique re-configurable (ROADM) qui peut être réalisé en utilisant les SOAs [4]. Il retient aujourd'hui l'attention des tous les acteurs des télécommunications. Une telle fonctionnalité permet de garantir un fonctionnement optimal du réseau en assurant notamment la prise en charge de l'augmentation constante du volume du trafic et sa flexibilité. Son rôle essentiel est d'extraire une ou plusieurs longueurs d'ondes d'une fibre et re-insère d'autres signaux différents sur la même longueur d'onde. Chacune des longueurs d'ondes peut être reconfigurée rapidement dans le multiplexeur pour passer des données ou les abandonner localement et ajouter des données locales à la longueur d'onde étant abandonnée.

5.4 Application des SOAs en régénération et en conversion de longueur d'onde tout optique

Nous avons déjà montré, dans les premiers chapitres, que la régénération et la conversion en longueur d'onde tout optique peuvent être accomplies en utilisant les SOAs. D'un point de vue performance perspective des réseaux, les convertisseurs en longueurs d'ondes basés sur la XPolM et la XPM ont les meilleures caractéristiques puisqu'ils sont des régénérateurs 2R ; le chirp peut être optimisé et le dispositif peut fonctionner en mode d'inversion et de non-inversion des données de sortie. Cependant, des modules de régénération 2R et 3R tout optiques peuvent être mis en œuvre en utilisant le processus de conversion en longueurs d'ondes.

La technologie de transmission multi-Gbit/s autour de la fenêtre à 1300 nm (bande O) est utilisée dans les réseaux d'accès et les réseaux métro [5-6]. Le cœur du réseau longue distance est traditionnellement centré sur la fenêtre de transmission à 1550 nm (bande C). De plus, les systèmes de transmission du réseau cœur, fonctionnant à des débits égaux à 40 Gbit/s ou plus, peuvent transmettre des bits RZ avec une durée d'impulsion de quelques picosecondes utilisant la technologie OTDM. Donc, un nouveau sous-système réseau ayant pour rôle la conversion en longueur d'onde large bande s'avère très nécessaire pour interfacer les systèmes d'accès/métro avec le réseau cœur fonctionnant à 1550 nm. Pour accomplir cette tâche tout en garantissant une rentabilité, une efficience et une capacité de conversion en longueur d'onde et de format de données tout-optique multi-Gbit/s afin d'éviter le goulot d'étranglement lors de la conversion optique/électrique, le SOA se présente comme un candidat très intéressant. En effet, des architectures de convertisseurs en longueurs d'ondes de la bande O à celle C, sur la base des effets non linéaires du SOA, ont été proposées [7-9]. Cependant, la solution envisagée en utilisant ce composant est très avantageuse en le comparant aux autres architectures telles que détaillées dans [10-13].

5.5 Usage des SOAs pour la technique de multiplexage en polarisation

La dépendance intrinsèque du SOA vis-à-vis de la polarisation risque de jouer un rôle important lors de son usage en tant qu'amplificateur dans les chaînes de transmission optiques, pour lesquelles il est de plus en plus envisagé pour la mise en œuvre d'un multiplexage en polarisation (PolDM) afin d'optimiser plus encore l'exploitation de la bande passante de la fibre optique ou encore assouplir les contraintes technologiques liées à l'emploi de la technique WDM. En effet, le PolDM, qui fait partie des diverses techniques fortement envisagées pour augmenter l'efficacité spectrale des futurs systèmes de télécommunications optiques, est une technique qui permet de doubler la capacité du réseau de fibre optique, en transmettant l'information sur deux états de polarisation orthogonaux (en général, les polarisations d'entrée sont linéaires) [14-16] depuis que les fibres optiques monomodes permettent en fait la propagation de deux modes de propagation dont les polarisations sont orthogonales.

Les avantages de la technique PolDM sont : d'une part d'augmenter le débit par deux sans augmenter les pénalités dues aux phénomènes de dispersion ce qui permet d'augmenter encore plus l'efficacité spectrale en autorisant l'utilisation d'une seule longueur d'onde pour deux signaux et d'autre part, la simplicité des équipements terminaux [17-18]. Bien qu'il soit relativement simple de multiplexer deux signaux optiques sur deux polarisations linéaires orthogonales dans une fibre optique, il est par contre beaucoup plus difficile de les démultiplexer car bien que restant orthogonaux, les états de polarisation évoluent sans arrêt, vu que la fibre monomode ne peut maintenir ces états de polarisation.

5.6   Application du SOA réflectif dans le PON WDM

Le réseau d'accès optique passif utilisant le multiplexage en longueurs d'ondes (PON-WDM) est une approche prometteuse pour les futures générations des réseaux permettant de fournir des débits de l'ordre du Gigabit/s par utilisateur. L'idée de base est d'allouer une longueur d'onde différente à chaque utilisateur après routage de celle-ci par l'intermédiaire d'un démultiplexeur.

Le multiplexage en longueur d'onde est une technique fortement envisagée pour améliorer l'efficacité spectrale du canal de transmission. La mise en œuvre de la technologie WDM, qui vienne du cœur de réseau, dans le réseau d'accès optique de future génération trouve beaucoup d'intérêts, malgré qu'elle présente un inconvénient majeur lié aux coûts de certains composants tels que les lasers DWDM et ceci même si les prix sont en baisse du fait de l'augmentation des volumes de production. Néanmoins le prix est considéré comme un frein actuel pour l'introduction du WDM aux réseaux d'accès.

La condition principale pour avoir un PON-WDM ayant un bas coût est d'avoir un terminal optique de l'utilisateur (ONU) achromatique, c'est-à-dire indépendant de la longueur d'onde (dit aussi *"colorless"*). Le principe est donc d'avoir un ONU capable de recevoir et émettre une longueur d'onde différente de celle du voisin, mais dont les composants sont néanmoins totalement identiques au module du voisin. Le module étant achromatique ; il peut donc s'adapter aux longueurs d'ondes qui lui sont attribuées. L'indépendance à la longueur d'onde du module le rend universel pour tous les utilisateurs, vis-à-vis du routage en longueurs d'ondes, ce qui favorise une production de masse et facilite la maintenance.

Etant donné qu'un PON WDM classique utilise deux longueurs d'ondes par ONU : une pour le sens descendant et l'autre pour le sens montant afin de séparer chaque flux ; Il faut donc le double de longueurs d'ondes que d'ONU. Comme la bande spectrale utilisable dans la technique de modulation déportée est limitée et donc le nombre de longueurs d'ondes disponibles sera aussi limité, il est par conséquent intéressant de pouvoir réutiliser la même longueur d'onde du signal descendant pour le signal montant afin de diminuer par deux le nombre de longueurs d'ondes nécessaires ou bien afin de doubler le nombre de clients sur un PON. Plusieurs types de format de modulation ont été proposés permettant d'utiliser une seule longueur d'onde, mais ils mènent à des complexités au niveau de l'ONU, à savoir : démodulateur de phase pour le PSK, filtre accordable avec un front extrêmement raide pour la modulation FSK, oscillateur local pour la porteuse RF sur fibre. De même la technique d'effacement de la longueur d'onde requiert également plusieurs SOAs pour fonctionner correctement [19].

Plusieurs solutions possibles, en se basant sur des techniques avancées, ont été proposées pour utiliser la technologie WDM à des coûts compatibles avec le réseau d'accès. Parmi les principales architectures de PON-WDM proposées dans la littérature, nous pouvons citer : le PON-WDM avec lasers Fabry-Pérot verrouillés par injection [20], le PON-WDM basé sur le hachage du spectre (spectrum slicing) [21], le PON WDM-TDM reconfigurable avec AWG NxN [22], le PON-WDM basé sur des SOAs réflectifs (RSOA) à l'ONU [23-24] depuis que ce composant peut fonctionner alternativement comme un modulateur-amplificateur puis comme un photo-détecteur.

Les SOAs peuvent s'imposer comme une technologie particulièrement adaptée aux besoins de l'amplification bidirectionnelle, qui est un sujet d'actualité que ce soit pour les PON-TDM actuels ou pour les PON-WDM, puisqu'ils ne nécessitent pas d'isolateurs optiques. D'autre part, une solution basée sur un SOA capable d'amplifier deux longueurs d'onde se propageant dans des directions opposées (1,31 µm pour le sens montant et 1,49 µm pour le sens descendant) est donc intéressante du fait de sa simplicité et de son bas coût.

D'autre part, vu qu'il peut être fabriqué de façon à fonctionner sur une bande passante optique d'une trentaine de nanomètres sur n'importe quelle bande de longueur d'onde entre 1260 nm et 1640 nm, et du fait de son caractère réflectif, le RSOA a attiré beaucoup d'attention pour être utilisé dans les architectures PON-WDM. Cependant, il a été adopté conjointement avec la technique du hachage de spectre pour la mise en œuvre d'un PON-WDM [19, 25-26].

De même, la technique PON WDM avec Re-modulation par RSOA a été déjà expérimentée par J.J. Koponen *et al.* [27] ; elle consiste à réutiliser la longueur d'onde descendante pour supporter le signal montant. L'objectif de cette technique est de diminuer le nombre de longueurs d'ondes nécessaires dans un PON WDM. L'expérimentation réalisée a montré le fonctionnement de cette architecture en utilisant un RSOA avec un signal descendant modulé à 2.5 Gbit/s et remodulé avec les données montantes à 900 Mbit/s, pourvu qu'un code correcteur d'erreurs soit appliqué sur le signal montant, ceci avec un taux de partage de 16 par longueur d'onde.

La technique consiste à moduler le signal d'extinction avec un faible taux d'extinction (<5 dB) et de remoduler cette longueur d'onde avec un taux d'extinction plus élevé (>10 dB). La modulation est en ASK classique dans chaque sens de transmission et aucun composant supplémentaire n'est requis à l'ONU ou l'OLT [27]. Les RSOAs sont des composants tout à fait adaptés pour cette technique du fait de leur caractère réflectif et de leurs bandes passantes optique et électrique suffisantes. Ils ont été adoptés dans d'autres architectures telles que : l'architecture PON WDM à 1,25 Gbit/s en utilisant un RSOA optimisé qui a été démontrée par H.C. Shin [28] ; l'architecture hybride PON WDM-TDM bidirectionnelle à 1,25 Gbit/s avec remodulation par le RSOA qui a été déjà présentée et testée par F. Payoux *et al.* [29] en traitant l'intérêt d'association du multiplexage en longueurs d'ondes et du multiplexage temporel qui réside à l'augmentation de la mutualisation sur chaque PON WDM.

5.7   Application des SOAs en commutation optique

5.7.1 Commutateurs optiques (OXC) à base des SOAs

Généralement, les noeuds de croisement optique (OXCs) sont utilisés dans le cœur des réseaux existants ayant une topologie en maille [30]. Un OXC n'est qu'un commutateur qui peut être implémenté dans le domaine électronique [31] ou optique [32]. Il peut fournir des connexions re-configurables entre toutes les entrées et les sorties, dites aussi commutation d'espace. En effet, la commutation d'espace en exploitant les SOAs est couramment accomplie par une configuration de broadcast dans laquelle une connexion totale est établie entre les ports d'entrée et de sortie en utilisant des diviseurs/ assembleurs de puissance adéquats. Chaque chemin de connexion peut être commuté en On/Off en utilisant les SOAs correspondants. La fonctionnalité de conversion en longueurs d'ondes peut être aussi incorporée dans un tel OXC pour assurer une connectivité totale avec une haute performance.

5.7.2 Utilisation des SOAs en commutation de paquet optique

Les techniques optiques se sont généralisées sur l'ensemble des fonctions des réseaux. En particulier, la fonction de commutation par paquets utilisant les techniques optiques s'avère une des solutions prometteuses [33-36] pour les réseaux de nouvelle génération.

Un paquet est composé d'une part d'un en-tête optique, appelé *label* en se référant au protocole de MPLS, qui contient les informations de routage du paquet et d'autre part de l'information utile qui est connue sous le nom : *payload*. Les fonctions optiques essentielles pour assurer une commutation de paquet optique consistent à : la reconnaissance et le traitement tout-optique des labels, des mémoires optiques pour stocker l'information du label et du payload, et la fonction de commutation pour transférer un paquet d'un port à un autre [37]. Afin de réaliser certaines de ces opérations, des fonctions tout-optiques de base telles que des convertisseurs en longueurs d'ondes, des portes logiques et des commutateurs rapides fonctionnant à haut débit sont nécessaires. En effet, la mise en œuvre de ces fonctions tout-optiques peut être fréquemment assurée en exploitant les effets non- linéaires des SOAs, tels que la XPM, le FWM et la XPolM.

Plusieurs méthodes ont été proposées pour le codage de label optique, parmi les quelles, nous pouvons citer : le codage sur différentes longueurs d'ondes [38], le codage sur sous-porteuse (SCM) [39], la modulation orthogonale optique [40] et le codage en série [41].

L'architecture d'un commutateur de paquet optique est essentiellement composée des sous-systèmes suivants [35]:

- un sous-système de synchronisation et de stockage [42] dont le rôle est la préservation du payload du paquet dans le domaine optique pendant le traitement du label et de la commutation de paquet et la

272

préparation des signaux de commande afin de synchroniser les différents sous-systèmes.

- un deuxième sous-système ayant pour rôle l'extraction et le traitement du label ; qui est basé sur un convertisseur temps-longueur d'onde qui consiste à transférer les bits successifs du label sur des longueurs d'ondes distinctes [43-44]. Le dit convertisseur peut être réalisé en exploitant les effets non linéaires (FWM, XPolM) du SOA.

- un troisième sous-système de réexpédition ou routage du paquet.

5.8   Application des SOAs dans les systèmes Radio sur Fibre (RoF)

De nos jours, les réseaux Radio sur Fibre (RoF) ont attiré beaucoup d'attention parce qu'ils sont capables de fournir une solution continue et rentable pour les problèmes inhérents du canal sans fil, tels que les pertes, la complexité et la limitation de la largeur de bande. En effet, la RoF offre des avantages par rapport aux câbles coaxiaux traditionnels tels qu'une largeur de bande de fréquence et une distance presque illimitées. Cette technologie est considérée comme un choix évident pour les futurs réseaux de communications vu qu'elle se caractérise par une gamme dynamique, un faible bruit, une sécurité de communications et une bande couvrant les basses fréquences jusqu'aux les fréquences très hautes.

La principale application de la technologie RoF est la couverture des bâtiments. Des exemples typiques incluent des immeubles, des bureaux d'entreprise, des aéroports et des centres commerciaux, etc...... Dans chacun de ces exemples, une couverture radio cellulaire de bonne qualité est essentielle pour conserver la fidélité client ou maximiser les revenus. La couverture des bâtiments à partir des macro-cellules extérieures est incertaine, particulièrement loin de bords. Un inconvénient majeur avec cette approche est le partage de capacité entre des utilisateurs d'intérieurs et d'extérieurs. La solution préférée de ces problèmes, dans le cas où les revenus justifieraient les dépenses, consiste à placer une station de base consacrée à l'intérieur du bâtiment et utiliser un système d'antenne distribué pour fournir une couverture relativement uniforme. Le système d'antenne distribué utilise une transmission analogique de haute fréquence pour distribuer les porteurs radio de la station de base centralisée aux emplacements d'antennes. La RoF est un choix idéal pour ce système de transmission en raison de la perte progressive basse, de la petite taille et le poids bas des fibres optiques.

Les principaux défis dans les liaisons RoF optiques transparentes à la couche physique, particulièrement pour les réseaux d'accès sans fil [45], sont éventuellement les conversions électro-optiques (E/O) et opto-électriques (O/E) aux sites d'antennes. Pour réduire la complexité des sites d'antennes et donc le coût d'infrastructure, les dites conversions doivent être à bas prix et les plus efficaces possible, particulièrement pour des systèmes d'antennes multiples, où le coût de la conversion est multiplié par le nombre d'éléments d'antennes. Par conséquent, à l'égard de ses caractéristiques attrayantes telle que la multifonctionnalité, la possibilité d'utiliser d'un seul SOA comme un dispositif à double usage (amplificateur optique et modulateur) dans les stations de base RoF, est d'ores et déjà d'importance. Plusieurs travaux ont abordé ce sujet et ont montré la pertinence d'un tel système en utilisant les SOAs [46-51]. En effet, le SOA pourrait être utilisé pour l'amplification dans le cas d'une liaison descendante et comme un modulateur externe pour une source optique distribuée dans le cas d'une liaison montante [52]. Pour assurer ces deux fonctions, les caractéristiques idéales d'un tel SOA sont les suivantes: pour l'amplification, un SOA ayant un temps de récupération de gain assez long est préférable [53], tandis que pour la modulation (c.-à-d. conversion du signal RF en en signal optique), particulièrement à de hautes fréquences, un SOA capable d'assurer un recouvrement rapide du gain est exigé.

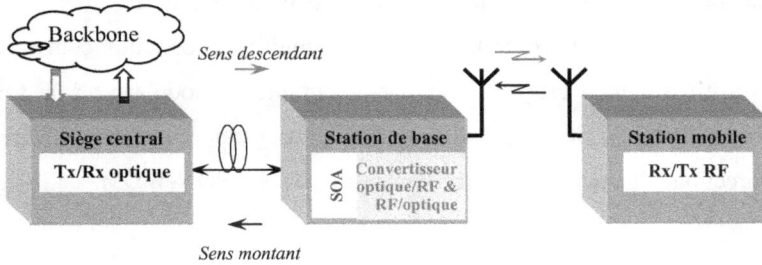

Figure 5.21 : Schéma synoptique d'un système Radio sur Fibre (RoF).

La figure 5.21 présente le principe de fonctionnement d'un système RoF. En effet, les versions optiques des signaux RF arrivant via la fibre optique à partir du siège central en destination de la station mobile (sens descendant), seront amplifiées par le SOA à la station de base avant la photo-détection; le photo-courant conduit l'antenne avec le signal RF descendant. Tandis que dans le cas où l'antenne serait en état de réception (sens montant), le signal venant de l'antenne est amplifié et additionné à un courant DC pour contrôler le courant d'injection du SOA. Dans ce cas un signal optique CW arrivant du siège central sera modulé par le SOA.

5.9 Conclusion

Ce chapitre présente un aperçu sur les différentes applications des SOAs dans les réseaux d'accès, les réseaux métropolitains et le cœur des réseaux, qui peuvent être implémentées grâce à leurs caractéristiques attrayantes. En plus des fonctions courantes dédiées à l'amplification en ligne ou la pré-amplification, le SOA se présente comme un candidat très intéressant pour accomplir la tâche d'interfaçage entre les systèmes d'accès/métro, se basant sur la technologie de transmission multi-Gbit/s autour de la fenêtre à 1300 nm, avec le cœur des réseaux fonctionnant à 1550 nm et ce à travers la fonction de conversion en longueur d'onde tout-optique large bande. De même, le SOA peut être utilisé, grâce à sa multifonctionnalité, comme un dispositif à double usage (amplificateur optique et modulateur à la fois) dans les stations de base RoF, ou bien pour garantir une amplification bidirectionnelle, qui est un sujet d'actualité pour les PON-WDM.

Bibliographie du chapitre

[1] ITU-T Recommendation G.652.

[2] M. Settembre, F. Matera, V. Hagele, I. Gabitov, A.W. Mattheus, and S. Turitsyn, "Cascaded optical communication systems with in-line semiconductor optical amplifiers," *IEEE J. Lightwave Technology*, vol. 15, pp. 962-967, 1997.

[3] G.P. Agrawal, *Fiber Optic Communication Systems*. John Wiley & Sons Inc., 2nd edition, 1997.

[4] R. Millett, K. Hinzer, T. Hall, M. Poirier, H. Schriemer, "Monolithically-integrated 4x4 SOA switch fabricated using quantum well intermixing," *11th. Optoelectronic integrated circuits Congress*, San Jose, California, USA, Jan. 2009.

[5] M. Nakamura, H. Ueda, S. Makino, T. Yokotani, and K. Oshima, "Proposal of networking by PON technologies for full Ethernet services in FTTx," *IEEE J. Lightwave Technology*, vol. 22, pp. 2631-2640, 2004.

[6] H. J. Thiele, P. Winzer, J.H. Sinsky, L.W. Stulz, L.E. Nelson, and F. Fidler, "160-Gb/s CWDM Capacity Upgrade Using 2.5-Gb/s Rated Uncooled Directly Modulated Lasers," *IEEE Photonics Technology Letters*, vol. 16, no.10, pp. 2389-2391, 2004.

[7] J.P.R. Lacey, G.J. Pendock, and R.S. Tucker, "All-optical 1300-nm to 1550-nm wavelength conversion using cross-phase modulation in a semiconductor optical amplifier," *IEEE Photonics Technology Letters*, vol. 8, no.7, pp. 885-887, July 1996.

[8] J.P. Turkiewicz, G.D. Khoe, and H. de Waardt, "All-optical 1310 to 1550 nm wavelength conversion by utilising nonlinear polarisation rotation

in semiconductor optical amplifier," *Electronics Letters*, vol. 41, no.10, pp. 29-30, 2005.

[9] J.P. Turkiewicz, J.J. Vegas Olmos, G.D. Khoe, H. de Waardt, "1310nm to 1550nm wavelength conversion by utilizing nonlinear polarization rotation in a semiconductor optical amplifier," *in Proc. Optical Fiber Communication conference OFC'05*, Anaheim, Los Angeles, Mar. 2005, paper OME4, pp. 8-10.

[10] P.E. Barnsley and P.J. Chidgey, "All-optical wavelength switching from 1.3 µm to a 1.55 µm WDM wavelength routed network: system results," *IEEE Photonics Technology Letters*, vol. 4, pp. 91-94, 1992.

[11] C.Q. Xu, H. Okayama, and M. Kawahara, "Wavelength conversions between the two silica fibre loss windows at 1.31 and 1.55 µm using difference frequency generation," *Electronics Letters*, vol. 30, no.25, pp. 2168-2169, 1994.

[12] M.H. Chou, K.R. Parameswaram, M.A. Arbore, J. Hauden, and M.M. Fejer, "Bidirectional wavelength conversion between 1.3 µm et 1,5 µm telecommunication bands using difference frequency mixing in LiNbO3 waveguides with integrated coupling structures," *in proc. Conference on Laser and Electro-Optics CLEO*, USA, 1998, paper CThZ2, p. 475.

[13] D. N. Maywar, Y. Nakano, and G.P. Agrawal, "1.31 to 1.55 µm wavelength conversion by optically pumping a distributed feedback amplifier," *IEEE Photonics Technology Letters*, vol. 12, no.7, pp. 858-860, 2000.

[14] P.M. Hill, R. Olshansky, and W.K. Burns, "Optical polarization division multiplexing at 4Gb/s," *IEEE Photonics Technology Letters*, vol. 14, pp. 500–502, May 1992.

[15] F. Heismann, P.B. Hansen, S.K. Korotky, G. Raybon, J.J. Veselka, and M.S. Whalen, "Automatic polarisation demultiplexer for polarisation-multiplexed transmission systems," *Electronics Letters*, vol. 29, pp. 1965–1966, Oct. 1993.

[16] D. Sandel, F. Wust, V. Mirvoda, and R. Noe, "Standard (NRZ 1×40Gb/s, 210km) and polarization multiplex (CS-RZ, 2×40Gb/s, 212km) transmissions with PMD compensation," *IEEE Photonics Technology Letters*, vol. 14, pp. 1181–1183, 2002.

[17] R. Noe, D. Sandel, and F. Wust, "Polarization mode dispersion tolerance of bandwidth efficient multilevel modulation schemes," *in Proc. Optical Fiber Communication conference OFC'2000*, Baltimore, Maryland, USA, Mar. 2000, paper WL4.

[18] S. Hinz, D. Sandel, R. Noe, and F. Wust, "Optical NRZ 2×10Gbit/s polarisation division multiplex transmission with endless polarisation control driven by correlation signals," *Electronics Letters*, vol. 36, pp. 1402–1403, 2000.

[19] F. Payoux, P. Chanclou, M. Moignard, and R. Brenot, "Gigabit optical Access using WDM PON based on Spectrum Slicing and Reflective SOA," *in proc. European Conference on Optical Communications ECOC'05*, Glasgow, UK, Sept. 2005, paper We3.3.5.

[20] D.J. Shin, "C/S band WDM-PON employing colorless bidirectional transceivers and SOA based broadband light sources," *in proc. Optical Fiber Communication conference OFC'05*, 2005, paper PDP36.

[21] K.H. Han, "Bi-directional WDM Passive optical network using spectrum-sliced light emitting diodes," *in proc. Optical Fiber Communication conference OFC'04*, 2004, paper MF98.

[22] C. Bock, "scalable two-stage multi-FSR WDM-PON access network offering centralized dynamic bandwidth allocation," *in proc. European Conference on Optical Communications ECOC'04*, 2004, paper Tu4.6.6.

[23] J. Prat, C. Arellano, V. Polo, and C. Bock, "Optical Network Unit based on a Bidirectional Reflective Semiconductor Optical Amplifier for Fiber-to-the-Home Networks," *IEEE Photonics Technology Letters* , vol. 17, no.1, pp. 250-253, Jan. 2005.

[24] R. Sato, T. Ito, A. Ohki, Y. Akatsu, and H. Toba, "WDM PON system with FSK downstream data using a reflective SOA transmitter," *in proc. OECC/COIN*, 2004.

[25] P. Healey, P. Townsend, C. Ford, L. Johnston, P. Townley, I. Lealman, L. Rivers, S. Perrin, and R. Moore, "Spectral slicing WDM-PON using wavelength-seeded reflective SOAs," *Electronics Letters*, vol. 37, no.19, pp. 1181-1182, 2001.

[26] F. Payoux, P. Chanclou, M. Moignard, and R. Brenot, "WDM PON based on spectrum slicing and reflective SOA," *10th Conference on Networks and Optical Communications*, London, July 2005.

[27] J.J. Koponen and M.J. Söderlund, "A duplex WDM passive optical network with1:16 power split using reflective SOA remodulator at ONU," *in proc. Optical Fiber Communication conference OFC'04*, 2004, paper MF99.

[28] H.C. Shin, "Reflective SOAs optimized for 1.25 Gbit/s WDM-PONs," *17th Annual Meeting of the IEEE Lasers and Electro-Optics Society LEOS'04*, Nov. 2004, vol.1, pp. 308-309.

[29] F. Payoux, T. Soret, P. Chanclou, and R. Brenot, "Demonstration of a RSOA-based wavelength remodulation scheme in 1.25 Gbit/s bidirectional

hybrid WDM-TDM PON," *in proc. Optical Fiber Communication conference OFC'06*, Anaheim, Los Angeles, Mar. 2006, paper OTuC2.

[30] S. Sengupta and R. Ramamurthy, "From network design to dynamic provisioning and restoration in optical cross-connect mesh networks: an architectural and algorithmic overview," *IEEE Network*, vol. 15, no.4, pp. 46–54, Jul.-Aug. 2001.

[31] K. Bala, R.R. Cordell, and E.L. Goldstein, "The case for opaque multiwavelength optical networks," *in Digest of the LEOS Summer Topical Meetings*, pp. 58–59, 1995.

[32] A. Tzanakaki, I. Zacharopoulos, and I. Tomkos, "Near and longer term architectural designs for OXCs/ OADMs network topologies," *Photonics in Switching*, pp. 271–273, 2003.

[33] D. Chiaroni, B. Lavigne, A. Jourdan, M. Sotom, L. Hamon, C. Chauzat, J. Jacquinot, A. Barroso, T. Zami, i. Dorgeuille, C. Janz, J. Emery, E. Grard, and M. Renaud, "Physical and Logical Validation of a Network Based on All-Optical Packet Switching Systems," *IEEE J. Lightwave Technology,* vol. 16, no.12, pp. 2255-2264, 1998.

[34] C. Bintjas, K. Vlachos, N. Pleros, and H. Avramopoulos, "Ultrafast Nonlinear Interferometer (UNI) – Based Digital Optical Circuits and Their Use in Packet Switching," *IEEE J. Lightwave Technology*, vol. 21, no.11, pp. 2629 – 2637, Nov. 2003.

[35] Y. Liu, M.T. Hill, N. Calabretta, E. Tangdiongga, R. Geldenhuys, S. Zhang, Z. Li, H. De Waardt, G.D. Khoe, and H.J.S. Dorren, "All-optical signal processing for optical packet switching networks," *SPIE Optics & Photonics 2005 Symposium*, San Diego, CA, USA, July-Aug. 2005.

[36] D. Chiaroni, N. Vodjani, P. Doussiere, C. Chauzat, D. De Bouart, M. Sotom, F. Masetti, A. Jourdan, G. Soulage, and F. Ratovelomana, "New regeneration functionalities of all-optical wavelength converters for packet-switching applications," *in Proc. Photon. Switching'96*, Sendai, Japan, 1996.

[37] H.J.S. Dorren, M.T. Hill, Y. Liu, N. Calabretta, R. Geldenhuys, and G.D. Khoe, "All-optical header processing and optical buffering for optical packet switching networks," *Asia-Pacific Optical Communications Conference APOC*, Beijing, China, Nov. 2004.

[38] Z. Zhu, V.J. Hernandez, M.Y. Jeon, J. Cao, Z. Pan, and S.J. Ben Yoo, "RF photonics signal processing in subcarrier multiplexed optical-label switching communication systems," *IEEE J. Lightwave Technology*, vol. 21, no.12, pp. 3155–3166, Dec. 2003.

[39] D. Wonglumsom, I.M. White, S.M. Gemelos, K. Shrikhande, and L.G. Kazovsky, "Hornet-a packet-switched WDM network: Optical packet transmission and recovery," *IEEE Photonics Technology Letters*, vol. 11, no.12, pp. 1692–1694, Dec. 1999.

[40] I.T. Monroy, E. van Breusegem, T. Koonen, J.J.V. Olmos, J. van Berkel, J. Jennen, C. Peucheret, and E. Zouganeli, "Optical label switched networks: laboratory trial and network emulator in the IST-STOLAS project," *IEEE Communications Magazine*, vol. 44, no.8, pp. 43–51, Aug. 2006.

[41] L. Dittmann, C. Develder, D. Chiaroni, F. Neri, F. Callegati, W. Koerber, A. Stavdas, M. Renaud, A. Rafel, J. Sole-Pareta, W. Cerroni, N. Leligou, L. Dembeck, B. Mortensen, M. Pickavet, N. Le Sauze, M. Mahony, B. Berde, and G. Eilenberger, "The european IST project DAVID:

a viable approach toward optical packet switching," *IEEE J. on Selected Areas in Communications*, vol. 21, no.7, pp. 1026–1040, Sep. 2003.

[42] D. Chiaroni, B. Lavigne, A. Jourdan, L. Hamon, C. Janz, and M. Renaud, "Feasibility assessment of a synchronization interface for photonic packet-switching systems," *in Proc. IOOC/ECOC'97*, Edinbourgh, U.K., 1997, vol. 3, pp. 148–151.

[43] H. Teimoori, J.D. Topomondzo, C. Ware, and D. Erasme, "Optical packet header processing using time-to-wavelength mapping in semiconductor optical amplifiers," *IEEE Journal of Lightwave Technology*, vol. 25, no.8, pp. 2149–2158, Aug. 2007.

[44] N. Calabretta, G. Contestabile, and E. Ciaramella, "Exploiting time-to-wavelength conversion for all-optical label processing," *IEEE Photonics Technology Letters*, vol. 18, no.1, pp. 436–438, Jan. 2006.

[45] A.J. Seeds, "Wireless access over optical fibre: from cellular radio to broadband; from UHF to millimetre-waves," *Annual Meeting of the IEEE Lasers and Electro-Optics Society LEOS'02*, Nov. 2002, p.471.

[46] C.R. Medeiros, R. Avó, P. Laurêncio, N.S. Correia, A. Barradas, H.J.A. da Silva, I. Darwazeh, J.E. Mitchell, and P.M.N. Monteiro, "Radio over Fiber Access Network Architecture Employing Reflective Semiconductor Optical Amplifiers," *1st IEEE International Conference on Transparent Optical Networks- Mediterranean Winter IEEE ICTON-MW 2007*, Sousse, Tunisia, Dec. 2007.

[47] X. Qian, P. Hartmann, S. Li, R.V. Penty, and I.H. White," Application of Semiconductor Optical Amplifiers in Scalable Switched Radio-over-Fiber Networks," *International Topical Meeting on Microwave Photonics MWP 2005*, Seoul, South Korea, Oct. 2005, paper F2.2, pp.317-320.

[48] X. Qian, P. Hartmann, A. Wonfor, J.D. Ingham, R.V. Penty, and I.H. White, "Enhanced performance of a 100km directly-modulated radio-over-fibre link using an unfiltered semiconductor optical amplifier," *in proc. High Frequency Postgraduate Student Colloquium*, Sept. 2004, pp. 17–21.

[49] X. Qian, T. Lin, R.V Penty, and I.H. White, "Novel SOA-based switch for multiple radio-over-fiber service applications," *in proc. Optical Fiber Communication conference OFC'06*, Anaheim, Los Angeles, Mar. 2006, paper JThB24.

[50] H.J Song and J.I. Song, "Simultaneous All-Optical Frequency Down-conversion Technique Utilizing an SOA-MZI for WDM Radio over Fiber (RoF) Applications," *J. Lightwave Technology.*, vol. 24, no.8, pp. 3028-3034, 2006.

[51] J.S. Lee, H.J. Song, and J.I. Song, "All-optical harmonic frequency up-conversion of a radio over fiber signal by using a cross-phase modulation in a semiconductor optical amplifier," *Electronics Letters*, vol. 40, no.9, pp. 1211–1212, Sept. 2004.

[52] J.M. Kang, Y.Y. Won, S.H. Lee, and S.K. Han, "Modulation characteristics of RSOA in hybrid WDM/SCM-PON optical link," *in proc. Optical Fiber Communication conference OFC'06*, Anaheim, Los Angeles, Mar. 2006, paper JThB68.

[53] W. Mathlouthi, P. Lemieux, and L.A. Rusch, "Optimal SOA-based noise reduction schemes for incoherent spectrum-sliced PONs," *in proc. European Conference on Optical Communications ECOC'06*, Cannes, France, Sept. 2006, paper Tu3.5.4.

Conclusion et Perspectives

Ce travail s'inscrit dans le domaine des technologies avancées pour les futures générations des réseaux optiques à haut débit, où l'usage de la technologie SOA est appelé à jouer un rôle très important grâce aux effets non linéaires riches en applications potentielles intéressantes pour le traitement tout-optique du signal que présente ce type d'amplificateur outre l'amélioration du budget optique. En effet, vu leurs performances dans les régimes linéaire et non linéaire et leurs caractéristiques attrayantes, telles qu'un coût réduit, la compacité, la multifonctionnalité et un potentiel d'intégration à grande échelle, les SOAs semblent être des bons candidats à exploiter dans les réseaux d'accès, les réseaux métropolitains et les réseaux longue distance.

Au cours de ce travail, nous nous sommes focalisés sur les concepts de base des structures SOAs et leurs propriétés non linéaires tout en caractérisant leur comportement en régime linéaire et de saturation. Les principaux effets non linéaires mis en jeu dans une telle structure ayant pour origine la dynamique des porteurs et leurs exploitations pour la mise en œuvre des différentes applications pour les futures générations des réseaux optiques ont été largement discutés. Egalement, une étude de l'impact de variation des paramètres clés : intrinsèques et extrinsèques de la structure sur la performance de cet amplificateur a été détaillée, et ceci dans le but de chercher les conditions optimales qui correspondent à une amélioration du fonctionnement du SOA.

285

Afin de traiter le comportement polarimétrique du composant SOA, une étude théorique basée essentiellement sur la modélisation statique et une étude expérimentale basée sur une configuration statique sont menées. Cependant, nous avons développé un modèle se basant sur la théorie des modes couplés et le formalisme de Stokes afin de traiter l'effet de la rotation non linéaire de polarisation et particulièrement caractériser le changement de polarisation du signal à la sortie de la structure SOA en fonction des conditions d'injection. Les résultats obtenus par notre modèle sont en bonne concordance avec ceux expérimentaux.

Il est à noter que l'étude expérimentale du comportement spectro-polarimétrique du SOA, basée sur le formalisme de Mueller-Stokes, a été réalisée moyennant un spectro-polarimètre de haute précision, spécifiquement adapté aux échantillons de type SOA. Elle a été effectuée en espace libre afin d'autoriser un meilleur contrôle et une meilleure préservation de l'état de polarisation du signal collecté. Elle nous a permis d'extraire des informations importantes sur les propriétés polarimétriques du composant et plus particulièrement sur leur évolution avec les conditions de fonctionnement. Grâce à une meilleure compréhension du phénomène de la rotation non-linéaire de polarisation présent dans le composant SOA, cette étude expérimentale nous a permis aussi de montrer comment renforcer l'efficacité du dit phénomène pour réaliser des fonctions tout-optiques intéressantes telles que les portes logiques optiques, les régénérateurs tout-optiques 2R ou les convertisseurs de longueurs d'ondes (conversion inversée ou non inversée), et ce en utilisant la même configuration expérimentale. Il ressort que la mise en évidence de l'efficacité des fonctions optiques obtenues dépend des paramètres du composant SOA et en particulier des conditions d'injection liées principalement à la l'état de polarisation et la puissance du signal injecté.

En perspective, ce travail peut être étendu en termes de deux volets: composant et système. Dans le premier volet, les expérimentations peuvent être étendues, et ce en adoptant une configuration statique et une autre configuration tout-optique de type "pompe-sonde" à des débits plus supérieurs à ceux actuellement testés en laboratoire, afin de comparer différents échantillons, ayant des technologies et des structures différentes, fournis par différents constructeurs et présentant différentes longueurs de guide actif. Une telle démarche peut bénéficier d'une confrontation avec les résultats issus de la modélisation statique. De même, le modèle développé peut être encore amélioré par une approche de modélisation dynamique. A propos du deuxième volet, il est crucial de caractériser précisément les effets polarimétriques non-linéaires présents au sein du SOA, tels que la modulation croisée de polarisation (XPolM), afin de pouvoir déterminer leur impact sur les performances d'une chaîne de transmission optique éventuellement multiplexée en polarisation. Ces effets non-linéaires, même s'ils ont déjà été exploités pour réaliser des fonctions tout-optiques (conversion en longueur d'onde, fonctions logiques, détection d'en-têtes de paquets pour le routage…) sont encore mal connus, notamment en ce qui concerne leur influence sur les performances d'une chaîne de transmission optique.

Calcul de la puissance de saturation à la sortie de la structure SOA

L'équation d'évolution de la densité des porteurs N dans la couche active du SOA s'écrit sous la forme suivante [1] :

$$\frac{\partial N}{\partial t} = \frac{J}{e.d} - \frac{N}{\tau_s} - a_N.(N - N_0).\frac{I_{signal}}{h.\nu} \qquad (A1.1)$$

Dans la partie droite de cette équation, le premier terme représente le taux d'injection des porteurs, le second représente le taux de recombinaison et le troisième terme fait référence au taux de recombinaisons par émission stimulée dû au signal amplifié. Ce dernier terme joue un rôle important puisqu'il tend à réduire la densité des porteurs.

Pour le cas d'un régime permanent, qui correspond à : $\frac{\partial N}{\partial t} = 0$, nous pouvons écrire :

$$N.\left(\frac{1}{\tau_s} + a_N.\frac{I_{signal}}{h.\nu}\right) = \frac{J}{e.d} + a_N.N_0.\frac{I_{signal}}{h.\nu} \qquad (A1.2)$$

En multipliant l'équation (A1.2) par le terme τ_s, nous obtenons :

$$N.\left(1 + \frac{a_N.\tau_s}{h.\nu}.I_{signal}\right) = \frac{J.\tau_s}{e.d} + \frac{a_N.\tau_s}{h.\nu}.I_{signal}.N_0 \qquad (A1.3)$$

Comme : $I_s = \frac{h.\nu}{a_N.\tau_s}$, alors nous pouvons écrire :

$$N.\left(1 + \frac{I_{signal}}{I_s}\right) = \frac{J.\tau_s}{e.d} + \frac{I_{signal}}{I_s}.N_0 \qquad (A1.4)$$

Donc :

$$N = \frac{\tau_s.J}{e.d}\left(1+\frac{I_{signal}}{I_s}\right)^{-1} + \frac{N_0.I_{signal}}{I_{signal}+I_s} \tag{A1.5}$$

La propagation du courant du signal "I_{signal}" injecté le long de l'axe "z" du SOA est décrite par l'équation suivante:

$$\frac{\partial I_{signal}}{\partial z} = \left[\Gamma.a_N.(N-N_0)-\alpha\right]I_{signal} \tag{A1.6}$$

Par substitution de (A1.5) dans (A1.6), nous obtenons le résultat suivant :

$$\frac{\partial I_{signal}}{\partial z} = \left[\Gamma.a_N.\left(\left(\frac{\tau_s.J}{e.d}\left(1+\frac{I_{signal}}{I_s}\right)^{-1} + \frac{N_0.I_{signal}}{I_{signal}+I_s}\right)-N_0\right)-\alpha\right].I_{signal} \tag{A1.7}$$

Nous pouvons écrire cette dernière équation comme :

$$\frac{\partial I_{signal}}{\partial z} = \left[\Gamma.a_N.\left(\frac{\tau_s.J}{e.d}\left(1+\frac{I_{signal}}{I_s}\right)^{-1} - \frac{N_0.I_s}{I_{signal}+I_s}\right)-\alpha\right].I_{signal} \tag{A1.8}$$

$$\frac{\partial I_{signal}}{\partial z} = \left[\Gamma.a_N.\left(\frac{\tau_s.J}{e.d}-N_0\right)\left(1+\frac{I_{signal}}{I_s}\right)^{-1} - \alpha\right].I_{signal} \tag{A1.9}$$

Comme :

$$g_0 = a_N.\left(\frac{\tau_s.J}{e.d}-N_0\right) \tag{A1.10}$$

Alors, l'équation (A1.9) peut être écrite sous la forme suivante :

$$\frac{\partial I_{signal}}{\partial z} = \left[\frac{\Gamma.g_0}{1+I_{signal}/I_s} - \alpha\right].I_{signal} \tag{A1.11}$$

Afin de simplifier les calculs, nous allons considérer dans la suite l'hypothèse suivant: milieu avec des pertes nulles. Donc, nous aurons :

$$\frac{dI_{signal}}{I_{signal}} = \left[\frac{\Gamma.g_0}{1+I_{signal}/I_s}\right].dz \tag{A1.12}$$

L'équation (A1.12) peut s'écrire comme suit :

$$\left(1 + \frac{I_{signal}}{I_s}\right).\frac{dI_{signal}}{I_{signal}} = \Gamma.g_0.dz \tag{A1.13}$$

L'intégration de cette dernière équation sur l'intervalle [0, L], avec "L" étant la longueur de la zone active du SOA, nous aurons :

$$\int_{I_{in}}^{I_{out}} \left(\frac{1}{I_{signal}} + \frac{1}{I_s}\right).dI_{signal} = \int_0^L \Gamma.g_0.dz \tag{A1.14}$$

Avec : I_{in}, I_{out} sont les intensités du signal, respectivement, à l'entrée et à la sortie du SOA.

Donc, après calcul, nous obtenons :

$$\frac{I_{out} - I_{in}}{I_s} + Ln(I_{out}) - Ln(I_{in}) = \Gamma.g_0.L \tag{A1.15}$$

$$\exp\left(\frac{I_{out} - I_{in}}{I_s}\right).\frac{I_{out}}{I_{in}} = \exp(\Gamma.g_0.L) \tag{A1.16}$$

$$\frac{I_{out}}{I_{in}} = \frac{e^{(\Gamma.g_0.L)}}{\exp\left(\frac{I_{out} - I_{in}}{I_s}\right)} \tag{A1.17}$$

Comme :

$$G_0 = e^{(\Gamma.g_0.L)} \tag{A1.18}$$

Alors :

$$\frac{I_{out}}{I_{in}} = \frac{G_0}{\exp\left(\frac{1}{I_s}.I_{out}.(1 - \frac{I_{in}}{I_{out}})\right)} \tag{A1.19}$$

Puisque : $G = \dfrac{I_{out}}{I_{in}}$, donc :

$$G = G_0.\exp\left(\frac{-I_{out}}{I_s}..(1 - \frac{1}{G})\right) \tag{A1.20}$$

Pour ces cas, le gain du SOA, qui est défini comme étant le rapport entre l'intensité de sortie et celle d'entrée, sera exprimé comme suit :

$$G = G_0.\exp\left(-\frac{(G-1)}{G}.\frac{I_{out}}{I_s}\right) \qquad (A1.21)$$

$$G = G_0.\exp\left(-(G-1).\frac{I_{out}/G}{I_s}\right) \qquad (A1.22)$$

D'où :

$$G = G_0.\exp\left(-(G-1).\frac{I_{in}}{I_s}\right) \qquad (A1.23)$$

Cette dernière équation admet la solution suivante :

$$G = \frac{LambertW\left(\frac{I_{in}}{I_s}.G_0.e^{\left(\frac{I_{in}}{I_s}\right)}\right)}{I_{in}/I_s} \qquad (A1.24)$$

LambertW est la Fonction W de Lambert. Elle est nommée ainsi d'après Johann Heinrich Lambert, aussi appelée la fonction Oméga. Elle est la réciproque de la fonction f définie par [2]:

$$\forall \omega \in C, f(\omega) = \omega.e^{\omega} \qquad (A1.25)$$

Ce qui implique que pour tout nombre complexe z, nous avons [2] :

$$W(z).e^{W(z)} = z \qquad (A1.26)$$

Puisque la fonction f n'est pas injective, la fonction W est multiforme.

Si nous nous limitons aux arguments réels $x \geq -1/e$ (ce qui exige $w \geq -1$), alors il existe une fonction et une seule W_0 définie, dont la représentation graphique est donnée par la figure A1.1, sachant que la fonction qui se limite aux arguments réels $x \leq -1/e$ est la fonction W_{-1}.

$$W(-\pi/2) = i\pi/2$$

$W_0(0) = 0$

$W_0(-\frac{1}{e}) = -1$

$W_0(1) = \Omega$ Où Ω est la constante oméga.

$W_0(-\frac{Ln(2)}{2}) = -Ln(2)$

$W_0(e) = 1$

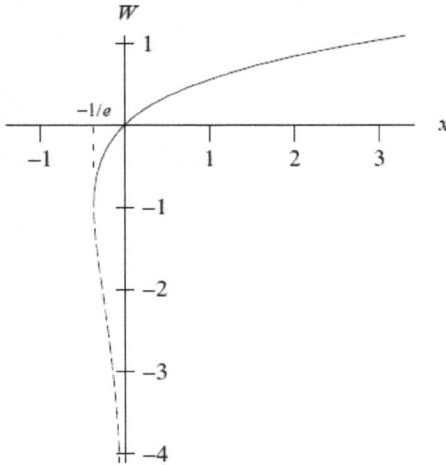

Figure A1.1 : Représentation graphique de la fonction W de Lambert.

La fonction W de Lambert ne peut pas être exprimée à l'aide de fonctions élémentaires. Elle est utile en combinatoire, par exemple dans l'énumération des arbres. Elle peut être utilisée pour résoudre diverses équations qui comportent des exponentielles et apparaît aussi dans les solutions d'équations différentielles à temps retardés, telles que :

$y'(t) = ay(t - 1)$.

Par différentiation, nous pouvons montrer que W satisfait l'équation différentielle [2] donnée par (A1.27).

$$z(1+W).\frac{dW}{dz} = W \qquad \text{pour } z \neq -\frac{1}{e} \tag{A1.27}$$

La fonction W, et beaucoup de fonctions impliquant W, peuvent être intégrées en utilisant le changement de variable w = W(x), i.e. x = w.e^w [2] :

$$\int W(x).dx = x.\left(W(x) - 1 + \frac{1}{W(x)} \right) + c. \tag{A1.28}$$

Sa dérivée est [2] :

$$W'(x) = \frac{1}{(1+W(x)).e^{W(x)}} = \frac{1}{x+e^{W(x)}} = \frac{W(x)}{x.(1+W(x))}. \tag{A1.29}$$

L'intensité de sortie saturée du SOA $I_{out}|_{3dB}$ est celle correspondante à un gain $G = G_0/2$. Donc, d'après l'équation (A1.21), nous aurons :

$$\frac{G_0}{2} = G_0.\exp\left(-\frac{\left(\frac{G_0}{2} - 1 \right)}{\frac{G_0}{2}}.\frac{I_{out}|_{3dB}}{I_s} \right) \tag{A1.30}$$

Après simplification, nous obtenons :

$$\exp\left(-\frac{(G_0 - 2)}{G_0}.\frac{I_{out}|_{3dB}}{I_s} \right) = \frac{1}{2} \tag{A1.31}$$

D'où :

$$I_{out}|_{3dB} = \frac{G_0.\ln(2)}{G_0 - 2}.I_s \tag{A1.32}$$

Donc, la puissance de saturation à la sortie du SOA peut s'écrire sous la forme suivante :

$$P_{out,sat} = \frac{d.W_{SOA}}{\Gamma} I_{out}|_{3dB} = \frac{d.W_{SOA}.G_0.\ln(2)}{\Gamma.(G_0 - 2)}.I_s \tag{A1.33}$$

[1] M.J. Connelly, *Semiconductor Optical Amplifier*. London: Kluwer Academic Publishers, 2002.
[2] R.M. Corless, G.H. Gonnet, D.E.G. Hare, D.J. Jeffrey, and D.E. Knuth, "On the Lambert W function," *J. Advances in Computational Mathematics*, vol. 5, pp. 329-359, 1996.

Annexe 2

Calcul de l'efficacité de conversion d'un convertisseur en longueurs d'ondes basé sur la XGM dans un SOA

La propagation d'un signal ayant une puissance P_k à travers un SOA est décrite par les équations suivantes [1]:

$$\frac{dp_k}{dz} = (g - \alpha).p_k - \frac{g}{1 + \frac{P_T}{P_{sat}} - j.\omega.\tau_s} . \frac{P_k}{P_{sat}} . p_T \qquad (A2.1)$$

$$\frac{dP_k}{dz} = (g - \alpha).P_k \qquad (A2.2)$$

Avec :

α : est la perte interne.

P_{sat} : est puissance de saturation.

τ_s : durée de vie spontanée des porteurs

$$P_T = P_0 + P_1 \qquad (A2.3)$$

$$p_T = p_0 + p_1 \qquad (A2.4)$$

P_0 : la puissance moyenne du signal sonde d'entrée.

P_1 : la puissance moyenne du signal pompe d'entrée.

$$g = \frac{\Gamma.g_0}{1 + \frac{P_T}{P_{sat}}} \qquad (A2.5)$$

Γ : représente le facteur de confinement.

La solution de l'équation (A2.2) est de la forme suivante :

$$P_k(z) = P_k(0).\exp\left[\int_0^z (g-\alpha).dz\right] \tag{A2.6}$$

Pour z= L, nous pouvons écrire :

$$P_k(L) = P_k(0).\exp\left[\int_0^L (g-\alpha).dz\right] \tag{A2.7}$$

Comme le gain de saturation du SOA est de la forme:

$$G = \exp\left(\int_0^L (g-\alpha).dz\right) \tag{A2.8}$$

Donc :

$$P_k(L) = G.P_k(0) \tag{A2.9}$$

Pour k=0, l'équation (A2.1) devient sous la forme :

$$\frac{dp_0}{dz} = (g-\alpha).p_0 - \frac{g}{1 + \frac{P_T}{P_{sat}} - j.\omega.\tau_s} \cdot \frac{P_0}{P_{sat}}.p_T \tag{A2.10}$$

Pour k=1, l'équation (A2.1) devient sous la forme :

$$\frac{dp_1}{dz} = (g-\alpha).p_1 - \frac{g}{1 + \frac{P_T}{P_{sat}} - j.\omega.\tau_s} \cdot \frac{P_1}{P_{sat}}.p_T \tag{A2.11}$$

La sommation des équations (A2.10) et (A2.11) nous donne :

$$\frac{dp_T}{dz} = (g-\alpha).p_T - \frac{g}{1 + \frac{P_T}{P_{sat}} - j.\omega.\tau_s} \cdot \frac{P_T}{P_{sat}}.p_T \tag{A2.12}$$

La solution de cette dernière équation est de la forme :

$$p_T(z) = p_T(0).\exp\left[\int_0^z (g-\alpha).dz' - \int_0^z \frac{g}{1 + \frac{P_T}{P_{sat}} - j.\omega.\tau_s} \cdot \frac{P_T}{P_{sat}}.dz'\right] \tag{A2.13}$$

En intégrant l'équation (A2.1), nous obtenons :

$$p_k(L) = \exp\left(\int_0^L (g-\alpha).dz\right).p_k(0) - \int_0^L \frac{g}{1+\frac{P_T}{P_{sat}} - j.\omega.\tau_s} \cdot \frac{P_k}{P_{sat}} \cdot p_T(z).dz \qquad (A2.14)$$

$$p_k(L) = \exp\left(\int_0^L (g-\alpha).dz\right).\left\{p_k(0) - \int_0^L \begin{array}{c} \frac{g}{1+\frac{P_T}{P_{sat}} - j.\omega.\tau_s} \cdot \frac{P_k}{P_{sat}} \cdot p_T(z). \\ \exp\left(-\int_0^L (g-\alpha).dz'\right) \end{array} .dz\right\} \qquad (A2.15)$$

Donc :

$$p_k(L) = G.\left\{p_k(0) - \int_0^L \frac{g}{1+\frac{P_T}{P_{sat}} - j.\omega.\tau_s} \cdot \frac{P_k}{P_{sat}} \cdot p_T(z).\exp\left(-\int_0^z (g-\alpha).dz'\right).dz\right\} \qquad (A2.16)$$

En remplaçant $p_T(z)$ par son expression donnée par l'équation (A2.13), nous obtenons :

$$p_k(L) = G.\left\{p_k(0) - \int_0^L \begin{array}{c} \frac{g}{1+\frac{P_T}{P_{sat}} - j.\omega.\tau_s} \cdot \frac{P_k}{P_{sat}} \cdot p_T(0) \\ .\exp\left[\int_0^z (g-\alpha).dz' - \int_0^z \frac{g}{1+\frac{P_T}{P_{sat}} - j.\omega.\tau_s} \cdot \frac{P_T}{P_{sat}}.dz'\right]. \\ \exp\left(-\int_0^z (g-\alpha).dz'\right).dz \end{array}\right\} \qquad (A2.17)$$

$$p_k(L) = G.\left\{p_k(0) - \int_0^L \frac{g}{1+\frac{P_T}{P_{sat}} - j.\omega.\tau_s} \cdot \frac{P_k}{P_{sat}} \cdot p_T(0).\exp\left[-\int_0^z \frac{g}{1+\frac{P_T}{P_{sat}} - j.\omega.\tau_s} \cdot \frac{P_T}{P_{sat}}.dz'\right].dz\right\}$$

$$(A2.18)$$

En posant :

$$K(z) = \int_0^z \frac{g}{1+\frac{P_T}{P_{sat}} - j.\omega.\tau_s} \cdot \frac{P_T}{P_{sat}}.dz' \qquad (A2.19)$$

Nous pouvons écrire :

$$p_k(L) = G.\left\{ p_k(0) - \int_0^L \frac{g}{1 + P_T/P_{sat} - j.\omega.\tau_s} \cdot \frac{P_k}{P_{sat}} . p_T(0).\exp[-K(z)]dz \right\} \qquad (A2.20)$$

Puisque $\frac{P_k(z)}{P_T(z)}$ est indépendant de z, d'après l'équation (A2.6), donc :

$$\frac{P_k}{P_T} = \frac{P_k(0)}{P_T(0)} \qquad (A2.21)$$

En remplaçant P_k par son expression donnée par (A2.21) dans l'équation (A2.20), nous obtenons :

$$p_k(L) = G.\left\{ p_k(0) - \int_0^L \frac{g}{1 + P_T/P_{sat} - j.\omega.\tau_s} \cdot \frac{P_T}{P_{sat}} \cdot \frac{P_k(0)}{P_T(0)} . p_T(0).\exp[-K(z)]dz \right\} \qquad (A2.22)$$

$$p_k(L) = G.\left\{ p_k(0) - \frac{P_k(0)}{P_T(0)} . p_T(0).\int_0^L \frac{g}{1 + P_T/P_{sat} - j.\omega.\tau_s} \cdot \frac{P_T}{P_{sat}} .\exp[-K(z)]dz \right\} \qquad (A2.23)$$

D'après l'équation (A2.19), nous pouvons écrire :

$$\frac{dK(z)}{dz} = \frac{g}{1 + P_T/P_{sat} - j.\omega.\tau_s} \cdot \frac{P_T}{P_{sat}} \qquad (A2.24)$$

Donc l'équation (A2.23) peut s'écrire sous la forme suivante :

$$p_k(L) = G.\left\{ p_k(0) - \frac{P_k(0)}{P_T(0)} . p_T(0).\int_0^L \frac{dK(z)}{dz} .\exp[-K(z)]dz \right\} \qquad (A2.25)$$

$$p_k(L) = G.\left\{ p_k(0) - \frac{P_k(0)}{P_T(0)} . p_T(0).(1 - \exp(-K(L))) \right\} \qquad (A2.26)$$

En posant :

$$F(L) = 1 - e^{-K(L)} \qquad (A2.27)$$

Donc :

$$p_k(L) = G.\left\{ p_k(0) - \frac{P_k(0)}{P_T(0)}.p_T(0).F(L) \right\}$$ (A2.28)

L'efficacité de conversion "η" relative au convertisseur en longueur d'onde basé la XGM est définie comme étant le rapport entre l'indice de modulation du signal sonde de sortie et celui du signal pompe d'entrée :

$$\eta = \left| \frac{p_0(L) / P_0(L)}{p_1(0) / P_1(0)} \right|$$ (A2.29)

$$\eta = \left| \frac{p_0(L)}{p_1(0)}.\frac{P_1(0)}{P_0(L)} \right|$$ (A2.30)

Pour k= 0, l'équation (A2.28) peut s'écrire comme suit :

$$p_0(L) = G.\left\{ p_0(0) - \frac{P_0(0)}{P_T(0)}.p_T(0).F(L) \right\}$$ (A2.31)

Nous supposons que $p_0(0)=0$, alors en se référant à l'équation (A2.4), nous pouvons écrire que: $p_T(0)= p_1(0)$. Donc, l'équation (A2.31) devient sous la forme suivante :

$$p_0(L) = -G.\frac{P_0(0)}{P_T(0)}.p_1(0).F(L)$$ (A2.32)

$$\frac{p_0(L)}{p_1(0)} = -G.\frac{P_0(0)}{P_T(0)}.F(L)$$ (A2.33)

En se référant aux équations (A2.30) et (A2.33), nous pouvons écrire :

$$\eta = \left| G.\frac{P_0(0)}{P_T(0)}.\frac{P_1(0)}{P_0(L)}.F(L) \right|$$ (A2.34)

Comme nous pouvons déduire, d'après l'équation (A2.9):

$$\frac{P_0(0)}{P_0(L)} = \frac{1}{G}$$ (A2.35)

Donc, l'efficacité de conversion devient sous la forme suivante :

$$\eta = \left| \frac{P_1(0)}{P_T(0)} . F(L) \right| \qquad (A2.36)$$

En substituant (A2.5) dans l'équation (A2.2), nous pouvons trouver :

$$\frac{dP_k}{dz} = \left(\frac{\Gamma.g_0}{1 + P_T/P_{sat}} - \alpha \right).P_k \qquad (A2.37)$$

$$\frac{dP_T}{dz} = \left(\frac{\Gamma.g_0}{1 + P_T/P_{sat}} - \alpha \right).P_T \qquad (A2.38)$$

$$\frac{dP_T}{dz} = \Gamma.g_0. \left(\frac{1}{1 + P_T/P_{sat}} - \alpha' \right).P_T \qquad (A2.39)$$

Avec : α' est le coefficient de perte normalisé, donné par : $\alpha' = \alpha/\Gamma.g_0$

$$\left(\frac{1 + P_T/P_{sat}}{1 - \alpha'.\left(1 + P_T/P_{sat}\right)} \right).\frac{dP_T}{P_T} = \Gamma.g_0.dz \qquad (A2.40)$$

$$\int_0^L \left(\frac{1 + P_T/P_{sat}}{1 - \alpha'.\left(1 + P_T/P_{sat}\right)} \right).\frac{dP_T}{P_T} = \int_0^L \Gamma.g_0.dz \qquad (A2.41)$$

$$\int_0^L \left(\frac{1}{1 - \alpha'.\left(1 + P_T/P_{sat}\right)} \right).\frac{dP_T}{P_T} + \int_0^L \left(\frac{1/P_{sat}}{1 - \alpha'.\left(1 + P_T/P_{sat}\right)} \right).dP_T = \int_0^L \Gamma.g_0.dz \qquad (A2.42)$$

$$Ln\left(\frac{1 - \alpha'.\left(1 + P_T(0)/P_{sat}\right)}{1 - \alpha'.\left(1 + P_T(L)/P_{sat}\right)} \right) = \alpha'.Ln\left(\frac{e^{(\Gamma.g_0.(1-\alpha').L)}}{P_T(L)/P_T(0)} \right) \qquad (A2.43)$$

Cette équation peut s'écrire sous la forme suivante, en se référant à (A2.9):

$$Ln\left(\frac{1-\alpha'\left(1+\frac{P_T(0)}{P_{sat}}\right)}{1-\alpha'\left(1+\frac{P_T(L)}{P_{sat}}\right)}\right) = \alpha'.Ln\left(\frac{G_0}{G}\right) \qquad (A2.44)$$

Avec :

$$G_0 = e^{(\Gamma.g_0.(1-\alpha').L)} \qquad (A2.45)$$

D'après (A2.19), nous pouvons écrire :

$$K(L) = \int_0^L \frac{g}{1+\frac{P_T}{P_{sat}} - j.\omega.\tau_s}.\frac{P_T}{P_{sat}}.dz \qquad (A2.46)$$

D'après (A2.40), nous obtenons :

$$dz = \frac{1}{\Gamma.g_0}.\left(\frac{1+\frac{P_T}{P_{sat}}}{1-\alpha'\left(1+\frac{P_T}{P_{sat}}\right)}\right).\frac{dP_T}{P_T} \qquad (A2.47)$$

Donc :

$$K(L) = \int_0^L \frac{g/\Gamma.g_0}{1+\frac{P_T}{P_{sat}} - j.\omega.\tau_s}\left(\frac{1+\frac{P_T}{P_{sat}}}{1-\alpha'\left(1+\frac{P_T}{P_{sat}}\right)}\right).\frac{dP_T}{P_{sat}} \qquad (A2.48)$$

En utilisant (A2.5), cette dernière équation peut s'écrire comme :

$$K(L) = \int_0^L \frac{1/\left(1+\frac{P_T}{P_{sat}}\right)}{1+\frac{P_T}{P_{sat}} - j.\omega.\tau_s}.\frac{1+\frac{P_T}{P_{sat}}}{1-\alpha'\left(1+\frac{P_T}{P_{sat}}\right)}.\frac{dP_T}{P_{sat}} \qquad (A2.49)$$

Après simplification, nous aurons :

$$K(L) = \int_0^L \frac{1}{\left[1+\frac{P_T}{P_{sat}} - j.\omega.\tau_s\right]\left[1-\alpha'\left(1+\frac{P_T}{P_{sat}}\right)\right]}.\frac{dP_T}{P_{sat}} \qquad (A2.50)$$

Aussi, d'après ce dernier résultat, nous pouvons écrire :

$$K(L) = \int_0^L \frac{1}{\left(1 + j.\omega.\tau_s.\alpha\right)\left(1 + P_T/P_{sat}\right) - j.\omega.\tau_s - \alpha'\left(1 + P_T/P_{sat}\right)^2} \cdot \frac{dP_T}{P_{sat}} \qquad (A2.51)$$

D'où :

$$K(L) = \frac{1}{1 + j.\omega.\tau_s.\alpha'}\left\{\alpha'.Ln\left(\frac{G_0}{G}\right) - Ln\left[1 - \frac{(G-1).P_T(0)/P_{sat}}{1 + j.\omega.\tau_s + G.P_T(0)/P_{sat}}\right]\right\} \qquad (A2.52)$$

Pour le cas d'un guide d'onde ayant une perte nulle, nous pouvons écrire :

$$F(L)\big|_{\alpha \to 0} = \frac{(G-1).P_T(0)/P_{sat}}{j.\omega.\tau_s + 1 + G.P_T(0)/P_{sat}} \qquad (A2.53)$$

Par conséquent, l'efficacité de conversion est de la forme suivante :

$$\eta\big|_{\alpha \to 0} = \left|\frac{P_1(0)}{P_{sat}} \cdot \frac{(G-1)}{j.\omega.\tau_s + 1 + G.P_T(0)/P_{sat}}\right| \qquad (A2.54)$$

Dans ce cas, la réponse du convertisseur a une caractéristique d'un filtre passe-bas ayant une largeur de bande de 3 dB, qui est de la forme [2] :

$$f\big|_{3dB} = \frac{1}{2.\pi} \frac{1 + G.P_T(0)/P_{sat}}{\tau_s} \qquad (A2.55)$$

[1] A. Mecozzi, "small-signal theory of wavelength converters based on cross-gain modulation in semiconductor optical amplifier," *IEEE Photonics Technology Letters*, vol. 8, no. 11, pp. 1471–1473, 1996.
[2] M.J. Connelly, *Semiconductor Optical Amplifier*. London: Kluwer Academic Publishers, 2002.

Annexe 3

Calcul de l'efficacité de conversion d'un convertisseur en longueurs d'ondes basé sur le FWM dans un SOA

Le mélange à quatre ondes (FWM) est un phénomène non linéaire qui se manifeste dans les structures SOAs. Les principaux processus responsables à ce phénomène sont la modulation inter-bande et la modulation intrabande des porteurs, induite par l'échauffement des porteurs (CH) et le trou spectral (SHB). En injectant dans le milieu actif du SOA deux faisceaux optiques (pompe et sonde) se propageant dans la même direction et ayant des polarisations identiques, il va y avoir un battement entre les différentes composantes. En conséquence, une interaction va être provoquée entre le signal amplifié et le matériau ; et de nouvelles fréquences vont être générées.

L'évolution du champ électrique au sein du SOA, tout en supposant qu'uniquement le mode TE fondamental qui sera excité, est régit par l'équation suivante :

$$E(z,t) = E_1.e^{(j.k_1.z-j.\omega_1.t)} + E_0.e^{(j.k_0.z-j.\omega_2.t)} + E_2.e^{(j.k_2.z-j(\omega_2+\Omega).t)} \qquad (A3.1)$$

Où :

E_1 et ω_1 représentent, respectivement, l'amplitude du champ électrique et la fréquence angulaire du signal sonde, avec : $\omega_1 = \omega_2 - \Omega$.

Ω est appelé : fréquence de désaccord (*detuning*).

E_0 et ω_2 représentent, respectivement, l'amplitude du champ électrique et la fréquence angulaire de la pompe, avec : $\omega_2 > \omega_1$.

E_2 et $(\omega_2 + \Omega)$ représentent, respectivement, l'amplitude du champ électrique et la fréquence angulaire du signal conjugué, avec : $\Omega = \omega_2 - \omega_1 > 0$.

Le gain relatif au mode TE peut être exprimé sous la forme suivante [1] :

$$g = a_N.(N - N_0).\left[1 - \varepsilon_{sh}.\int\limits_0^\infty dt' h_{sh}(t').\left|E(t-t')\right|^2 - g_0\varepsilon_{ch}.\int\limits_0^\infty dt' h_{ch}(t').\left|E(t-t')\right|^2\right] \qquad (A3.2)$$

Nous supposons que :

$$\int\limits_0^\infty dt' h_{ch}(t') = \int\limits_0^\infty dt' h_{ch}(t') = 1 \qquad (A3.3)$$

L'équation de la densité des porteurs peut s'écrire sous la forme suivante :

$$\frac{\partial N}{\partial t} = \frac{I}{e.d.W.L} - \frac{N}{\tau_s} - \Gamma.g.\left|E(z,t)\right|^2 \qquad (A3.4)$$

Le battement entre la pompe et la sonde va engendrer une modulation ΔN de la densité des porteurs autour de la valeur correspondante à l'état d'équilibre $\overline{N}$:

$$N = \overline{N} + \Delta N.e^{-j.\Omega.t} + \Delta N^*.e^{j.\Omega.t} \qquad (A3.5)$$

En régime stationnaire, nous pouvons écrire :

$$\frac{\partial N}{\partial t} = 0 = \frac{I}{e.d.W.L} - \frac{\overline{N}}{\tau_s} - \Gamma.a_N.(\overline{N} - N_0).\left(\left|E_1\right|^2 + \left|E_0\right|^2 + \left|E_2\right|^2\right)$$
$$- \Gamma.a_N.\Delta N.\left(E_0.E_1^* + E_0^*.E_2\right) - \Gamma.a_N.\Delta N^*.\left(E_0^*.E_1 + E_0.E_2^*\right) \qquad (A3.6)$$

Donc :

$$\frac{I}{e.d.W.L} - \frac{\overline{N}}{\tau_s} - \Gamma.a_N.(\overline{N} - N_0).S - \Gamma.a_N.\Delta N.\left(E_0.E_1^* + E_0^*.E_2\right) - \Gamma.a_N.\Delta N^*.\left(E_0^*.E_1 + E_0.E_2^*\right) = 0$$
$$(A3.7)$$

Avec :

$$S = \left(\left|E_1\right|^2 + \left|E_0\right|^2 + \left|E_2\right|^2\right) \qquad (A3.8)$$

304

D'après l'approximation de l'enveloppe lentement variable, l'équation d'onde du champ électrique peut s'écrire sous la forme suivante [2] :

$$\frac{dE(z,t)}{dz} = \left(\frac{g}{2} + \frac{j}{2}\left(\alpha_N.a_N.(N-N_0) - g_0.\varepsilon_{ch}.\beta.\int_0^\infty dt' h_{ch}(t').|E(t-t')|^2\right)\right).E(z,t) \qquad (A3.9)$$

D'après l'équation (A3.2), nous aurons :

$$\frac{dE(z,t)}{dz} = \left(\begin{array}{l} \frac{1}{2}a_N.(N-N_0).\left[1-\varepsilon_{sh}.\int_0^\infty dt' h_{sh}(t').|E(t-t')|^2 - g_0.\varepsilon_{ch}.\int_0^\infty dt' h_{ch}(t').|E(t-t')|^2\right] \\ +\frac{j}{2}\left(\alpha_N.a_N.(N-N_0) - g_0.\varepsilon_{ch}.\beta.\int_0^\infty dt' h_{ch}(t').|E(t-t')|^2\right) \end{array}\right).E(z,t)$$

$$(A3.10)$$

$$\frac{dE(z,t)}{dz} = \left(\begin{array}{l} \frac{1}{2}a_N.(N-N_0).\left[1-\varepsilon_{sh}.\int_0^\infty dt' h_{sh}(t').|E(t-t')|^2 + j.\alpha_N\right] \\ +\frac{1}{2}\left(a_N.(N-N_0) + j.\beta\right).\left[-g_0.\varepsilon_{ch}.\int_0^\infty dt' h_{ch}(t').|E(t-t')|^2\right] \end{array}\right).E(z,t) \qquad (A3.11)$$

L'équation correspondante à l'évolution de la pompe est comme suit :

$$\frac{dE_0}{dz} = \frac{1}{2}.\left((1-j.\alpha_N).\frac{\Gamma.\overline{g}}{1+S/P_{sat}} - \gamma_{sc}\right).E_0 \qquad (A3.12)$$

Avec γ_{sc} est un coefficient de perte qui est introduit pour inclure la perte de dispersion du guide.

L'équation correspondante à l'évolution de la sonde est la suivante :

$$\frac{dE_1}{dz} = \frac{1}{2}\left(-\gamma_{sc} + (1 - j.\alpha_N).\frac{\Gamma.\overline{g}}{1 + S/P_{sat}}.\left(1 - \frac{|E_0|^2/P_s}{1 + S/P_{sat} + j.\Omega.\tau_s}\right)\right).E_1$$

$$-\frac{(1 - j.\alpha_N)}{2}.\frac{E_0^2.E_2^*}{P_{sat}}.\frac{1}{1 + S/P_{sat} + j.\Omega.\tau_s}.\frac{\Gamma.\overline{g}}{1 + S/P_{sat}} \qquad (A3.13)$$

$$-\frac{(1 - j.\beta)}{2}.\frac{E_0^2.E_2^*}{P_{sat}}.\Gamma.g_0.\varepsilon_{ch}.P_s.h_{ch}(-\Omega)$$

$$-\frac{1}{2}\frac{E_0^2.E_2^*}{P_{sat}}.\frac{\Gamma.\overline{g}}{1 + S/P_{sat}}.\varepsilon_{sh}.P_s.h_{sh}(-\Omega)$$

L'évolution du signal conjugué est régit par l'équation suivante :

$$\frac{dE_2}{dz} = \frac{1}{2}\left(-\gamma_{sc} + (1 - j.\alpha_N).\frac{\Gamma.\overline{g}}{1 + S/P_{sat}}.\left(1 - \frac{|E_0|^2/P_s}{1 + S/P_{sat} - j.\Omega.\tau_s}\right)\right).E_2$$

$$-\frac{(1 - j.\alpha_N)}{2}.\frac{E_0^2.E_1^*}{P_{sat}}.\frac{1}{1 + S/P_{sat} - j.\Omega.\tau_s}.\frac{\Gamma.\overline{g}}{1 + S/P_{sat}} - \frac{(1 - j.\beta)}{2}.\frac{E_0^2.E_1^*}{P_{sat}}.\Gamma.g_0.\varepsilon_{ch}.P_s.h_{ch}(\Omega)$$

$$-\frac{1}{2}\frac{E_0^2.E_1^*}{P_{sat}}.\frac{\Gamma.\overline{g}}{1 + S/P_{sat}}.\varepsilon_{sh}.P_s.h_{sh}(\Omega)$$

$$(A3.14)$$

L'expression analytique du transformé de Fourier de la réponse non-linéaire du gain due à l'échauffement des porteurs est la suivante [3] :

$$h_{ch}(\Omega) = \frac{1}{(1 - j.\Omega.\tau_1)(1 - j.\Omega.\tau_2)} \qquad (A3.15)$$

L'expression analytique du transformé de Fourier de la réponse non-linéaire du gain due au trou spectral s'écrit sous la forme [3] de l'équation (A3.16).

306

$$h_{sh}(\Omega) = \frac{1}{\left(1 - j.\Omega.\tau_2\right)} \qquad (A3.16)$$

Dans ce que suit, nous supposons que la puissance du signal conjugué à la sortie est très négligeable devant la puissance de la sonde de sortie. En tenant compte de cette approximation, l'équation (A3.13) peut être réécrite sous la forme suivante :

$$\frac{dE_1}{dz} = \frac{1}{2}\cdot\left(-\gamma_{sc} + (1 - j.\alpha_N).\frac{\Gamma.\overline{g}}{1 + S/P_{sat}}\cdot\left(1 - \frac{|E_0|^2/P_{sat}}{1 + S/P_{sat} + j.\Omega.\tau_s}\right)\right).E_1 \qquad (A3.17)$$

Cette dernière équation pourrait être mise sous la forme suivante :

$$\frac{dE_1}{dz} = A_1[S(z)]E_1 \qquad (A3.18)$$

Avec :

$$A_1[S(z)] = \frac{1}{2}\cdot\left(-\gamma_{sc} + (1 - j.\alpha_N).\frac{\Gamma.\overline{g}}{1 + S/P_{sat}}\cdot\left(1 - \frac{|E_0|^2/P_{sat}}{1 + S/P_{sat} + j.\Omega.\tau_s}\right)\right) \qquad (A3.19)$$

La solution de l'équation (A3.18) est comme suit :

$$E_1(z) = E_1(0). \exp\left(\int_0^z dz'.A_1[S(z')]\right) \qquad (A3.20)$$

D'après (A3.12), nous pouvons réécrire l'équation d'évolution de la pompe sous la forme suivante :

$$\frac{dE_0}{dz} = A_0[S(z)]E_0 \qquad (A3.21)$$

Avec :

$$A_0[S(z)] = \frac{1}{2}\cdot\left((1 - j.\alpha_N).\frac{\Gamma.\overline{g}}{1 + S/P_{sat}} - \gamma_{sc}\right) \qquad (A3.22)$$

La solution de l'équation (A3.21) est comme suit :

$$E_0(z) = E_0(0).\exp\left(\int_0^z dz'.A_0\big[S(z')\big]\right) \tag{A3.23}$$

D'après (A3.14), l'équation d'évolution du signal conjugué peut être réécrit sous la forme suivante :

$$\frac{dE_2}{dz} = A_2\big[S(z)\big]E_2 + B\big[S(z)\big]\frac{E_0^2.E_1^*}{P_{sat}} \tag{A3.24}$$

Où :

$$A_2\big[S(z)\big] = \left(-\gamma_{sc} + (1 - j.\alpha_N).\frac{\Gamma.\overline{g}}{1 + S/P_{sat}}.\left(1 - \frac{|E_0|^2/P_{sat}}{1 + S/P_{sat} - j.\Omega.\tau_s}\right)\right) \tag{A3.25}$$

$$B\big[S(z)\big] = -\frac{(1 - j.\alpha_N)}{2}.\frac{1}{1 + S/P_{sat} - j.\Omega.\tau_s}.\frac{\Gamma.\overline{g}}{1 + S/P_{sat}} - \frac{(1 - j.\beta)}{2}.\Gamma.g_0.\varepsilon_{ch}.P_s.h_{ch}(\Omega)$$
$$- \frac{1}{2}.\frac{\Gamma.\overline{g}}{1 + S/P_{sat}}.\varepsilon_{sh}.P_s.h_{sh}(\Omega)$$

$$\tag{A3.26}$$

La solution de l'équation (A3.24), en tenant compte de la solution initiale : $E_2(0) = 0$, est comme suit :

$$E_2(z) = \exp\left(\int_0^z dz'.A_2\big[S(z')\big]\right).\int_0^z dz'.\frac{E_0(z')^2.E_1^*(z')}{P_{sat}}.B\big[S(z')\big]\exp\left(-\int_0^{z'} dz''.A_2\big[S(z'')\big]\right)$$

$$\tag{A3.27}$$

Etant donné que nous avons pris comme hypothèse une puissance du signal conjugué de sortie très négligeable devant la puissance de la sonde de sortie, alors l'intensité totale "S", ayant pour valeur la somme de la puissance pompe et celle du signal sonde, peut s'exprimer sous la forme suivante :

$$S = |E_0|^2 + |E_1|^2 \qquad (A3.28)$$

D'après les équations (A3.21) et (A3.22), nous pouvons écrire :

$$\frac{d|E_0(z)|^2}{dz} = \left(\frac{\Gamma.\overline{g}}{1 + S/P_{sat}} - \gamma_{sc} \right).|E_0(z)|^2 \qquad (A3.29)$$

Nous supposons que la fréquence de battement : $\Omega \gg \dfrac{1}{\tau_s}$, alors nous pouvons écrire, d'après les équations (A3.18) et (A3.19), que :

$$\frac{d|E_1(z)|^2}{dz} = \left(\frac{\Gamma.\overline{g}}{1 + S/P_{sat}} - \gamma_{sc} \right).|E_1(z)|^2 \qquad (A3.30)$$

La sommation des équations (A3.29) et (A3.30) nous permet d'écrire :

$$\frac{d|E_0(z)|^2}{dz} + \frac{d|E_1(z)|^2}{dz} = \left(\frac{\Gamma.\overline{g}}{1 + S/P_{sat}} - \gamma_{sc} \right).\left(|E_0(z)|^2 + |E_1(z)|^2 \right) \qquad (A3.31)$$

En se référant à l'équation (A3.28), nous obtenons :

$$\frac{dS}{dz} = \left(\frac{\Gamma.\overline{g}}{1 + S/P_{sat}} - \gamma_{sc} \right).S \qquad (A3.32)$$

En substituant (A3.20) et (A3.23) dans l'équation (A3.27) tout en utilisant ce dernier résultat, nous obtenons :

$$E_2(z) = \exp\left(-\frac{j}{2}.\alpha_N.F_\alpha(z) \right).G'.G^{1/2}.E_1^*(0) \qquad (A3.33)$$

Avec :

$$G' = -\frac{1-j.\alpha_N}{\alpha_N}.\exp\left(-\frac{1}{2}.\sigma.F_{cd}(\Omega)\right).\sin\left(\frac{\alpha_N}{2}.\sigma.F_{cd}(\Omega)\right) - \frac{1}{2}.\varepsilon_{sh}.P_{sat}.h_{sh}(\Omega).\sigma.F_{sh}$$

$$-\frac{1}{2}.\frac{g_0}{g}.\varepsilon_{ch}.P_{sat}.h_{ch}(\Omega).\sigma.F_{ch}$$

(A3.34)

$$F_{cd}(\Omega) = \frac{1}{1-j.\Omega.\tau_s.\xi}\left\{\xi.Ln\left(\frac{G_0}{G}\right) + Ln\left[\frac{-j.\Omega.\tau_s + 1 + G.S(0)\big/P_{sat}}{-j.\Omega.\tau_s + 1 + S(0)\big/P_{sat}}\right]\right\}$$

(A3.35)

$$\xi = \frac{\gamma_{sc}}{\Gamma.g}$$

(A3.36)

$$F_{sh} = Ln\left(\frac{G_0}{G}\right)$$

(A3.37)

$$F_{ch} = -\frac{1}{\xi}\left[\frac{S(0)}{P_{sat}}.(G-1) - Ln\left(\frac{G_0}{G}\right)\right]$$

(A3.38)

$$S(0) = P_{sat}.\left(\frac{1}{\xi}-1\right).\frac{1-(G/G_0)^{\xi}}{G-(G/G_0)^{\xi}}$$

(A3.39)

$$\sigma = \frac{|E_0(0)|^2}{S(0)} = \frac{|E_0(0)|^2}{|E_0(0)|^2 + |E_1(0)|^2}$$

$$= \frac{P_0(0)}{P_0(0) + P_1(0)}$$

(A3.40)

De même, l'équation (A3.20) peut être réécrite comme suit :

$$E_1(z) = E_1(0).G^{1/2}.\exp\left(-\frac{j}{2}.\alpha_N.F_\alpha(z)\right).\exp\left(-\frac{1}{2}(1-j\alpha_N).\sigma.F_{cd}(z,-\Omega)\right)$$

(A3.41)

A partir de l'analyse du phénomène de mélange à quatre onde, nous pouvons en retirer deux paramètres pertinents qui sont : la puissance du signal conjugué normalisée de la puissance de sortie de la sonde et l'efficacité du FWM. La puissance du signal conjugué normalisée de la puisance de sortie de la sonde, notée : "ρ", est donnée par l'expression suivante [2] :

$$\rho = \frac{\left|E_2(z)\right|^2}{\left|E_1(z)\right|^2} \tag{A3.42}$$

L'efficacité du FWM est définie comme étant le rapport entre la puissance de sortie du signal conjugué et la puissance d'entrée de la sonde. Elle est sous la forme suivante :

$$\eta = \frac{\left|E_2(z)\right|^2}{\left|E_1(0)\right|^2} \tag{A3.43}$$

A partir des équations (A3.33) et (A3.41), nous obtenons :

$$\rho = \left|G'\right|^2 . \exp\left\{\Re\left[(1 - j.\alpha_N).\sigma.F_{cd}(L,-\Omega)\right]\right\} \tag{A3.44}$$

$$\eta = G.\left|G'\right|^2 \tag{A3.45}$$

[1] A. Mecozzi, S. Scotti, A. D'Ottavi, E. Lannone and P. Spano, "Four-wave mixing in travelling-wave semiconductor amplifiers," *IEEE J Quantum Electronics*, vol. 31, no. 4, pp. 689– 699, 1995.

[2] G. P. Agrawal, "Population pulsations and non degenerate four-wave mixing in semiconductor lasers and amplifiers," *J. Opt. Soc .Am.*, vol. B5, pp. 147–158, 1988.

[3] A. Uskov, J. Mørk, and J. Mark, "Wave mixing in semiconductor laser amplifiers due to carrier heating and spectral-hole burning," *IEEE J. Quantum Electronics*, vol. 30, no. 8, pp. 1769-1781, 1994

Liste des abréviations

2R:	Re-amplification, Re-timing
3R:	Re-amplification, Re-timing, Re-shaping
ASE:	Amplified Spontaneous Emission
ASK:	Amplitude Shift Keying
AWG:	Arrayed Waveguide Grating
BER:	Bit Error Rate
BPF:	Band Pass Filter
CDP:	Carrier Density Pulsation
CH:	Carrier Heating
CMT:	Coupled Mode Theory
CSRZ:	Carrier-Suppressed-Return-to-Zero
CW:	Continuous Wave
CWDM:	Coarse Wavelength Division Multiplexing
DCF:	Dispersion Compensating Fiber
DOCP:	Degree of Circular Polarization
DOLP:	Degree of Linear Polarization
DOP:	Degree of Polarization
EDFA:	Erbium Doped Fiber Amplifier
ER:	Extinction Ratio
FP-SOA:	Fabry-Perot Semiconductor Optical Amplifier
FSK:	Frequency Shift Keying
FTTx:	Fiber To The Home/Curb/Building
FWHM:	Full-Width at Half-Maximum
FWM:	Four Wave Mixing
GVD:	Group Velocity Dispersion
HLP:	Horizontal Linearly Polarization

LabVIEW: Laboratory Virtual Instrumentation Engineering Workbench

LHCP: Left-Hand Circularly Polarization

MPLS: Multi-Protocol Label Switching

MZI: Mach-Zehnder Interferometer

NF: Noise Figure

NOLM: Non linear Optical Loop Mirror

NPR: Nonlinear Polarization Rotation

NRZ: Non Return-to-Zero

OLT: Optical Line Terminal

ONU : Optical Network Unit

OPM: Optical Power Meter

OSA: Optical Spectrum Analyzer

OSNR: Optical Signal to Noise Ratio

OTDM: Optical Time Division Multiplexing

OTDV: Optical Time Domain Visualizer

OXC: Optical Cross-Connect

PBS: Polarization Beam Splitter

PC: Polarization Controller

PDG: Polarization Dependent Gain

PDL: Polarization Dependent Loss

PolDM: Polarization Division Multiplexing

PON: Passive Optical Network

PRBS: Pseudo Random Bit Sequence

PSK: Phase Shift Keying

Q: Quality factor

RF: Radio Frequency

RHCP: Right-Hand Circularly Polarization

ROADM: Reconfigurable Optical Add/Drop Multiplexer

RoF:	Radio over Fiber
RSOA:	Reflective Semiconductor Optical Amplifier
RZ:	Return-to-Zero
SCM:	Sub-Carrier Multiplexing
SGM:	Self Gain Modulation
SHB:	Spectral Hole Burning
SMF:	Single Mode Fiber
SNR:	Signal to Noise Ratio
SOA:	Semiconductor Optical Amplifier
SOP:	State of Polarization
SPM:	Self Phase Modulation
SPR:	Self induced nonlinear Polarization Rotation
TDM:	Time Division Multiplexing
TE:	Transverse Electric
TM:	Transverse Magnetic
TOAD:	Terahertz Optical Asymmetric Demultiplexer
TPA:	Two-Photon Absorption
TW-SOA:	Traveling Wave Semiconductor Optical Amplifier
UNR:	Ultra-fast Nonlinear Refraction
VLP:	Vertical Linearly Polarization
WDM:	Wavelength Division Multiplexing
XGM:	Cross Gain Modulation
XNOR:	eXclusive Not OR
XOR:	eXclusive OR
XPM:	Cross-Phase Modulation
XPolM:	Cross-Polarization Modulation

www.ingramcontent.com/pod-product-compliance
Lightning Source LLC
Chambersburg PA
CBHW021029210326
41598CB00016B/961